컴퓨터로 철학하기

Philosophy through Computer Science: An Introduction
by Daniel Lim

© 2023 Taylor & Francis
All rights reserved

Korean translation edition © 2025 E-Sang Books
Authorized translation from the English language edition published by Routledge,
a member of the Taylor & Francis Group Arranged by Bestun Korea Agency
All rights reserved

컴퓨터로 철학하기

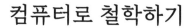

Philosophy
through Computer
Science

Daniel Lim

대니얼 림 지음
변정수 옮김

파이썬으로
철학을 코딩하다

IJ에게, 당신이 나와 같이 있다는 게 믿기지 않아!

Philosophy
through Computer
Science

CONTENTS

일러두기

1. 각주에서 '-옮긴이'라고 표기한 것 외의 것은 모두 원서의 주다.
2. 주요 개념과 용어는 명확한 의미 전달을 위해 필요한 경우에 한해 원어를 병기했다. 외국 인명은 국립국어원 외래어 표기법과 용례를 따라 표기했다.
3. 책 제목은《 》, 잡지·보고서·드라마·영화 제목은〈 〉, 신문기사·논문·시·그림·노래 제목 등은 " "로 표기했다.

저자 서문

필자는 1990년대에 컴퓨터과학을 전공했다. 대학원 졸업 후에는 몇 년 동안 웹 데이터베이스 프로그래머로 일하기도 했다. 이 시기 동안, 개인적인 갈등에서 비롯된 철학 문제들에 점점 천착하게 되었다. 특히 신 존재와 마음의 본질에 관해 그랬다. 그래서 직장을 그만두고, 아버지께 큰 실망을 안겨드리며 다시 학교로 돌아갔다. 많은 인내와 지원과 약간의 운 덕분에 철학 박사 학위를 마쳤고, 중국 인민대학교에서 조교수로 일하고 일했다.

6년 동안 상당한 연구 성과를 얻은 후 상하이 근처의 듀크 쿤산대학교의 부교수로 자리를 옮겼다. 컴퓨터 및 데이터 과학 수업에 대한 학생 수요가 폭발적으로 증가하여 '컴퓨터과학 입문'을 가르칠 기회를 얻었다. 그 결과 지난 4년 동안 철학과 컴퓨터과학 수업을 모두 가르칠 수 있었다. 필자는 두 학문의 개념적 공간이 흥미로운 방식들로 중첩된다는 사실을 곧 깨달았다. 자연스럽게 둘을 함께 가르치면 좋겠다는 생각이 들었다. 교육학

저널에 몇 편의 논문을 발표하면서 컴퓨터과학을 통해 철학을 가르치겠다는 아이디어를 발전시켜 나갔다. 그 결과로 '컴퓨터과학으로 철학하기'라는 새로운 수업을 개발했다. 2020년 봄 학기에는 처음으로 이 수업을 개설했고, 학생 그룹을 통해 무엇이 효과가 있고 무엇이 그렇지 않은지를 확인할 수 있게 되었다.

이런 고무적인 결과에 확신을 얻고 이 책의 집필을 시작하게 되었다. 이 책 일부는 이전에 출간된 자료에서 발췌한 것이다. 1장, 7장, 9장, 13장에는 "컴퓨터과학으로 철학하기"라는 제목으로 〈티칭 필로소피 저널〉에 실렸던 논문을 포함했고, 15장과 16장에는 같은 저널에 "기계 학습으로 철학하기"라는 제목으로 실렸던 논문을 활용했다.

이 책의 출판을 위해 많은 이에게 빚을 졌다. 필자가 근무하는 기관의 교육 컨설턴트 우 지아신은 수업이 효율적으로 진행되는지를 평가하느라 나와 많은 시간을 보냈다. 그녀는 필자의 수업 방식을 설계하고 개선하는 데 도움을 주었고 미국철학협회 뉴스레터 〈컴퓨터과학을 통한 철학적 문제 교육〉을 공동 집필하기도 했다. 윌리엄 라파포트는 초안에 대한 귀중한 피드백을 주었고, 코리 말리는 책을 다방면으로 세심하게 검토해주었다. 그의 세심한 의견과 질문은 책에 제시된 자료를 크게 개선하는 데 큰 도움이 됐다. 물론 책에 오류가 있다면 모두 필자의 책임이다. 팬데믹으로 인해 몇 년 동안 상황이 어려웠다. 가족의 도움 없이는 아무것도 할 수 없었을 것이다. 부모님도 변함없이 지지해주셨다. 처제 라일라 리는 책에 있는 모든 그래픽에 관한 필자의 요구를 다 처리해주었다. 장인어른과 장모님은 지칠 줄 모르는 쌍둥이 아들을 돌봐주셨다. 아내는 프로젝트를 완수할 수 있는 공간과 시간을 확보해주려고 물심양면으로 도와주었다. 소라, 초보 부모로서 우리가 지난 2년을 어떻게 버텼는지 모르겠어. 당신은 나의 가장 큰 지지자이자 최고의 친구야. 이제 책보다는 당신과 가족을 위해 더욱 노력하겠다고 약속할게.

역자 서문

"세상 만물의 공통요소는 무엇인가?" 이 최초의 물음에서 시작하여 철학
은 인간 존재, 인식 같은 근본적인 질문을 다루는 학문으로 오랜 시간 동안
우리의 사고와 문화를 형성해왔다. 반면에 컴퓨터과학은 튜링과 폰 노이
만 같은 과학자의 선구적 업적으로 비교적 짧은 역사에서 문제 해결과 논
리적 사고의 핵심 도구로 자리 잡으며 현대 사회의 변화를 주도하고 있다.
처음 이 책을 접했을 때 상관없어 보이는 두 학문이 이토록 자연스럽게 연
결된다는 점에 신선함을 느꼈던 것은 바로 철학적 질문들을 컴퓨터과학의
개념과 도구를 통해 풀어가는 독창적 방식 때문이었다.

이 책은 철학의 전통적인 질문들을 프로그래밍이라는 실용적 도구를
통해 접근한다. 특히 현재 가장 널리 사용되는 프로그래밍 언어 중 하나인
파이썬을 활용해서 독자 스스로 철학적 개념을 실행 가능한 코드로 구현
할 수 있도록 구성했다. 철학적 개념을 소개하는 데 그치지 않고 논리적 사

고를 구체화하며 이를 실천적으로 적용하는 과정까지 보여 준다. 독자는 이 책을 통해 철학적 사고를 새롭게 배우고 동시에 프로그래밍이라는 기술을 통해 문제를 여러 시점에서 볼 수 있는 능력을 얻게 될 것이다.

번역에서 가장 주안점을 둔 부분은 원문이 가진 논리적 흐름과 독창성을 충실히 반영하는 것이었다. 철학과 프로그래밍이라는 이질적인 두 영역을 자연스럽게 연결하면서 우리 독자에게 친숙한 언어로 전달하고자 노력했다. 특히 프로그래밍 코드와 철학적 설명이 유기적으로 연결되도록 역자주를 추가하여 독자가 더욱 쉽게 이해할 수 있도록 했다. 철학 아이디어가 코드로 작성되고 실행되는 이 과정을 통해 독자는 새로운 방식으로 사고를 확장할 수 있을 것이다.

현대 사회는 AI, 빅데이터, 자동화 같은 기술 혁신이 우리의 일상과 사고방식에 깊이 스며드는 시대다. 거스를 수 없는 시대 흐름 속에서 컴퓨터과학은 기술적 도구를 넘어 복잡한 사회 문제를 이해하고 해결하기 위한 중요한 사유의 도구가 되고 있다. 현대 철학에서도 컴퓨터과학의 원리와 개념을 활용하는 경향이 점차 두드러지고 있는데, 이는 논리적이고 체계적인 사유를 위해 컴퓨터과학의 도구와 개념이 유용하게 사용될 수 있음을 뜻한다. 이 책이 철학과 컴퓨터과학의 다리 역할을 할 수 있으리라 믿으며 그럴 때 이 책을 소개하고 번역한 역자로서 큰 보람을 느낄 것이다.

컴퓨터과학과 철학의 융합은 물론 파이썬이라는 프로그래밍 언어의 입문서 성격을 동시에 가진 책의 가치를 알아보고 출간을 결정한 김영미 대표에게 감사드린다. 아무쪼록 책을 번역하면서 느낀 즐거움과 신선함을 독자도 느낄 수 있기를 바란다.

1장

철학과 컴퓨터과학

1959년 C. P. 스노우[1]는 케임브리지 대학교에서 "두 문화"라는 제목으로 대중 강연을 했다. 강연에서 그는 과학과 인문학 사이에 존재하는 간극과 두 분야의 학자들이 간극을 넘은 협업은커녕 효과적으로 소통하지 못하는 것에 크게 한탄했다. 특히 스노우는 영국 교육 체제에서 과학이 희생되면서까지 인문학이 강조되고 있으며, 이러한 분열이 계속될 경우 세계 문제를

---

1   찰스 퍼시 스노우는 영국의 소설가이자 물리학자로, 과학과 인문학의 간극을 논한 저서《두 문화》(The Two Cultures, 1959)로 잘 알려져 있다. 이 책에서 현대 사회에서 과학과 인문학이 서로 소통하지 못하는 2개의 독립된 문화로 분리되어 있으며, 이러한 간극이 사회의 지적 발전을 저해한다고 주장하면서, 과학적 사고와 문학적 통찰을 아우를 수 있는 다학제적 접근의 중요성을 강조했다. 그리고 개인의 야망, 도덕적 딜레마, 사회적 책임 같은 주제를 다룬 연작 소설《괴짜들과 형제들》을 통해 문학적 업적을 남기기도 했다. 과학적 연구와 문학 창작을 병행하며 두 문화 간의 조화를 이루고자 했던 대표적 인물로 평가받는다.─옮긴이

해결할 국력에 문제가 생길 수 있음을 우려했다.[2]

오늘날에는 정반대의 우려가 존재한다고 말해도 무방하다. 전 세계 대학에서 인문학 분야의 많은 이들이 과학이 인문학을 희생시키며 과도하게 강조되고 있다고 우려한다. 현재 진로를 정하지 못한 학부생들에게 흔히 이런 조언이 주어진다. '전공을 확실하게 정하지 못했다면 과학, 기술, 공학, 수학 분야를 택하라.' 어떻게든 인문학은 피하라는 것이다!

이러한 삶의 지혜는 학생 수에 반영되고 있는 듯하다. 〈미국예술과학아카데미〉는 다음과 같이 보고한다.

10년 연속 감소세이던 인문학 학사 학위 취득자의 비율이 2015년에는 1987년 집계 이후 처음으로 12% 미만으로 하락했다.

〈미국예술과학아카데미〉(2015)

최근 인문학 학위 동향과 관련하여 인문학 지표 8개를 업데이트를 발표했는데…팬데믹 이전 몇 년 동안 인문학 학사, 석사, 박사 학위가 지속적으로 감소한 것으로 나타났다.

〈미국예술과학아카데미〉(2021)

---

2   스노우는 영국이 세계 부유한 국가와 가난한 국가 간의 격차를 줄이는 데 도움을 줄 수 없을 것이라는 점을 가장 우려했다.

1장. 철학과 컴퓨터과학

이러한 배경에서 인문학 지지자들이 학생에게 그들의 학위 가치를 지속적으로 설명해야 하는 것은 그리 놀라운 일이 아니다.

토론하기: 과학과 인문학에 대한 당신의 생각은 무엇인가? 어떤 분야가 더 중요하다고 생각하는가? 두 분야는 어떻게 연관되어 있다고 생각하는가?

스노우처럼 필자도 과학과 인문학 사이에 더 많은 가교가 필요하다고 생각한다. 급변하는 사회에서 유동적으로 대응하기 위해서는 두 분야에서 제공하는 지식이 필수이기 때문이다. 나는 컴퓨터과학과 철학의 학습을 병행함으로써 과학과 인문학의 간극을 좁히는 데 기여하고 싶다.

이 책은 컴퓨터과학과 철학 둘 다에 관심이 있지만, 어디에도 배경 지식이 없는 독자를 위한 책이다. 두 분야 중 하나 혹은 둘 모두에 두려움이 있지만 그래도 알고 싶은 마음이 있는 독자라면 이 책이 적격이다. 필자의 목표 중 하나는 두 분야를 이해하기 쉽게 설명하여 한 분야 또는 두 분야 모두 더 깊이 탐구할 수 있는 자신감을 갖게 하는 것이다. 이 책은 진행될수록 좀 더 어려운 영역으로 들어가지만, 최대한 접근하기 쉽게 구성했다. 이 책의 또 다른 독특한 점은 두 분야를 교육적으로 통합하려는 의도에 있다. 이것이 책 제목을《컴퓨터로 철학하기》로 한 이유다. 본서는 철학과 컴퓨터과학의 교차점을 다룬 여타의 책들과는 사뭇 다르다.[3] 그런 책들과 달

---

3 라파포트(2021)와 터너(2018)의 저작을 참고하라. 이 책들은 프로그램의 존재론, 프로그램의 정확성에 대한 인식론, 명세의 지향성, 계산적 추상화의 본질 등의 주제를 다룬다. 이러한 주제들은 흥미롭지만, 주로 철학의 한정된 영역에서 논의되기 때문에 이 책에서는 다루지 않는다. 대신에 철학 입문 교과서에서 다루는 주제들에 초점을 맞출 것이다.

리 이 책은 실제로 파이썬으로 프로그래밍하는 방법을 제공한다. 따라서 마지막에는 상당히 정교하고 흥미로운 컴퓨터 프로그램을 작성할 수 있게 될 것이다. 나아가 이 책은 20세기의 계산 개념과 관련된 철학 문제들만 아니라 컴퓨터가 등장하기 훨씬 이전부터 논의되어 온 '고전적인' 철학 문제들을 소개하고 탐구할 것이다. 마지막으로 이러한 '고전적인' 철학 문제들을 주요한 계산 개념을 통해 소개할 것이며, 이를 통해 철학을 새로운 방식으로 접근할 수 있게 구성했다.

왜 컴퓨터과학과 철학인가? 모든 것이 컴퓨터로 대체되고 매개되는 세상을 사는 데 기본적인 컴퓨팅 사고력이 필요하다는 점은 의심의 여지가 없다. 그러나 비판적 사고와 다양한 관점에 대한 개방성을 배양하는 철학 공부를 통해 습득되는 사고력도 똑같이 필요하다. 〈미국대학협회〉(2013) 보고서에 따르면 설문 조사에 참여한 거의 모든 교수가 "비판적으로 사고하고 명확하게 소통하며 복잡한 문제를 해결할" 능력이 있는 지원자를 찾는다. 이는 그들이 이러한 역량을 "전공보다 더 중요"하게 생각한다는 뜻이다. 2019년 BBC에서 보도된 기사에 따르면, 고용주들은 협업 환경 조성에 절대적으로 필요한 타인의 관점을 이해하는 능력, 즉 "공감 능력을 가장 중요한 기술로 생각하고…다양한 사람들의 필요와 욕구를 이해하는 능력"을 중요하게 여긴다. 요컨대 과학을 잘하는 것만이 아니라 비판적이면서도 공감하는 사고도 필요하다는 이야기이다. 철학은 이러한 능력을 개발하는 데 도움이 되는 독보적이다.

철학적 사고

많은 사람이 철학이 무엇을 다루는지 잘 모른다. 그저 철학이 극도로 어려운 학문이며 소수의 재능 있는 사람들만이 그 성과를 누리는 학문이라고 단적으로 생각한다.

토론하기: 철학이란 무엇이라고 정의할 수 있는가?

철학이 보통 사람이라면 굳이 생각하지 않는 질문에 몰두한 것은 사실이지만, 철학이 쓸모없는 기교만을 포함한다고 말할 수는 없다. 이를 이해하기 위해 고전적인 철학적 질문 하나를 생각해보자. '우리는 세상에 대해 무언가를 알 수 있는가?' 이 질문에 많은 사람은 이렇게 즉각적이면서 현실적으로 반응할 것이다. '당연히 알 수 있지!'

그렇다면 철학자들은 이런 질문과 답변을 어떻게 다룰까? 이에 대해 도움을 줄 만한 문장이 《노턴 철학 입문》에 나온다.

> 철학에서는 이런 답변을 멈추고 이를 철저한 성찰과 엄밀한 검토 대상으로 삼는다. 이 과정은 익숙했던 것들을 낯설고도 난해하게 만들며, 확신에 찼던 이해를 혼란으로 바꾼다. 이 혼란이 초래하는 질문들을 외면하고 싶은 유혹은 강렬하지만, 철학은 바로 이 혼란에 정면으로 맞서 본질을 탐구한다. 우리가 지식, 존재, 도덕에 대한 근본적 전제를 옹호할 수 있는지, 그리고 방법은 무엇인지를 끊임없이 질문한다.
>
> 로젠, 번, 코언, 하먼, 시프린(2018)

이 문장에서 다루는 몇 가지 사항에 대해 조금 더 언급해보자. 여기에서 말하는 '엄밀한 검토'란 무엇을 의미할까? 저자들은 이 문구에 많은 것을 담았다. 철학자들이 말을 매우 신중하게 한다는 것을 뜻하기도 하고, 또 단어의 의미를 가장 명확하게 파악하여 다양한 주장을 정확하게 평가하고 싶어 한다는 것을 의미하기도 한다. 사례를 들면 철학자들이 우리가 세상에 대해 알 수 있는지를 묻는다면, 이 질문의 많은 부분은 '앎/지식'이라는 단어의 의미에 달려 있다. 우리는 답이 분명하다고 생각할 수 있지만, 자세히 보면 그렇지 않음을 알 수 있다. '앎'의 정확한 정의는 무엇인가? 철학자들은 이 단어를 조심스럽게 다루어 왔다. 실제로 인식론으로 알려진 철학의 한 분야는 '앎'이라는 단어와 그 유사 어족을 이해하는 데 집중한다. 이러한 단어에 대한 관심을 **개념 분석**이라 한다.

앞의 인용문은 '기본 가정'에 대한 질문도 언급하는데, 이는 철학자로서 개발해야 할 중요한 역량이다. 앞서 인용한 인문학의 가치에 대한 BBC 기사는 공감을 중요한 직무 능력으로 크게 강조한 바 있다. 사람을 공감하게 만드는 요소 중 하나는 자신의 가정에 대한 믿음을 버릴 수 있는 능력이다. 의견 불일치와 분열은 종종 다른 사람의 관점에서 사물을 보지 못하기 때문에 발생한다. 많은 사람이 민감한 주제를 놓고 격렬하게 논쟁할 때 다른 사람들이 어째서 사물을 '올바르게' 보지 못하는지를 이해하지 못한다. 즉 사람들이 왜 나와 같은 방식으로 사물을 보지 않는지 이해하지 못하는 것이다. 기본 전제를 의문시하는 과정을 하나의 숙련된 기술로 연마한다면, 철학적 사고는 공감을 형성하는 데 필수적인 요소가 된다.

마지막으로, 이 인용구는 가정이 어떻게 '옹호'될 수 있는지에 대한 언급으로 마무리된다. 여기에는 다양한 주장을 지지하거나 반대하는 증거를

1장. 철학과 컴퓨터과학

수집하는 것을 포함한다. 주장에 대한 증거를 제시하려는 시도에 대한 비판적 평가는 논리라는 철학 영역에 속한다. 많은 사람이 이를 보통 '비판적 사고'라고 부르지만 철학자는 이를 **논리 분석**이라고 말한다. 다시 말해 철학을 잘 배우면 비판적이면서 공감 능력이 풍부한 사람이 되는 데 도움이 된다. 본서는 철학의 고전적인 문제들을 살펴봄으로써 이러한 기술을 개발하고자 한다.

컴퓨팅 사고력

2001년 2월 23일, 주간 공영 라디오 프로그램 〈디스 아메리칸 라이프〉에서는 초능력을 주제로 비행과 투명인간 중 어떤 초능력이 더 좋은지에 관해 논쟁을 벌였다.

토론하기: 둘 중 하나를 선택할 수 있다면 당신은 어떤 초능력을 갖고 싶은가? 그 이유는 무엇인가?

비행 같은 초능력을 사용하는 데 핵심은 능력의 열린 가능성을 정확히 이해하는 것이다. 이는 그리 단순한 작업이 아닐 수 있다. 상상력이 부족해서 초능력을 하루 몇 분 정도만 사용할 수 있다고 간주해 도시를 날거나 대양을 건널 가능성을 떠올리지 못할 수도 있고, 상상력을 지나치게 발휘해 달까지 날아갈 수 있다고 생각할 수도 있다. 이런 상상력은 산소 없이 비행하는 것 같은 비현실적인 환상에 빠지게 만들 수도 있다. 말하자면 받은 초능력의 한계를 정확히 정의하는 것은 가능성을 온전히 이해하는 데 중요한 역할을 한다.

컴퓨터로 시선을 돌려보면, 우리는 컴퓨터가 우리에게 여러 가지 초능력을 제공해준다고 어렵지 않게 생각할 수 있다. 그러나 이러한 능력들이 무엇을 가능하게 하는지를 명확히 하는 것이 필요하다.

토론하기: 컴퓨터는 무엇을 잘하는가? 반면에 인간은 무엇을 잘할 수 있는가? 이러한 작업은 어떻게 다른지 논의해보자.

컴퓨터가 제공하는 초능력은 다양하지만(Wing, 2006) 여기서는 세 가지 능력인 논리, 기억, 속도로 제한하고자 한다. 여러분은 이렇게 생각할 수 있다. '우리도 이미 이런 능력이 있지 않은가?' 물론 인간은 뛰어난 논리, 기억, 속도를 가지고 있다. 그러나 이러한 영역에서 인간의 능력을 컴퓨터의 능력과 비교하면 어떨까? 논리 면에서 인간은 실수를 저지른다. 반면에 컴퓨터는 (어떤 의미에서는) 절대로 실수를 하지 않는다. 기억 면에서 인간은 얼마나 많은 숫자를 기억할 수 있을까? 100개? 많아야 1,000개 정도일 것이다. 그러나 컴퓨터는 수십억 개를 기억할 수 있다. 속도 면에서 인간은 백만 번의 산술 연산을 얼마나 빨리 계산할 수 있을까? 잠도 자지 않고 쉬지도 않으며 몇 주간을 계속 작업해야 할 것이다. 그러나 컴퓨터는 1초도 안 되어 처리할 수 있다.

이러한 능력은 인간의 능력과 비교했을 때 진정으로 '초능력'이라 부를 만하다. 그러나 논리, 기억, 속도라는 초능력을 제대로 활용하려면 컴퓨터가 우리가 원하는 대로 작동하게 하는 방법을 배워야 한다. 이는 결코 쉬운 일이 아니다. 컴퓨터는 매우 섬세하기 때문이다. 엄격한 구문과 문법을 따르는 극도로 정밀한 명령을 주지 않으면 컴퓨터는 우리가 원하는 대로 작동하지 않는다. 게다가 컴퓨터가 요구하는 명령은 우리가 사람에게 주는 명령보다 훨씬 더 세분화되어 있다. 일례를 들면 인간에게 1부터 시작해 백만 개의 정수를 더하라고 지시를 내리면 인간은 무엇을 해야 할지 정확히 한다. 그러나 컴퓨터가 이 작업을 수행하도록 하려면 이 작업을 더 작은 세부 단계로 나누어 매우 구체적인 명령을 내려야 한다.

이를 '컴퓨팅 사고'라고 한다. 컴퓨터가 잘 해결할 수 있다고 생각되는 과제를 파악한 후에는 반복적이지만 비선형적인 방식으로 컴퓨팅 사고의 기술을 적용하는 것이 발전에 중요한 역할을 한다. 컴퓨팅 사고에 대한 보편적인 정의는 없으므로 우선 자넷 윙(2014)의 정의를 따라가 보자.

컴퓨팅 사고란 문제를 정의하고 그 해결책을 컴퓨터, 즉 인간[4]이나 기계가 효과적으로 실행할 수 있도록 표현하는 사고 과정이다.

컴퓨팅 사고는 분해, 패턴 인식, 데이터 표현, 알고리즘 정형화라는 네 가지 범주로 나뉜다.

분해는 복잡한 문제를 더 단순하고 관리하기 쉬운 하위 문제로 나누는 것이다. 이 과정에서 하위 문제들을 해결하면 그 해결책들을 모아 원래의 복잡한 문제를 해결할 수 있게 된다. 예컨대 에세이 작성은 분해가 유용한 작업 중 하나이다. 에세이를 쓸 때는 개요를 먼저 작성하는 것이 가장 효율

4 　오늘날 '컴퓨터'라는 용어는 기계를 지칭하지만, 한때는 수학적 계산을 수행하는 인간을 지칭하는 데 사용되었다.

적이다. 이러면 에세이를 한 번에 쓰는 대신 서론, 본론, 결론 등 각 부분에 집중할 수 있어 더 쉽게 관리할 수 있다. 각 부분이 완성되면 그것들을 모아 한 편의 에세이로 완성하면 되는 것이다.

패턴 인식은 다양한 문제 사이에서 공통된 유사성을 찾는 것이다. 유사성이 발견되면 약간의 변형만으로 모든 문제를 해결할 수 있는 하나의 방법을 사용할 수 있다. 가령 자동차를 제조하는 작업을 생각해보자. 우리는 모든 자동차에는 엔진, 차체, 바퀴 같은 공통요소가 있음을 알고 있으므로 각 부품만 제조하면 된다. 즉 자동차를 제조하는 데는 하나의 일반적인 방법이 존재한다. 각 자동차가 엔진 종류나 차체 디자인, 바퀴 크기 등에서 차이가 있더라도 전체 제조 과정은 일정하게 유지된다.

데이터 표현은 일종의 추상화로 중요한 정보에만 집중하고 불필요한 정보는 걸러내는 것이다. 지도는 이러한 추상화의 좋은 예이다. 모든 지도는 어떤 정보를 포함하고 어떤 정보를 제외할지 선택해야 한다. 이를테면 태양계 지도에는 태양과 행성들 사이의 실제 거리가 거의 표시되지 않다. 실제 거리를 표시하려면 너무 많은 공간이 있어야 하기 때문이다. 즉 지구의 반경이 1인치이면, 태양과의 거리는 약 2,000피트가 되어야 한다. 따라서 이 정보는 종종 제외된다. 많은 경우 중요한 것은 태양으로부터 상대적인 거리 순서대로의 나열이다. 지도는 단지 수성은 지구보다 태양에 더 가깝다는 사실만 나타내면 된다. 수성과 태양 사이의 실제 거리는 중요하지 않기 때문이다.

알고리즘 정형화는 문제를 해결하기 위한 단계별 절차를 만드는 것이다. 사실 우리는 알고리즘을 인식하지 못할 수도 있다. 하지만 운전 중 차선을 변경할 때 우리는 암묵적으로 알고리즘을 따른다. 먼저 진입하려는 차선이 비어 있는지 확인하고 신호를 켜서 다른 운전자들에게 의도를 알린다. 그런 다음 거울과 사각지대를 확인한 후 안전하면 부드럽게 차선으로 진입한다. 차선 변경을 완료하면 신호를 끄고 주행을 계속한다. 이렇게 명확한 단계를 설정하면 작업을 수행하는 데 도움이 될 뿐 아니라, 다른 사람에게 그 과정을 가르치기도 쉽다.

이 책을 통해 컴퓨터과학으로 철학에 입문하는 것만 아니라 과학과 인문학, 그리고 이 두 분야의 교차 영역에서 유용한 기술들을 습득하기 원하는 독자도 있을 수 있다. 그러나 한 권의 책으로 과학과 인문학에 필요한 모든 기술을 다룰 수는 없다. 따라서 본서는 철학과 컴퓨터과학에 집중하려고 한다. 나는 이 두 분야의 핵심 기술을 철학적 사고와 컴퓨팅 사고라고 부른다. 나는 이 기술들에 대한 개념적 이해를 제공하지만 책 대부분은 이것보다 더 실용적인 접근을 취한다. 철학적 사고를 기르기 위해 특정 철학 주제를 읽고 주제를 둘러싼 논쟁을 이해하며 실제로 사고해보려고 한다. 컴퓨팅 사고를 키우기 위해서 파이썬 프로그래밍 언어를 사용해 작업을 정의하고 그 작업을 수행하는 프로그램을 작성하는 경험을 실제로 할 것이다.

책의 구성

다음 장에서는 먼저 파이썬 개발 환경을 설치하고 파이썬을 통해 컴퓨터와 상호작용하며 내장된 텍스트 편집기에 익숙해지는 과정을 시작할 것이다. 차례를 보면 알 수 있듯이 이 책의 나머지 부분은 컴퓨터과학과 철학의 주제들을 번갈아 가며 다루는 방식으로 구성했다. 먼저 컴퓨팅 개념을 소개한 후 이러한 개념들을 바탕으로 철학 문제를 탐구할 것이다. 컴퓨터과학의 알고리즘은 철학의 논리 분석과 연결되고, 그래픽 이미지 조작은 외부 세계에 대한 회의론과 연관되며, 함수는 마음의 기능주의 이론과 연결된다. '라이프 게임'은 자유의지와 결정론과 짝지어 다뤄지고, 재귀적 프로그래밍은 신 존재 문제와, 기초적인 기계 학습 기법은 귀납 문제와 연결된다. 마지막 장에서는 최근 컴퓨터 기술 응용에서 발생하는 윤리적 문제를 다룰 것이다.

이 책은 독자가 철학적 사고와 컴퓨팅 사고를 시작할 수 있도록 돕기위한 것이지 전문가로 양성하기 위한 것이 아니다. 철학적 사고와 컴퓨팅 사고는 평생을 바쳐도 완전히 통달하기 어려운 주제들이다. 철학적 사고를 실천하고 컴퓨터 프로그램을 작성하는 데 상당한 시간을 투자하겠지만이 과정에서 더 높은 차원의 목표를 염두에 두기를 바란다. 특정 철학 논쟁의 세부 사항을 기억하는 것보다 중요한 것은 철학적 사고 기법을 통해 논쟁을 평가하는 구조적인 방식을 개발하는 것이다. 바꾸어 말하면, 개념 분석, 논리 분석, 전제에 대한 의문 제기를 통해 사고의 틀을 확장해야 한다. 마찬가지로 특정 프로그래밍 작업을 수행하는 데 필요한 파이썬 구문을 암기하는 것보다 중요한 것은, 컴퓨팅 사고 기법을 통해 문제를 분석하고 해결하는 체계적인 방식을 익히는 것이다. 이를 위해서는 분해, 패턴 인식, 데이터 표현, 알고리즘 정형화 같은 기법을 활용해야 한다.

2장

파이썬

많은 사람이 컴퓨터를 웹 브라우저나 워드 프로세서 같은 특정 응용 프로그램 정도로 한정해 생각하기 때문에 컴퓨터의 기능을 정확하게 이해하지 못한다. 컴퓨터의 중요한 특징은 바로 '프로그래밍 가능성'이다.[5] 대부분의 기계는 특정 작업을 수행하도록 제작된다. 계산기는 기본적인 산술 계산을 돕기 위해 만들어졌고, 라디오는 전파에서 정보를 추출하여 소리로 변환하는 용도로 만들어졌다. 이런 기계들은 설계된 특정 작업에만 국한되어 다른 작업을 수행하지 못한다. 계산기가 라디오 기능을 수행하도록 하는 유일한 방법은 근본적으로 기계를 분해해서 완전히 다른 기계로 재조립하는 것이다. 즉 계산기를 해체한 후 라디오로 다시 조립해야 한다.

---

[5]   현대의 거의 모든 컴퓨터는 프로그래밍이 가능하지만 예전에는 콘래드 추제의 컴퓨터와 앨런 튜링의 봄베(Bombe)를 포함해 프로그래밍이 불가능했던 컴퓨터가 많았다.

컴퓨터의 혁신성은 바로 '프로그래밍 가능성'에 있다. 이것 때문에 어떤 기계를 분해하거나 재조립하지 않고도 다른 기계들이 수행할 수 있는 계산 가능한 모든 작업을 수행할 수 있다. 이러한 이유로 노트북 하나로 전통적인 계산기가 수행하는 연산을 실행할 뿐 아니라, 데이터셋을 저장하고 분석하는 데이터베이스를 운영하거나 텍스트와 화려한 글꼴과 이미지를 포함한 에세이 같은 문서를 작성할 수도 있는 것이다. 계산기, 데이터베이스, 워드 프로세서는 모두 서로 다른 프로그램이며 각각 컴퓨터의 능력을 활용해 특정 목적을 위해 다양한 연산 조합을 실행하도록 설계되었다. 방법만 알고 있다면 자신의 노트북에서 실행되는 새로운 프로그램을 작성할 수 있을 것이고, 이 프로그램은 이전에는 존재하지 않았던 목적을 위해 여러 작업을 조합하여 수행할 수 있을 것이다.

그렇다면 모든 컴퓨터에 잠재된 놀라운 능력을 어떻게 활용할 수 있을까? 어떻게 하면 우리가 원하는 일을 하도록 할 수 있을까? 그 답은 프로그래밍 언어에 있다. 이 책에서는 **파이썬** 프로그래밍 언어를 사용해 컴퓨터 프로그래밍을 소개한다. 하지만 이 책은 파이썬에 관한 책이 아니다. 파이썬에 대한 보다 포괄적이고 자세한 소개를 제공하는 다른 책들은 이미 많다. 여기서는 이를 프로그램 작성의 기초와 컴퓨팅 사고와 관련된 일반적인 기술을 익히기 위한 도구로만 사용한다. 컴퓨터를 다루고 프로그래밍하는 방법에 대한 감각을 키우는 것, 즉 다른 프로그래밍 언어로 전환할 수 있는 기술을 개발하는 것이 목표이다. 또 이 과정에서 습득한 계산 개념을 사용하여 몇 가지 고전적인 철학적 문제를 소개하고 탐구하고자 한다. 따라서 이 책에서 파이썬 프로그래밍 언어의 모든 기능을 다룰 것이라고 기대하면 안 된다. 많은 부분이 생략될 수 있음을 참고하기 바란다.

파이썬을 선택한 이유는 두 가지다. 첫째, 비교적 이해하기 쉽고 Java나 C++ 같은 다른 언어에 비해 진입장벽이 낮다는 점이다. 둘째, 세계에서 가장 인기 있는 프로그래밍 언어이기 때문이다. 2021년에 전기전자공학자협회는 파이썬을 55개 언어 중 가장 인기 있는 언어로 평가한 바 있다. 특정 언어의 인기는 시간이 지나면서 변하기 마련이지만 파이썬은 상당 기간 중요한 위치를 유지할 것으로 보인다.

파이썬 설치하기

파이썬을 사용하기 위해서는 먼저 컴퓨터에 파이썬을 설치해야 한다. 이를 위해 공식 웹사이트(http://python.org)에 접속하기 바란다. 마우스를 'Downloads' 탭 위에 올리면 최신 릴리스(이 글을 작성한 시점인 2021년 12월 16일 기준으로 Python 3.10.1)로 연결되는 버튼이 표시된다. Windows 7처럼 운영 체제가 너무 오래되어 최신 릴리스를 사용할 수 없다면, 웹사이트에서 조금 더 자세히 찾아봐야 한다. 최신 버전의 Windows나 macOS를 사용하는 경우 'Downloads' 드롭다운 메뉴에서 해당 링크를 클릭하면 다양한 옵션이 표시된다. Windows를 사용한다면 아마도 'Windows installer'(32비트 또는 64비트, 사용하는 컴퓨터에 따라 선택)를 다운로드하는 것이 가장 익숙할 것이다. 프로그램 설치에 가장 익숙한 방법이기 때문이다. 파이썬 다운로드 및 설치에 대한 더 자세한 정보는 아래 주소에서 확인할 수 있다. https://wiki.python.org/moin/BeginnersGuide/Download

파이썬을 설치할 때 기본 설정을 그대로 사용하면 통합 개발 및 학습 환경(IDLE)이 함께 설치된다. IDLE은 한 줄씩 명령을 입력해 파이썬과 직접 상호작용할 수 있도록 도와줄 뿐 아니라, 내장된 텍스트 편집기를 통해 여러 줄로 구성된 파이썬 프로그램을 작성, 수정, 저장, 실행하는 과정을 간편하게 만들어 준다. 이에 대한 자세한 내용은 이 장의 후반부에서 더 다룰 것이다.

객체와 타입

파이썬 프로그래밍을 시작하기 전에 파이썬이 하나의 프로그래밍 언어라는 점을 기억하자. 새로운 언어를 배우는 것처럼 파이썬을 '구사'하는 법을 익히는 데는 많은 인내와 연습이 필요하다. 언어를 배우는 초기 단계는 특히 어려울 수 있다. 개별 단어의 철자와 발음을 익히는 것 자체가 힘들 뿐 아니라 단어들이 문법적으로 어떻게 조화를 이루는지 이해하는 게 처음에는 불가능하게 보일 수도 있다. 새로운 용어들이 잘 이해되지 않거나 개념적으로 부담스럽게 느껴져도 걱정하지 말자. 이는 매우 자연스러운 과정이다. 과정을 신뢰하며 한 걸음씩 차근차근 진행해보자.

파이썬은 **인터프리터**[6]라고 불리기도 하는데, 이는 파이썬을 실시간 인간-기계 번역기로 생각할 수 있기 때문이다. 인간-인간 번역가가 서로 다른 언어를 사용하는 사람들 간의 소통을 돕듯이 인간-기계 번역기는 인간

---

6   코드를 실행 가능한 프로그램으로 번역한 다음 명시적으로 실행해야 하는 컴파일러 기반 언어(예: Java 및 C/C++)와 달리, 인터프리터 기반 언어는 코드를 번역하고 결과 프로그램을 즉시 실행한다.

이 컴퓨터와 소통할 수 있도록 돕는다. 그러나 파이썬은 영어 같은 일반적인 인간 언어를 이해하지 못한다는 점에서 다르다. 파이썬은 한편으로는 기계 언어를, 다른 한편으로는 파이썬 프로그래밍 언어를 이해한다. 따라서 컴퓨터에 원하는 작업을 전달하기 위해서는 파이썬 프로그래밍 언어를 배워야 한다. 우리가 파이썬으로 코드를 작성하면 파이썬 인터프리터는 이를 즉시 기계 언어로 번역해 컴퓨터에 전달한다. 컴퓨터는 이 코드를 실행하고, 파이썬 인터프리터는 컴퓨터의 반응을 우리에게 다시 전달한다.

실제로 작동하는 모습을 보려면 먼저 IDLE을 연다. 그러면 화면에 '>>>' 같은 문자가 표시되는 파이썬 인터프리터 세션이 시작된다. '>>>'는 파이썬 인터프리터가 프로그래머의 명령문을 기다린다는 신호를 보내기 위해 사용하는 프롬프트이다. 파이썬 인터프리터에 숫자를 입력한 다음 <Enter>(또는 <Return>)을 쳐보자. 다음과 같은 메시지가 표시될 것이다.

```
>>> 12345
12345
```

파이썬에서는 거의 모든 것이 객체이다.[7] 따라서 방금 입력한 숫자 12345도 파이썬에서는 객체이다. 또 파이썬의 모든 객체는 **타입**을 가진다. 숫자 12345는 int 타입이다.

---

[7]   이것은 신기하게 들릴 수 있다. 그러면 객체란 무엇일까? 간단히 말해 객체는 데이터와 그 데이터에 작용하는 메서드의 집합이다. 이에 대해 더 많은 이야기를 할 수 있지만, 가장 좋은 방법은 단순히 예를 살펴보고 객체가 무엇인지 이해하는 것이다.

파이썬에는 네 가지 원자형 타입이 있다. '원자형'이라는 표현은 이러한 타입의 객체들이 더 작은 부분으로 나눌 수 없음을 뜻한다. 즉 이 객체들은 더 이상 분해할 수 있는 구조가 없다. 네 가지 형태는 다음과 같다.

- int: 정수(예: -3, 20).
- float: 소수점이 있는 실수(예: -3.0, 3.14).
- bool: 논리값으로 True 또는 False 두 가지가 있다.
- NoneType: '없음'으로 None이라는 값 하나만 있다.

텍스트, 문자를 표현하는 데 사용되는 구조화된 타입은 str 타입이다. 이러한 객체는 따옴표 안에 있으며 작은따옴표나 큰따옴표 모두 사용할 수 있다. 다만 한 문자열 내에서는 일관되게 사용해야 한다. 작은따옴표로 시작한 문자열을 큰따옴표로 끝내거나, 그 반대로 작성해서는 안 된다.

str: 텍스트 (예: 'hi',"Ironman")

문자열은 구조화된 객체로 간주된다. 문자열이 더 작은 부분으로 나뉠 수 있기 때문이다. 예를 들어 "Ironman is cool"이라는 문자열은 15개의 문자(2개의 공백 포함)로 이루어져 있으며, 각 문자는 개별적으로 접근할 수 있다.

다음으로 넘어가기 전에 이 다섯 가지 객체 타입의 각각의 예시를 직접 입력해보면서 파이썬 인터프리터와 상호작용하는 데 익숙해지도록 하자.

```
>>> 100
100
>>> 100.0
100.0
>>> True
True
>>> None
>>> 'Hello World'
'Hello World'
```

여기서 주목할 몇 가지 사항이 있다. True와 False의 철자와 대문자 사용이 매우 중요한데, 파이썬에서는 모든 것이 **대소문자를 구분**하기 때문이다. 만약 true라고 소문자로 입력했다면, 파이썬은 true가 무엇인지 알지 못해 오류 메시지가 나올 것이다.

　그리고 None은 파이썬 인터프리터로부터 아무런 응답을 받지 않는다는 점에 주목하자. None이 문자 그대로 '없음'을 의미하기 때문이다(왜 None 같은 것이 중요한지는 다음 장에서 다룰 것이다). 마지막으로 true는 오류를 일으키지만 'true'는 오류를 일으키지 않는다. 'true'가 문자열로 취급되기 때문이다. 따라서 둘 다 유효한 문장이지만 True와 'True'는 전혀 다른 객체이다. 전자는 bool(논리값)이고, 후자는 str(문자열)이다.

　파이썬에서는 type 함수를 사용하여 객체의 타입을 확인할 수 있다. 함수를 사용하는 방법은 함수 이름 뒤에 확인할 객체를 괄호 안에 입력하는 것이다. type 함수를 사용하고 싶다면, 다음과 같이 할 수 있다.

```
>>> type(12345)
<class 'int'>
```

위 예시는 `<class 'int'>`를 반환하는데, 이는 정수형 타입(또는 클래스)을 나타낸다.

연습문제 2.1: type 함수를 사용하여 다섯 가지 다른 객체에 적용해보고, 각 객체가 어떤 타입에 속하는지 정확히 식별할 수 있는지 확인해보자.

마지막으로, 어떤 타입의 객체를 다른 타입의 객체로 변환할 수 있는데 이를 위해 타입 이름을 함수처럼 사용할 수 있다. 이를 형 변환(casting)이라고 부르기도 한다. 어떻게 작동하는지 이해하려면 몇 가지 예시를 보는 것이 가장 좋다.

```
>>> int(3.14)
3
>>> float(3)
3.0
>>> str(3.14)
'3.14'
>>> int('5')
5
>>> int('hi')
```

```
Error
```

첫 번째 문장은 3.14(실수)를 3(정수)으로 변환한다. 실수의 소수 부분이 단순히 제거되어 정수가 생성된다는 점에 주목하자. 두 번째 문장은 3(정수)을 3.0(실수)으로 변환하며 소수점 뒤에 0을 추가한다. 세 번째 문장은 3.14(실수)를 '3.14'(문자열)로 변환하고, 네 번째 문장은 '5'(문자열)를 5(정수)로 변환한다. 세 번째와 네 번째 변환은 각각의 객체가 동일한 기호 표기법을 가지고 있기에 작동한다. 다섯 번째 문장은 'hi'(문자열)를 정수로 변환하려 하지만, 'h'와 'i'는 숫자에 대응하는 기호가 없기에 오류가 발생한다.

표현식

이제 컴퓨터의 탁월한 능력 중 하나인 **논리**, 즉 지시를 따르고 연산을 정확하게 수행하는 능력을 탐구할 준비가 되었다. 컴퓨터는 계산기처럼 실수 없이 작업을 실행할 수 있다. 인간은 주의 부족이나 피로 등의 이유로 실수하기 쉽지만, 컴퓨터는 집중력을 잃거나 지치지 않는다. 컴퓨터는 그야말로 지시받은 대로 정확하게 수행하는 특출난 능력이 있다. 이번 장에서는 컴퓨터가 신처럼 완벽하게 수행할 수 있는 몇 가지 연산에 대해 살펴볼 것이다.

먼저 산술 연산을 살펴보자. 객체는 연산자를 사용해 다른 객체와 결합하여 **표현식**을 만들 수 있다. 예를 들어 + 연산자는 두 숫자를 더하는 데 사용할 수 있다.[8]

```
>>> 2 + 3.5
5.5
```

표현식을 평가하면 특정 타입의 객체가 생성된다. 예를 들어 2 + 3.5는 실수(float) 타입의 객체인 5.5로 평가된다. 이 표현식에 type 함수를 사용하여 이를 확인할 수 있다.

```
>>> type(2 + 3.5)
<class 'float'>
```

그 외의 기본적인 **산술 연산자**에는 -, *, /, %, //, ** 등이 있다.

- x - y   : 뺄셈 연산자는 x에서 y를 뺀 값을 반환한다.
- x * y   : 곱셈 연산자는 x에 y를 곱한 값을 반환한다.
- x / y   : 나눗셈 연산자는 x를 y로 나눈 값을 반환한다.
- x % y   : 나머지 연산자는 x를 y로 나눈 나머지 값을 반환한다.
- x // y   : 정수 나눗셈 연산자는 x를 y로 나눈 몫을 반환한다.
- x ** y   : 거듭제곱 연산자는 x를 y의 거듭제곱한 값을 반환한다.

---

8   아래 예시에는 숫자와 + 연산자를 구분하는 공백이 있지만, 반드시 공백이 있어야 하는 것은 아니다. 실제로 숫자와 + 연산자는 임의의 공백 수(0 또는 그 이상)로 구분할 수 있다. 코딩할 때 자유롭게 실험해보라. 프로그래머마다 서로 다른 구문 스타일을 개발하는 것을 볼 수 있다.

이 연산자들은 함께 사용할 수 있으며 괄호를 통해 중첩할 수도 있다. 연산 순서는 수학에서의 수식 연산 방식과 같다. 정리하자면 거듭제곱 연산자는 곱셈과 나눗셈보다 우선순위가 높아 먼저 실행되며, 곱셈과 나눗셈은 덧셈과 뺄셈보다 우선순위가 높다. 괄호를 사용해서 이 순서를 변경할 수 있다. 이 예시에서는 곱셈이 먼저 실행된 후 덧셈이 수행된다.

```
>>> 5 + 2 * 4
13
```

이 예에서는 괄호로 인해 덧셈을 먼저 수행한 다음 곱셈을 수행한다.

```
>>> (5 + 2) * 4
28
```

연습문제 2.2: 산술 연산자에 익숙해지고 표현식을 작성하는 데 익숙해지자. 1마일에 5,280피트가 있고, 1미터에 3.28084피트가 있을 때, 10마일에 몇 센티미터가 있는지 계산하는 표현식을 작성해보자.

이제 **비교 연산자**에 대해 알아보자. 비교 연산자로 구성된 표현식은 bool 타입의 객체, 즉 True 또는 False 값을 결과로 가진다.

- x == y : 동등 연산자는 x가 y와 같으면 True를 반환하고, 그렇지 않으면 False를 반환한다.

- `x != y` : 부등 연산자는 x가 y와 같지 않으면 True를 반환하고, 그렇지 않으면 False를 반환한다.
- `x < y` : 미만 연산자는 x가 y보다 작으면 True를 반환하고, 그렇지 않으면 False를 반환한다.
- `x > y`   : 이상 연산자는 x가 y보다 크면 True를 반환하고, 그렇지 않으면 False를 반환한다.
- `x <= y` : 최대 연산자는 x가 y보다 작거나 같으면 True를 반환하고, 그렇지 않으면 False를 반환한다
- `x >= y` : 최소 연산자는 x가 y보다 크거나 같으면 True를 반환하고, 그렇지 않으면 False를 반환한다

직접 이러한 연산자를 테스트해볼 수 있다.

```
>>> 1 == 1
True
>>> 1 != 1
False
>>> type(1 == 1)
<class 'bool'>
>>> type(False)
<class 'bool'>
```

연습문제 2.3: 비교 연산자를 사용하여 '하루의 1초보다 1년의 1시간이 더

많다'라는 문장이 참인지 확인하는 식을 작성하라.

변수

이제 컴퓨터의 또 다른 강점인 **메모리**에 대해 배울 차례다. **변수**는 객체에 이름을 붙이고 기억할 수 있게 해준다. 변수는 **할당 연산자** =를 사용해 생성할 수 있으며 이후 다른 값으로 재할당할 수도 있다. 이를테면 x라는 변수를 만들고 5라는 값을 할당할 수 있다. 변수에는 어떤 종류의 객체도 할당할 수 있으며, 아래의 예에서는 정수 값을 x에 할당한 것이다.

```
>>> x = 5
```

지금까지 봤던 연산자들과 달리 할당 연산은 수행해도 화면에 아무런 결과가 표시되지 않는다는 점에 유의해야 한다. 또 할당 연산자와 동등 비교 연산자를 혼동해서는 안 된다. 할당 연산자는 하나의 등호(=)로, 동등 비교 연산자는 2개의 등호(==)로 이루어진다. 즉 할당 연산자는 x에 5를 설정하는 것이고, 동등 비교 연산자는 x가 5와 같은지 확인하는 것이다.

```
>>> x == 5
True
```

값을 변수에 할당할 때 변수를 그 값의 이름으로 생각하는 게 가장 쉽다.

예를 들어 5를 x에 할당하면, x는 5를 가리키는 또 다른 이름이라고 볼 수 있다. 할당 연산자가 어떤 일을 하는지 시각적으로 표현하기 위해 [그림 2.1]을 사용할 수 있다.

이제 우리가 5를 사용하던 곳 어디서든 x를 대신 사용할 수 있다. 단순히 x를 입력하면 파이썬은 x에 할당된 값인 5를 평가해서 보여 줄 것이다.

```
>>> x
5
```

또한 기존 변수를 다른 변수에 할당하는 값으로 사용할 수도 있다.

```
>>> y = x
```

여기서 무슨 일이 일어나는지 살펴보자. [그림 2.2]에서 보듯이 변수 y에 할당된 것은 x에 할당된 값이지 x 자체가 y에 할당된 것은 아니다. x 자체가 y에 할당되었다면 x의 값을 바꾸면 y의 값도 바뀌었을 것이다. 하지만 실제로는 그렇지 않다. 이후에 x에 10이라는 새로운 값을 할당해도 y는 여전히 5를 가리키고 있다.

```
>>> y
5
>>> x = 10
>>> x
```

```
10
>>> y
5
```

[그림 2.1] x에 5를 할당한다.

[그림 2.2] x와 y 모두에 5를 할당한다

[그림 2.3]을 사용하여 x에 새로운 객체가 할당된 후의 상황을 시각화할 수 있다.

평가 순서도 중요하다. 할당 연산자의 오른쪽이 항상 먼저 평가된다. 이것이 다음과 같은 할당이 가능한 이유다.

```
>>> x = x + 1
```

할당 연산자의 오른쪽 x + 1이 먼저 평가된다. 할당 연산 이전의 x값은 10 이므로 표현식을 평가한 결과의 값은 11이 된다. 이 값이 왼쪽에 있는 변수, 즉 다시 x에 할당된다. 그 결과 상황은 [그림 2.4]처럼 보일 것이다.

변수 이름은 알파벳, 숫자, 밑줄(_) 문자의 조합으로 만들 수 있다. 대문자와 소문자는 서로 다른 것으로 취급되기 때문에 같은 문자라도 대소문자가 다르면 다른 변수로 간주된다. 다만 변수 이름은 반드시 알파벳 문자로 시작해야 한다는 규칙이 있다.

변수 이름을 정할 때는 신중해야 한다. 앞서 파이썬에 내장된 type 함수에 대해 배웠는데, 할당 연산자를 사용해 type이라는 이름의 변수를 만들면 type이 가리키는 기능을 바꿀 수 있다. 하지만 이렇게 하면 type 함수의 원래 기능을 잃어버리기 때문에 좋은 방법이 아니다.

```
>>> type(1)
<class 'int'>
>>> type = 1
>>> type
1
```

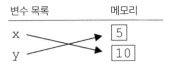

[그림 2.3] x에는 10이 할당되고, y에는 5가 그대로 할당된다.

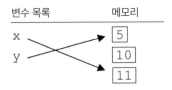

[그림 2.4] x에 11이 할당된다.

2장. 파이썬

```
>>> type(1)

Error
```

이 명령어들의 순서는 오류를 일으킨다. type이 이제는 객체의 유형을 반환하는 함수가 아니라 정수 1을 가리키게 되었기 때문이다. 마지막 명령어는 사실상 파이썬에서 의미가 없는 명령을 실행하는 것과 같다.

```
>>> 1(1)
```

type이 이제 함수로 사용할 수 없게 되었지만, type이 숫자를 가리키기 때문에 파이썬은 오류 없이 type에 숫자를 더할 수 있다.

```
>>> type + 1
2
```

이것은 좋지 않은 프로그래밍 스타일로 간주해서 피해야 한다. 파이썬에서 객체를 참조하는 데 이미 사용된 변수 이름은 사용하지 마라!

　사용할 수 없는 이름들도 있는데, 이를 **예약어**라고 한다. 여기에는 and, not, or 같은 논리 연산자들이 포함된다. 이것에 대해서는 다음 장에서 다루도록 한다. 이런 예약어에 값을 할당하면 오류가 발생한다.

　마지막으로, 의미 있는 변수 이름을 만드는 것이 좋다. 다음 코드 몇 줄을 보자.

```
>>> likujyh = 10
>>> awsedrf = 3.14
>>> zsxdcfv = awsedrf * likujyh ** 2
```

이 코드가 무엇을 계산하는지 이해하지 못하고 각 문자를 신경 쓰지 않으면 변수 이름을 제대로 입력했는지 확신하기 어려울 수도 있다. 하지만 같은 계산을 수행하는 다음 몇 줄의 코드는 훨씬 더 쉽게 이해할 수 있다.

```
>>> radius = 10
>>> pi = 3.14
>>> area = pi * radius ** 2
```

물론 파이썬에서는 변수 이름이 어떻게 지어졌든 상관없다. 두 가지 코드 모두 파이썬에서는 똑같이 처리하기 쉽다. 중요한 점은 잘 작성된 코드가 사람들에게 이해하기 더 쉽다는 것이다. 특히 여러 사람이 그 코드를 재사용하거나 수정해야 할 때 또는 나중에 자신이 다시 그 코드를 볼 때 이 점은 매우 중요하다. 유명한 소프트웨어 개발자인 마틴 파울러가 이 점을 잘 요약했다.

> 컴퓨터가 이해할 수 있는 코드는 누구나 쓸 수 있다. 하지만 좋은 프로그래머는 사람들이 이해할 수 있는 코드를 작성한다.
>
> (파울러, 2019)

따라서 변수 이름에 대해 신중하게 생각하는 습관을 기르는 것이 좋다.

연습문제 2.4: 시간당 30달러를 벌고 주당 40시간 일한다고 가정하고, 25년 동안 얼마나 벌 수 있는지 계산하는 변수를 만들어 보라. 1년에 52주가 있다고 가정한다.

텍스트 편집기

여러 줄의 코드를 실행할 때 모든 명령어를 인터프리터에 정확히 입력하는 것이 번거로울 수 있다. 게다가 이미 입력한 내용을 조금이라도 수정하려면 처음부터 다시 입력해야 하니 매우 불편하다. 그래서 코드를 더 쉽게 다룰 수 있도록 텍스트 편집기를 사용하는 것이 유용하다.

이 목적에 맞는 훌륭한 텍스트 편집기가 많다. 인기 있는 편집기로는 Atom, Sublime, Vim, VS Code 등이 있다. 다행히 이미 설치한 파이썬 보급판에 텍스트 편집기가 기본으로 포함되어 있다.

IDLE에서 텍스트 편집기를 사용하려면 '파일' 탭에서 '새 파일' 옵션을 선택하면 된다. 그러면 새로운 창이 열리고 그곳에서 원하는 만큼 파이썬 코드를 작성할 수 있다.

```
x = 10
y = ''Hello World'
z = True
```

명령어 입력을 마쳤으면 파일을 저장한 뒤 '실행' 탭에서 '모듈 실행' 옵션을 선택해야 한다. 그러면 작성한 코드가 파이썬 인터프리터로 전송된다. 모든 내용을 제대로 입력했다면 코드가 오류 없이 실행될 것이다. 아무런 결과가 화면에 표시되지 않아 잘못된 것으로 보이겠지만, 이는 이제는 파이썬 인터프리터와 한 줄씩 상호작용하지 않기 때문이다. 파일을 실행할 때는 파이썬에게 명시적으로 지시하지 않는 한 아무것도 출력되지 않는다. 하지만 변수 x, y, z는 정상적으로 생성되어 각각의 값이 할당된다.

파이썬 창에 결과를 명시적으로 표시하려면 print 함수를 사용해야 한다. type 함수와 마찬가지로 함수 이름을 입력하고 괄호 안에 객체나 표현식을 넣으면 된다.

```
>>> print(3.14 * 10 ** 2)
314.0
>>> area = 3.14 * 10 ** 2
>>> print(area)
314.0
```

type 함수와 달리 print 함수는 여러 객체를 쉼표로 구분해서 한꺼번에 출력할 수 있다.

```
>>> print("The area of a circle with radius",
radius, "is", area)
The area of a circle with radius 10 is 314.0
```

이 예시에서 print 함수에는 4개의 객체가 주어졌다. 첫 번째와 세 번째는 문자열, 두 번째는 정수, 네 번째는 실수다. 각 객체 사이에 공백이 자동으로 추가된다. 그래서 'radius'와 정수 10, 10과 'is', 'is'와 실수 314.0 사이에 공백이 생긴다.

파일로 명령을 실행하면 파이썬 인터프리터에 다음과 같은 내용이 나타난다.

```
==== RESTART: C:\test.py ===
```

말 그대로 파일을 실행하기 전에 파이썬 인터프리터가 재시작된다. 이는 이전에 인터프리터에서 했던 작업이 모두 초기화된다는 뜻이다. 예를 들어 파일 실행 전에 생성된 변수 x, y, z가 있었다면 이 변수들도 사라지게 된다.

연습문제 2.5: IDLE 텍스트 편집기에서 새 파일을 열어 주어진 반지름으로 원의 부피를 계산하는 코드를 작성해보라. 그런 다음 print 함수를 사용해 반지름과 부피가 출력되도록 하라.

핵심 요점

- IDLE 파이썬 환경 설치
- 파이썬의 기본 데이터 타입: `int`, `float`, `bool`, `NoneType`, `str`

- 산술 연산자와 비교 연산자
- 변수와 할당 연산자
- IDLE 텍스트 편집기

3장

알고리즘

위조 동전 문제[9]

동전 3개가 있다. 3개 중 하나가 위조일 가능성이 있다. 진짜 동전은 무게가 동일하지만 위조 동전은 진짜 동전보다 약간 무겁거나 가볍다. 이 미세한 차이는 인간의 감각으로는 감지할 수 없다. 이를 알아내는 유일한 방법은 고감도의 균형 저울을 사용하는 것이다. 균형 저울은 받침점을 기준으로 동일한 거리에 매달린 2개의 접시(또는 그릇)로 구성되며 물체의 절대 무게 대신에 비교하는 물체의 상대적 무게 정보만 제공한다.

---

9   이 문제는 이른바 '균형 퍼즐'(또는 저울 퍼즐)의 가장 쉬운 버전으로, 주어진 물체들 중 무게가 다른 것은 어떤 것인지를 균형을 통해 알아내는 논리 퍼즐이다. 이 퍼즐은 페라지나와 루치오(Ferragina & Luccio, 2018)가 알고리즘을 소개하기 위한 도구로 사용했으며, 이를 흥미롭고 유용하다고 느껴 이 책에서도 같은 아이디어를 활용했다.

3개의 동전을 coin1, coin2, coin3이라고 하자. 저울을 사용해 위조 동전을 알아내는 방법으로 어떤 것을 생각할 수 있을까? 물론 그 방법은 둘 중 어떤 동전이 위조이고, 위조 동전이 진짜보다 무거운지 가벼운지도 확인할 수 있어야 한다.

토론하기: 이 문제에 대한 자신의 해결책을 먼저 생각해본 후에 계속 진행해보자.

앞에서 소개한 컴퓨팅 사고 기법 중에서 어떤 것을 적용할 수 있을까? 가장 먼저 떠오르는 기법은 **분해**일 것이다. 이 문제를 어떻게 더 작고 다루기 쉬운 하위 문제로 나눌 수 있을까?

우리는 저울을 사용할 때 세 가지 가능한 결과를 먼저 생각할 수 있다. (1) 양쪽 물체의 무게가 정확히 같거나 (2) 오른쪽 물체가 왼쪽보다 무겁거나 (3) 왼쪽 물체가 오른쪽보다 무거운 경우다. 이를 바탕으로 먼저 coin1과 coin2를 비교할 수 있다. 어떤 동전을 선택해도 상관없다. 문제를 한 번에 모두 해결하려 하기보다는 세 가지 가능한 결과 중 하나에 집중하는 것이 좋다. 각각의 결과를 처리하면 전체 문제도 해결될 것이다.

아래의 해결책으로 넘어가기 전에 각각의 결과가 무엇을 의미하는지 먼저 생각해보자. 3개의 동전 중 2개를 저울에 올렸을 때, 두 동전의 무게가 같다면 이는 무엇을 뜻할까? 반대로 두 동전의 무게가 다르다면 그것은 무엇을 의미할까?

결과 1: coin1 == coin2

coin1과 coin2의 무게가 같다면 둘은 모두 진짜 동전이란 뜻이다. 따라서 coin3이 위조 동전일 가능성이 크다. 이를 확인하려면 coin1이나 coin2 중 하나를 coin3과 비교하면 된다. 두 동전 모두 진짜이므로 어느 쪽이든 상관없다. 여기서도 세 가지 결과가 나올 수 있다. 무게가 같다면 위조 동전이 아닌 것이다. 하지만 저울이 불균형하다면 coin3이 위조 동전임을 알 수 있고, 저울이 어느 쪽으로 기우느냐에 따라 coin3이 더 무거운지 더 가벼운지도 알 수 있다. 저울이 coin1이나 coin2 쪽으로 기울면 coin3이 더 가벼운 것이고, coin3 쪽으로 기울면 coin3이 더 무거운 것이다.

결과 2: coin1 > coin2

coin1이 coin2보다 무겁다면 둘 중 하나가 위조 동전이라는 뜻이다. 따라서 coin3은 진짜 동전임을 알 수 있다. 이때 coin1이나 coin2 중 하나를 coin3과 비교할 수 있다. coin1을 coin3과 비교했을 때 저울이 균형을 이루면 coin2가 위조 동전이며 더 가볍다는 것을 알 수 있다. 반대로 coin1을 coin3과 비교했을 때 저울이 균형을 이루지 않으면, 저울은 반드시 coin1 쪽으로 기울게 된다. 이 경우 저울이 coin3 쪽으로 기울 수 없다는 점을 생각하면, coin1이 위조 동전이며 더 무겁다는 것을 알 수 있다.

결과 3: coin1 < coin2

coin1이 coin2보다 가볍다면 둘 중 하나가 위조 동전이고, coin3은 진짜 동전임을 알 수 있다. coin1이나 coin2를 coin3과 비교할 수도 있다. coin1을 coin3과 비교했을 때 저울이 균형을 이루면, coin2가 위조 동전이며 더 무겁다는 것을 알 수 있다. 반대로 저울이 균형을 이루지 않으면 반드시 coin3 쪽으로 기울게 되는데 이는 coin1이 위조 동전이며 더 가볍다는 뜻이다.

이 방법은 모든 가능한 결과를 고려한 확실한 위조 동전 문제 해결법이다. 여기서 작은 하위 문제로 문제를 나누는 분해 기법은 문제를 체계적으로 해결하는 데 중요한 역할을 한다.

토론하기: 이 방법을 [그림 3.1]처럼 논리적으로 시각화하면 더 쉽게 이해할 수 있다. 나머지 가능한 경우들을 채워 넣을 수 있겠는가?

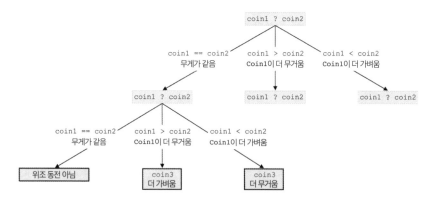

[그림 3.1] 위조 동전 문제 분석

방금 설명한 것은 **알고리즘**, 즉 명확하게 정의된 문제를 해결하는 단계별 절차이다. 모두 이 단계를 쉽게 따라 할 수 있다. 문제를 이해하지 못했더라도 그냥 '지시대로'만 하면 된다. 앞에서 보았듯이 coin1과 coin2를 저울에 올리고 그 결과에 따라 행동하면 된다. 지시를 그대로 따르면 결국 올바른 해결책에 도달하게 된다.

그렇다면 이 알고리즘을 컴퓨터에서 쉽게 실행할 수 있을까? 알고리즘의 논리가 비교적 단순하고 명확하게 정리되어 있다면, 이를 코드로 옮기는 작업도 비교적 수월할 것이다. 하지만 이를 위해서는 파이썬에 대한 지식을 확장하고 새로운 기능을 배워야 한다. 지금까지 본 코드는 모두 명령문이 순서대로 차례차례 실행되는 방식이었다. 이제 필요한 것은 특정 조건에 따라 명령문을 선택적으로 실행할 수 있는 기능이다.

조건문

조건문은 특정 조건에 따라 어떤 명령문을 실행할지 제어할 수 있게 해준다. 기본 구조는 [그림 3.2]에서 확인할 수 있다.

첫 번째 빈칸에는 조건, 즉 bool 객체나 bool 객체로 평가되는 표현식이 들어간다. 이 조건이 True로 평가되면 if 절에 있는 코드 블록이 실행된다. '코드 블록'은 최소 한 줄 이상의 코드로 여러 개의 명령문을 포함할 수도 있다. 조건이 False로 평가되면 해당 코드 블록은 건너뛰고 파이썬은 if 문 이후의 코드를 계속 실행하게 된다.

[그림 3.2] 조건부의 기본 구조

코드 블록이 **들여쓰기** 되어 있다는 점을 주목해야 한다. 파이썬이 if 절 안에 포함되는 코드와 그렇지 않은 코드를 구분한다는 것을 말해주기에 매우 중요하다. 조건문의 첫 줄이 반드시 콜론(:)으로 끝나야 한다는 것도 잊지 말자.

이것이 어떻게 작동하는지 알아보기 위해 예를 살펴보자.

```
>>> if x < 10:
        print('small')
```

조건은 x < 10이라는 부울 표현식이다. x < 10이 True로 평가되면 print('small')이 실행된다. 반대로 x < 10이 False이면 print('small')은 건너뛰게 된다. 즉 x가 10보다 작으면 'small'이라는 문자열이 화면에 표시되고, 10보다 크면 print('small')이 실행되지 않아 아무 일도 일어나지 않는다.

들여쓰기를 정확히 처리하는 것이 파이썬 인터프리터에서는 다소 번거로울 수 있다. 앞으로 여러 줄의 코드와 다양한 들여쓰기를 다룰 것이므로 이제부터는 IDLE 텍스트 편집기에서 작업하는 것을 추천한다. IDLE 텍스트 편집기를 사용할 때는 파이썬 인터프리터에서 보이는 '>>>' 프롬프트는 생략할 것이다.

if 절 안에는 여러 줄의 코드 블록을 넣을 수 있기 때문에 포함할 수 있는 명령문 수에는 제한이 없다. 위 예시에서는 if 절에 print('small')이라는 한 줄만 들어가 있을 수도 있지만 여러 개의 명령문을 추가할 수도 있다. 아래 코드를 참고해보자.

```
if x < 10:

    print('small')

    print(x)

    print(x == 10)
```

조건이 True이면 3개의 print 문이 모두 실행된다. 하지만 조건이 False 이면 아무것도 출력되지 않고, if 절에 있는 코드 블록은 건너뛰게 된다. 이제 들여쓰기가 얼마나 중요한지 알기 위해 다음 코드를 살펴보자. 같은 명령문으로 구성되어 있지만, 작동은 완전히 달라진다.

```
if x < 10:

    print('small')

print(x)

print(x == 10)
```

질문: 이 코드는 위의 코드와 들여쓰기가 달라서 작동 방식도 달라진다. 어떤 결과가 나올지 예측할 수 있겠는가?

두 번째와 세 번째 print 문은 if 조건과 상관없이 항상 실행된다. 첫 번째 print 문만 if 절에 포함되기 때문에 x가 10보다 작은지 여부에 따라 실행될지 결정된다.

연습문제 3.1: 변수 x가 짝수인지 확인하고 짝수라면 'It is even!'이라는 문자열을 출력하는 코드를 작성하라. (힌트: % 연산자를 사용하여 x를 2로 나눈 나머지를 확인하라. x가 짝수라면 나머지는 얼마여야 하는가?)

이전 문제에서 어려움이 있었다면 기억해야 할 몇 가지 사항이 있다. 첫째, x가 짝수인지 확인하려면 동등 연산자(==)를 사용해야 한다. 하지만 이 연산자는 할당 연산자(=)와 혼동하기 쉬우니 조심하라. 동등 연산자는 2개의 등호가 필요하다는 점을 잊지 말자. 둘째, 코드를 실제로 테스트하려면 x가 이미 존재하고 숫자 값이 할당되어 있어야 한다. x가 정의되지 않았다면 코드가 올바르더라도 다음과 같은 오류가 발생할 것이다.

```
NameError: name 'x' is not defined
```

if 문에 선택적 else 절을 추가해서 논리를 한 단계 더 확장할 수 있다.

```
if x < 10:
    print('small')
else:
    print('big')
```

else 절은 조건이 False일 때 실행될 코드 블록을 지정한다. 이 구조는 두 코드 블록 중 하나만 실행되도록 보장한다. 조건이 True일 경우 if 절의 코드 블록이 실행되고, else 절의 코드는 건너뛴다. 반대로 조건이 False일 경우 else 절의 코드 블록이 실행되고, if 절의 코드는 건너뛴다. 어떤 경우든 두 코드 블록 중 하나만 실행된다.

다중 절과 중첩 조건문

이러한 논리는 elif('else if'의 줄임말) 절을 사용하여 상호 배타적인 코드 블록을 무한히 확장할 수 있다. 이러한 구조는 다중 절 조건문에서 하나의 코드 블록만 실행되도록 보장한다. 아래는 그 예시이다.

```python
if x < 10:
    print('small')
elif x < 20:
    print('medium')
elif x < 30:
    print('large')
else:
    print('x-large')
```

이 조건문은 4개의 코드 블록으로 구성되어 있다. 이는 4개의 절을 가진 하나의 조건문으로 x가 10보다 작으면 'small', 10보다 크고 20보다 작으면 'medium', 20보다 크고 30보다 작으면 'large', 30보다 크면 'x-large'를 출력한다. 모든 코드 블록은 상호 배타적이므로 4개의 블록 중 하나만 실행된다. 또 4개의 코드 블록 중 반드시 하나는 실행된다.

다음 코드는 앞의 코드와 동일하지만 elif 절이 if 절로 바뀌었다. 이로 인해 3개의 독립적인 조건문이 생긴다. 첫 번째와 두 번째 조건문은 각각 if 절 하나씩만 있고, 세 번째 조건문은 if 절과 else 절 2개로 이루어져 있다. 중요한 차이점은 이제 4개의 코드 블록 중 하나 이상 실행될 수 있다는 점이다.

```
if x < 10:
    print('small')
if x < 20:
    print('medium')
if x < 30:
    print('large')
else:
    print ('x-large')
```

연습문제 3.2: 첫 번째, 두 번째, 세 번째 코드 블록이 **모두** 실행되려면 x의 값은 무엇이어야 할까?

더 복잡한 부울 표현식은 다음 논리 연산자를 사용하여 만들 수 있다.

- x and y : and 연산자는 x와 y가 모두 True일 때만 True를 반환하며, 그렇지 않으면 False를 반환한다.

- x or y : or 연산자는 x 또는 y 중 하나라도 True이면 True를 반환하

며, 둘 다 False일 때만 False를 반환한다.

- not x : 부정 연산자는 x가 False일 때 True를 반환하고, 그렇지 않으면 False를 반환한다.

다음 부울 표현식은 x가 짝수이면서 10보다 작을 경우 True를 반환한다.

```
x % 2 == 0 and x < 10
```

연습문제 3.3: x가 홀수이거나 y가 짝수일 때 True를 반환하는 표현식을 작성해보라.

조건문은 서로 중첩해서 사용할 수 있다. 변수 x에 10이 할당된 상태에서 아래 코드가 실행되면 어떤 일이 발생할까?

```
if x < 10:
    print('small')
    if x % 2 == 0:
        print('even')
    else:
        print('odd')
else:
    print('large')
    if x % 2 == 0:
```

```
    print('even')
  else:

    print('odd')
```

x가 10이기 때문에 첫 번째 if 문의 조건인 (x < 10)은 False로 평가된다. 따라서 중첩 조건문이 포함된 첫 번째 코드 블록은 모두 건너뛰고 else 문의 두 번째 코드 블록이 실행된다. 먼저 화면에 'large'라는 문자열이 출력되고 그다음 중첩 조건문이 실행된다. 중첩 if 문의 조건은 True 인데 10을 2로 나눈 나머지가 0이기 때문이다. 따라서 'even'이라는 문자열이 출력되고 조건이 True이므로 중첩된 else 문의 코드는 실행되지 않는다.

연습문제 3.4: x가 짝수이면서 10으로 나누어떨어지면 'foo'를, 짝수이면서 7로 나누어떨어지면 'bar'를, x가 홀수이면 'baz'를 출력하는 코드를 작성해보라. (힌트: 첫 번째와 두 번째 조건은 x가 짝수여야 한다는 공통점이 있으므로 중첩 조건문을 사용하면 x가 짝수인지 한 번만 확인할 수 있다.)

위조 동전 구현하기

이제 위조 동전 문제를 해결하는 알고리즘을 코드로 작성할 준비가 되었다. 3개의 동전 무게를 나타내는 coin1, coin2, coin3이라는 변수가 있다고 가정하고, [그림 3.1]에서 보여 준 알고리즘의 논리적 구조를 다음과 같이 코드로 표현할 수 있다.

```
if coin1 == coin2:
    if coin1 == coin3:
        print('there are no counterfeit coins')
    elif coin1 > coin3:
        print('coin3 is counterfeit and lighter')
    else:
        print('coin3 is counterfeit and heavier')
elif coin1 > coin2:

    _____

else:

    _____
```

연습문제 3.5: 빈칸을 코드로 채워서 화면에 올바른 정보가 출력되도록 할 수 있겠는가?

코드를 테스트하려면 coin1, coin2, coin3 변수를 생성하고 원하는 값으로 각각 할당해야 한다. 가능한 모든 결과를 확인하려면 다양한 값으로 코드를 실행해보는 것이 좋은 연습이 될 것이다. 예를 들어 한 번쯤은 coin1, coin2, coin3에 모두 같은 값을 할당해보자. 이 경우 코드가 'There are no counterfeits'라는 메시지가 화면에 출력되어야 한다.

핵심 요점

- 알고리즘은 명확하게 정의된 문제를 해결하기 위한 단계별 절차이다.
- 조건문은 명령문 실행을 제어하는 방법이다.
- 다중 절과 중첩 조건문.
- 논리 연산자.

4장

논리

앞 장에서 위조 동전 문제를 해결하는 알고리즘을 개발한 후 이를 조건문을 사용해 파이썬으로 구현했다. 이러한 개념은 철학의 기초 영역인 **논리**와 자연스럽게 연결된다. 논리의 범위에 무엇을 포함해야 하는지에 대한 의견은 다양하지만, 이 책에서는 논리를 **논증** 분석과 평가로 제한할 것이다. 이번 장에서는 **논리 분석**을 통해 철학적 사고 능력을 발전시키는 데 집중할 것이다.

'논증'은 논리에서의 기술적인 정의로 서로 다른 의견이나 관점을 두고 벌어지는 격렬한 논쟁과는 다르다. 논증은 **전제**라 불리는 일련의 진술이 **결론**이라 불리는 또 다른 진술의 진실성을 입증하기 위해 증거나 이유를 제공하는 구조를 말한다. **명제**는 참이거나 거짓인 진술을 뜻한다. 모든 진술이 명제는 아니므로 논증에는 명제만 사용해야 한다. 가령 필자가 우리 아이들에게 자주 하는 "잠자러 가"라는 진술은 명제가 아니다. 이 진술을 참이나 거짓으로 말하는 것은 자연스럽지 않다.

다음 논증을 생각해보자.

논증 A₁

1. 오바마가 미국인이라면 오바마는 인간이다.

2. 오바마는 미국인이다.

3. 그러므로 오바마는 인간이다.

전제는 1번과 2번 진술이고, 결론은 3번 진술이다. 이 논증의 각 진술은 참이거나 거짓일 수 있다는 점에 주목하자. 이 경우 두 전제는 모두 참이며 결론도 참이다. 이것은 훌륭한 논증이다. 전제가 참일 뿐 아니라 전제가 결론의 진실을 보장하기 때문이다. 따라서 전제가 참이라면 결론도 반드시 참이 된다.

이 논증을 이전 장에서 다뤘던 if 조건문과 연결해보자. 먼저 "오바마는 미국인이다"와 "오바마는 인간이다"라는 진술을 각각 obama_american과 obama_human이라는 변수로 표현할 수 있다.

obama_human에는 None을 할당할 수 있다.

```
obama_human = None
```

이는 "오바마는 인간이다"라는 진술이 참인지 여부가 확정되지 않았음을 뜻한다. 이 진술은 결론이므로 논증이 우리를 설득하려는 부분이다. 2번 전제는 다음과 같이 코드로 표현할 수 있다.

```
obama_american = True
```

이는 "오바마는 미국인이다"라는 진술이 참이라는 것을 나타낸다. 이제 전제1을 코드로 다음과 같이 표현할 수 있다.

```
if obama_american == True:
    obama_human = True
```

이는 "오바마는 미국인이다"라는 명제가 참이라면 "오바마는 인간이다"라는 명제도 반드시 참이어야 한다고 주장하는 것과 같다. 여기서 if 조건문에 사용된 동등 연산자(==)와 if 조건문 내부에서 사용된 할당 연산자(=)의 차이를 주의 깊게 살펴보자. 이 부분이 헷갈리면 3장의 조건문 설명을 다시 참고하라. 이 논증을 종합하면 전체를 다음과 같이 파이썬 코드로 표현할 수 있다.

```
obama_human = None
    obama_american = True
    if obama_american == True:
      obama_human = True
```

따라서 논증 A_1은 if 조건문과 몇 가지 할당문으로 자연스럽게 표현할 수 있다. 이는 한 진술에서 다른 진술로 논리적으로 전개되는 방식으로 볼 수 있다. 또 논증을 특정 결론에 도달하기 위한 알고리즘으로 생각할 수도 있다. 앞으로 진행하면서 논증을 코드로 바꿀 수 있는 가능성을 염두에 두고 기회가 될 때 직접 변환해보길 바란다.[10]

진리와 타당성

논증 A_1이 좋은 논증인지 아닌지를 어떻게 판단할 수 있을까? 일반적으로 두 가지 특징을 살펴봐야 한다. (1)전제가 참인지 여부와 (2)전제가 결론을 내는지 여부다. 즉 전제의 진리 여부와 전제에서 결론으로의 추론이 타당한지를 평가해야 한다.

　첫째, 전제는 참인가? 전제1을 살펴보자. 이것은 조건문이다. 철학자들은 모든 것에 이름을 붙이기를 좋아하는데, 조건문의 두 부분에도 이름을 붙였다. 첫 번째 부분('if' 절) "오바마는 미국인이다"는 **전건**(antecedent)이라고 하고, 두 번째 부분('then' 절) "오바마는 인간이다"는 **후건**(consequent)이라고 부른다.[11] 조건문을 다루는 만큼 이것이 **가설** 진술임을 기억하는 것이 중요하다. 이 조건문은 전건, 즉 오바마가 실제로 미국인이라고 진술하는 것도 아니며 후건, 즉 오바마가 실제로 인간이라고 진술하는 것도 아니

10　이 장에서는 프로그램의 속성을 평가하는 도구를 제공하지 않는다. 이 장에서 if 조건문의 주요 사용 목적은 선행 조건과 결과 조건 간의 엄격한 관계를 강조하는 데 있다. 이에 대한 자세한 내용은 이 장에서 더 다룰 것이다.

11　선행 조건/결과 조건은 일반 독자에게 익숙한 표현으로, 논리학 외의 프로그래밍이나 컴퓨터과학 교육에서 직관적인 이해를 돕는 데 적합하다. 반면 전건/후건은 논리학, 철학, 형식 언어와 관련된 맥락에서 사용되며, 특히 논리 명제의 논의에 적합한 전문 용어로 두 용어를 적절히 혼용할 것이다.−옮긴이

다. 오히려 오바마가 미국인이라면 어떨지를 가정하는 가설 진술을 제시하는 것이다. 이 관점에서 보면 오바마의 실제 국적은 전제1의 진리 여부와는 무관하다. 전제1의 진리 여부에 중요한 것은 "오바마는 미국인이다"(전건)와 "오바마는 인간이다"(후건) 간의 관계에 대한 근본적인 진술이다. 이렇게 보면 이는 정의상 거의 참이라고 할 수 있다. 우리는 모든 미국인이 인간이라는 가정을 하기 때문이다. 인간이라는 속성은 미국인이 되는 데 필수조건으로 볼 수 있는데, 인간이 아니고는 미국인일 수 없기 때문이다. 따라서 전제1은 단순한 사실로 보인다.

전제2는 어떨까? 오바마가 미국에서 태어나지 않았다는 음모론이 있긴 했지만, 전제2는 여전히 참이다. 이는 단순하고 잘 증명된 사실이다.

둘째, 전제가 결론을 수반하는가? 논리에서 **'결론을 수반한다'**라는 말은 매우 특정한 뜻을 가진다. 전제가 결론을 수반한다는 것은, 전제가 참이고 결론이 거짓일 가능성이 전혀 없다는 것을 뜻한다. 여기서 '불가능하다'라는 단어는 단순히 어떤 일이 일어날 가능성이 매우 낮은 것을 강조하는 형용사가 아님을 명확히 해야 한다. 가령 누군가가 복권에 당첨되는 것은 불가능하다고 말한다고 하자. 이 맥락에서 '불가능하다'라는 말은 복권 당첨이 문자 그대로 불가능하다는 뜻이 아니다. 이 표현은 단지 당첨될 가능성이 극히 낮다는 것을 과장된 방식으로 표현한 것이다. 그러나 철학적 서술의 맥락에서 엄밀히 말하면 이는 거짓이다. 복권에 당첨되는 것은 불가능하지 않다. 언제나 (아무리 작더라도) 가능성은 존재한다. 논리가 다루는 것은 절대적 필연성이다. 따라서 전제가 결론을 수반한다는 말은 극단적으로 강한 진술로, 이는 전제가 참이고 결론이 거짓일 가능성이 전혀 없음을 뜻한다.

논증 A₁을 살펴보면, 이 논증은 전제가 결론을 수반하는 것으로 보인다. 전제2가 참이라는 것은 오바마가 실제로 미국인임을 의미하고, 전제1이 참이라는 것은 오바마가 미국인이라는 사실이 오바마가 인간임을 보장한다는 뜻이다. 두 전제가 참이라면 결론인 오바마가 인간이라는 사실이 거짓일 가능성은 엄밀한 논리적 의미에서 보면 전혀 없다. 따라서 전제의 진리는 결론의 진리를 절대적으로 보장한다. 이러한 상태에 도달했을 때 우리는 이 논증이 '타당하다'라고 말한다. 전제에서 결론으로 이어지는 추론 또는 논리적 사고가 적절한 것이다.

타당성은 논증의 특성이기 때문에 단일 전제가 타당하다 또는 타당하지 않다라고 말하는 것은 잘못된 표현이다. 전제는 참이거나 거짓이거나다. 타당하거나 타당하지 않은 것은 논증 전체이다. 마찬가지로 논증이 참이거나 거짓이라고 말하는 것도 부적절하다. 논증은 타당하거나 타당하지 않다고 표현해야 한다.

논증 A₁에서 'if'라는 단어는 기술적인 의미로 사용되고 있다는 점도 유의해야 한다. 일상적인 대화에서 이 단어를 사용할 때는 일반적으로 같은 수준의 보장을 포함하지 않는다. 일례로 내가 "비가 오면 외출하지 않겠다"라고 말할 때, 논리적 의미에서 비가 오면 절대로 외출하지 않는다는 뜻으로 이해하지는 않는다. 분명 예외가 있다. 가령 아이가 다쳐서 응급처치가 필요하다면, 비가 오더라도 외출할 것이다.

이런 맥락에서 'if'라는 단어를 파이썬의 if 조건문이 작동하는 방식으로 생각하는 것이 유용하다. 파이썬에서 조건문이 실행될 때는 결코 예외가 없다. 조건이 True라면 if 절에 있는 코드 블록은 반드시 실행된다. 이는 절대적으로 보장되며 예외는 없다. 파이썬이 조건문을 처리하는 방식은 기계적이고 자동적인 면이 있다. 논리적 조건문에서 'if'를 사용할 때도 이와 비슷한 방식으로 다뤄야 한다.

두 가지 특징에 따라 논증 A₁은 매우 훌륭하다고 볼 수 있다. 전제가 참이며 논증도 타당하다. 즉 전제가 결론을 수반한다. 이 두 가지 특징이 모두 충족되면 우리는 이 논증이 '건전하다'라고 말한다. 반면에 둘 중 하나라도 충족되지 않으면 논증은 '불건전하다'라고 말한다. 이러한 특징들을 더 잘 이해하기 위해 논증 A₁의 몇 가지 변형을 살펴보자.

논증 A₂

1. 오바마가 중국인이라면 오바마는 인간이다.
2. 오바마는 중국인이다.
3. 그러므로 오바마는 인간이다.

논증 A₂에 대해서는 어떻게 평가할 수 있을까?

먼저, 전제들이 참인가? 전제1은 참이다. 우리는 모든 중국인이 인간임을 알고 있기 때문이다. 전제1은 조건문이므로 가설인 진술이다. 이는 오바마가 실제로 중국인이라고 진술하는 것이 아니라, 오바마가 중국인이라면 인간일 것이라는 가설을 제시하는 것이다. 이 관점에서 보면 전제1은 명백히 참이다. 그러나 전제2는 명백히 거짓이다. 오바마가 실제로 중국인이라는 사실은 성립하지 않는다. 이것만으로도 전제 중 하나가 거짓이므로 논증 A₂는 불건전하다는 결론을 내릴 수 있다.

그러나 이 분석은 아직 완전하지 않다. 우리는 여전히 전제가 결론을 수반하는지, 즉 이 논증이 타당한지를 알고 싶다. 논증 A₂는 타당하다. 전제가 참이고 결론이 거짓일 가능성이 전혀 없기 때문이다. 물론 모든 전제가 참인 것은 아니지만, 여기서 중요한 질문은 '전제들이 참이라면 결론도 반드시 참일 수밖에 없는가?'이다. 이 관점에서 보면 결론이 참이 아닐 수는 없다. 즉 전제로부터 결론으로 이어지는 추론(또는 논리 사고)은 적절하다. 논증 A_2를 옹호하는 사람이라면 두 전제가 참이라고 확신할 경우, 오바마가 인간이라는 결론을 내리는 데 논리적으로 전혀 문제가 되지 않는다. 이 논리에는 오류가 없다. 문제는 단지 전제2를 참으로 믿는다는 데 있다. 따라서 논증 A_2는 불건전하지만, 여전히 타당하다고 말할 수 있다. 이 논증에 포함된 추론 자체는 완벽하다.

이제 논증 A_1의 또 다른 변형을 살펴보자.

논증 B_1

1. 오바마가 미국인이라면 오바마는 인간이다.

2. 오바마는 인간이다.

3. 그러므로 오바마는 미국인이다.

논증 B_1을 어떻게 평가할 수 있을까?

먼저, 전제들이 참인가? 전제1은 참이다. 인간임이 미국인이 되는 데 필요한 조건이라는 것을 알고 있기 때문이다. 전제2도 참이다. 오바마가 실제로 인간이라는 사실은 분명하다. 따라서 두 전제 모두 참이다.

그러면 전제들이 결론을 수반하는가? 그렇지 않다. 이는 명백하지 않을 수 있다. 결론인 "오바마가 미국인이다"라는 명백히 참인 진술에 영향을 받았기 때문이다. 실제로 이 논증의 **모든** 진술(전제와 결론)은 참이다. 그럼에도 전제에서 결론으로 이어지는 추론은 타당하지 않다.

오바마가 미국인인지를 알지 못한 채 전제에만 의존한다면, 이 전제들만으로 오바마가 미국인이라는 결론을 도출할 수 없을 것이다. 우리가 알고 있는 것이 단지 오바마가 인간이라는 사실뿐이라면, 그로부터 오바마가 미국인이라는 결론을 내릴 수 없다. 이는 인간이라는 사실이 다양한 방식으로 나타날 수 있기 때문이다. 예컨대 중국인이라는 것도 인간이라는 사실의 한 방식이다. 따라서 인간이라는 사실이 반드시 미국인이 된다는 보장은 없다.

결론적으로 논증 B_1은 전제와 결론이 모두 참이더라도 불건전하고 **또** 타당하지 않다고 말해야 한다. 이 논증의 제안자가 어떤 잘못된 믿음을 가지고 있는 것은 아니지만 여전히 잘못된 추론을 하고 있다. 이 논리는 부적절하다.

연습문제 4.1: 다음 두 가지 주장을 고려해보자. 이를 타당성과 건전성 측면에서 분류할 수 있는가?

논증 E_1

1. 아이작이 복권에 당첨되면 조슈아는 행복한 삶을 살게 될 것이다.
2. 아이작이 복권에 당첨된다.
3. 그러므로 조슈아는 행복한 삶을 살게 될 것이다.

논증 E_2

1. 에이브러햄 링컨이 암살당했다면 에이브러햄 링컨은 사망한 것이다.

2. 에이브러햄 링컨이 사망했다.

3. 그러므로 에이브러햄 링컨은 암살당했다.

반례와 형식 구조

논증 B₁이 왜 타당하지 않은지 좀 더 생각해보자. 이를 위해 오바마 대신 시진핑을 대입한 변형된 논증을 생각해보자.

논증 B₂

1. 시진핑이 미국인이라면 시진핑은 인간이다.

2. 시진핑은 인간이다.

3. 그러므로 시진핑은 미국인이다.

이 경우, 전제가 참이고 결론이 거짓임을 쉽게 알 수 있다. 따라서 논증 B₂ 는 타당하지 않다는 것을 알 수 있다. 타당한 논증에서는 전제가 참이면 결론도 반드시 참이어야 하므로, 이러한 상황은 타당한 논증에서는 절대 가능하지 않다.

　그렇다면, 논증 B₂의 타당하지 않음이 논증 B₁의 타당하지 않음과 어떤 관련이 있을까?

　답은 타당성이 논증의 **형식 구조**에만 관심이 있다는 것이다. 논증의 실제 내용, 즉 그것이 오바마에 관한 것이든 시진핑에 관한 것이든 아니면 완전히 다른 누군가에 관한 것이든 이는 무관하다. 논증 B₁과 B₂는 서로 다른 내용을 다루고 있음에도 불구하고 동일한 형식 구조 또는 논리 구조를 공유한다는 점에 주목해야 한다.

논증 B₁	논증 B₂
1. **오바마가 미국인이라면** 오바마는 인간이다.	1. **시진핑이 미국인이라면** 시진핑은 인간이다.
2. 오바마는 인간이다.	2. 시진핑은 인간이다.
3. 그러므로 **오바마는 미국인이다.**	3. 그러므로 **시진핑은 미국인이다.**

　　논증 B₁에서 "오바마는 미국인이다"라는 진술을 변수 p로, "오바마는 인간이다"라는 진술을 변수 q로 바꾸면 다음과 같은 논증을 얻게 된다.

논증 B$_X$

1. p이면 q이다.

2. q이다.

3. 그러므로 p이다.

논증 B$_X$는 논증 B₁의 형식 구조를 반영한다. 오바마, 미국인임, 인간임과 관련된 내용은 제거되고 논증의 논리적 추론이 드러난다. 여기서 첫 번째 전제는 p와 q를 포함하는 조건문이고, 두 번째 전제는 q가 참이라는 진술이다.

　　논증 B₂에서도 "시진핑이 미국인이다"라는 진술을 p로, "시진핑이 인간이다"라는 진술을 q로 대체하면 논증 B₂ 역시 논증 B$_X$로 변환된다. 따라서 논증 B$_X$는 논증 B₂의 형식 구조를 반영하고 있음을 알 수 있다. 이런 맥락에서 논증 B₁과 B₂는 정확히 동일한 형식 구조를 공유한다고 말할 수 있다.

그리고 이러한 관점에서 논증 B_2를 사용해 논증 B_1이 타당하지 않음을 증명할 수 있다. 즉 논증 B_2, 구체적으로 말해 시진핑은 논증 B_1에 대한 **반례**로 작용한다. 오바마를 시진핑으로 바꿔도 형식 구조는 변하지 않는다. 그러나 이제 논증 B_2가 타당하지 않음이 명확해진다. 전제가 참이고 결론이 거짓이기 때문이다. 논증 B_1의 정확히 동일한 논리를 재현한 논증 B_2는 명백히 참인 전제로부터 명백히 거짓인 결론이 **도출**될 수 있음을 보여 준다. 따라서 논증 B_2는 논증 B_1에 내포된 잘못된 추론을 분명히 드러낸다.

좋은 반례를 만드는 핵심은 논의 중인 논증의 논리를 정확히 재현하면서도 명백히 참인 전제와 명백히 거짓인 결론을 구성하는 것이다. 이를 염두에 두고 논증 A_1과 A_2를 다시 살펴보자.

질문: 두 주장의 형식 구조를 추출할 수 있는가?

논증 A1	논증 A2
1. 오바마가 미국인이라면 오바마는 인간이다.	1. 오바마가 중국인이라면 오바마는 인간이다.
2. 오바마는 미국인이다.	2. 오바마는 중국인이다.
3. 그러므로 오바마는 인간이다.	3. 그러므로 오바마는 인간이다.

논증 A_1에서 "오바마는 미국인이다"라는 진술을 변수 p로, "오바마는 인간이다"라는 진술을 변수 q로 각각 대체하면 다음과 같은 논증이 된다.

논증 A_X

1. p이면 q이다.

2. p이다.

3. 그러므로 q이다.

논증 A_x는 논증 A_1의 형식 구조를 나타낸다.

토론하기: A_2의 형식 구조도 담고 있다는 것을 알겠는가? 다음으로 넘어가기 전에 이를 확인해보자.

논증 A_x는 전제의 진리가 결론을 수반하기 때문에 타당하다는 것을 알 수 있다. 전제가 참이고 결론이 거짓일 가능성은 전혀 없다. 이러한 추론 방식은 때때로 **모순 긍정 논법**(*modus ponens*)[12]이라고 불리며, 이는 라틴어로 '긍정으로 긍정하는 방법'을 뜻한다. 이 논법은 항상 논리적으로 타당한 추론 방식이다.

　　논증 A_x가 타당하며 타당성은 내용과 무관하기 때문에 p와 q를 어떤 진술로 대체하더라도 결과 논증의 타당성은 유지된다. 예를 들어 p를 "오바마는 한국인이다"로, q를 "오바마는 러시아인이다"로 대체하면 다음과 같은 논증이 된다.

12　　*modus ponens*는 일반적으로 "모순 긍정 논법" 또는 "조건 긍정 논법"으로 번역된다. 모순 긍정 논법은 "조건문의 전건을 긍정하면 후건도 참이 된다"는 논리를 강조하는 용어로 학술적 문맥에서 사용되며, 조건 긍정 논법은 조건문을 중심으로 한 논리적 연결을 더 직관적으로 표현한다.–옮긴이

논증 A₃

1. 오바마가 한국인이라면 오바마는 러시아인이다.

2. 오바마는 한국인이다.

3. 그러므로 오바마는 러시아인이다.

전제와 결론 모두 거짓이다. "오바마가 한국인이다"라는 사실이 "오바마가 러시아인이다"라는 사실을 수반하지 않기 때문에 전제1은 거짓이다. 또한 오바마는 명백히 한국인도 아니고 러시아인도 아니므로 전제2와 결론 역시 거짓이다. 그럼에도 이 논증의 추론에는 결함이 없다는 점이 분명히 이해해주길 바란다. "오바마가 한국인이다"라는 사실이 "오바마가 러시아인이다"라는 사실을 수반하고 오바마가 실제로 한국인이라면 오바마가 러시아인이 아닐 가능성은 전혀 없다. 따라서 논증 A₃의 진술들이 황당하더라도 이 논증은 명백히 타당하다.

이 예시를 통해 우리는 타당성이 논증의 내용과는 무관하다는 점을 알 수 있다. 타당성은 전제와 결론 사이의 형식적 추론 관계에만 초점을 맞춘다.

질문: 다음 논증의 형식 구조를 추출하라. 이를 어떻게 평가할 수 있겠는가? 만약 타당하지 않다면 반례를 제시할 수 있겠는가?

논증 C₁

1. 오바마가 미국인이라면 오바마는 인간이다.

2. 오바마가 인간이라는 것은 거짓이다.

3. 그러므로 오바마가 미국인이라는 것은 거짓이다.

논증 C_1의 형식 구조는 "오바마는 미국인이다"라는 진술을 변수 p로, "오바마는 인간이다"라는 진술을 변수 q로 대체함으로써 수반할 수 있다. 이를 통해 다음과 같은 논증이 만들어진다.

논증 C_x

1. p이면 q이다.
2. q가 아니다.
3. 그러므로 p가 아니다.

여기서 '아니다'라는 용어는 '~이 거짓이다'라는 표현을 간략히 한 것이다. 전제1의 조건문은 q가 p의 필요조건임을 뜻한다. 즉 q가 참이 아니면(거짓이면) p도 참일 수 없다. 따라서 q가 거짓이라면 p도 반드시 거짓이어야 한다. 이를 바탕으로 이 논증이 타당함을 알 수 있으며, 이와 동일한 형식 구조를 가진 모든 논증도 타당하다. 이러한 추론 방식은 **모순부정 논법**(*modus tollens*)[13]이라고 불리며, 이는 라틴어로 '부정으로 부정하는 방법'을 뜻한다. 이 논법은 항상 논리적으로 타당한 추론 방식이다.

　이제 매우 유사한 형식적 구조를 가졌지만 타당하지 않은 논증을 살펴보자.

---

[13]　　*modus tollens*는 일반적으로 "모순부정 논법" 또는 "조건 부정 논법"으로 번역된다. "모순부정 논법"은 조건문의 후건 부정을 통해 전건 부정을 도출한다는 점을 강조하며, 학술적 문맥에서 주로 사용된다. 반면, "조건 부정 논법"은 논리적 관계를 더 직관적으로 표현하여 교육적 또는 대중적 맥락에서 적합하다. 이 책에서는 철학이나 논리학의 정밀성을 요구하므로 "모순부정 논법"으로 번역한다.–옮긴이

논증 D_1

1. 오바마가 중국인이라면 오바마는 아시아인이다.

2. 오바마가 중국인이라는 것은 거짓이다.

3. 그러므로 오바마가 아시아인이라는 것은 거짓이다.

이 논증을 어떻게 평가할 수 있을까? 형식적 구조는 "오바마는 중국인이다"라는 진술을 변수 p로, "오바마는 아시아인이다"라는 진술을 변수 q로 대체함으로써 추출할 수 있다. 이를 통해 다음과 같은 논증이 수반된다.

논증 D_X

1. p이면 q이다.

2. p가 아니다.

3. 그러므로 q가 아니다.

논증 C_X와의 유사성에도 불구하고 이 논증은 타당하지 않다. 이는 논증 D_1의 전제와 결론이 모두 참이라는 점에서 다소 놀라울 수 있다. 그러나 다음 두 가지 조건을 만족하는 반례를 통해 이를 증명할 수 있다. (i)동일한 형식 구조를 갖고 있으며 (ii)전제가 명백히 참이고 결론이 명백히 거짓인 논증을 구성하는 것이다. 다음 논증을 고려해보자.

타당한 형식 구조	타당하지 않은 형식 구조
논증 A_{IFS} (모순 긍정 논법) 1 만약 p라면 q이다. 2 p이다. 3 그러므로 q이다.	논증 B_{IFS} (결과 조건 긍정) 1 만약 p라면 q이다. 2 q이다. 3 그러므로 p이다.
논증 C_{IFS}(모순 부정 논법) 1 만약 p라면 q이다. 2 q가 아니다. 3 그러므로 p가 아니다.	논증 D_{IFS} (선행 조건 부정) 1 만약 p라면 q이다. 2 p가 아니다 3 그러므로 q가 아니다.

논증 D_2

1. 오바마가 중국인이라면 오바마는 인간이다.

2. 오바마가 중국인이라는 것은 거짓이다.

3. 그러므로 오바마가 인간이라는 것은 거짓이다.

논증 D_1과 D_2는 동일한 형식 구조를 갖고 있는데, 이는 논증 D_X로 나타낼 수 있다. 그러나 논증 D_2에서는 전제가 참인데도 결론이 거짓이므로 논증 D_2가 타당하지 않다는 것을 알 수 있다. D_1과 D_2가 같은 형식 구조를 공유하기 때문에 논증 D_1 역시 타당하지 않다는 결론에 도달할 수 있다. 비록 모든 문장이 참일지라도 논증 D_1은 추론이 잘못되었기 때문에 좋은 논증이라고 할 수 없다.

지금까지 조건문을 사용하는 네 가지 다른 형식 구조의 논증을 살펴보았다. 그 중 두 가지는 타당하고 두 가지는 타당하지 않다. 이를 다음과 같이 요약할 수 있다.

연역 논증과 귀납 논증

지금까지 타당성을 목표로 하는 논증들만 살펴보았다. 그러나 타당성은 논리적으로 보장된 추론에 의존하는 논증과 관련된 개념이다. 모든 논증이 논리적으로 보장된 추론에 의존하는 것은 아니다. 확실성보다는 가능성을 다루는 논증도 존재한다. 다음 논증을 살펴보자.

논증 E_1

1. 가방에서 처음 뽑은 100개의 구슬이 빨간색이면, 101번째로 뽑을 구슬도 빨간색이다.
2. 가방에서 처음 뽑은 100개의 구슬은 빨간색이다.
3. 그러므로 101번째로 뽑을 구슬도 빨간색이다.

여기서 전제의 진리가 결론의 진리를 절대적으로 보장하지 않는다. 전제가 참이고 결론이 거짓일 가능성이 존재한다. 나아가 이 논증은 애초에 절대적 확실성을 제공하려는 의도를 가지지 않았을 가능성이 크다. 타당성을 목표로 하지 않았으며 단지 결론을 믿을 만한 충분히 좋은 이유(하지만 결정적이지는 않은 이유)를 제시하려 했을 뿐일 수 있다.

이러한 두 종류의 논증을 **연역 논증**과 **귀납 논증**으로 분류할 수 있다. 연역 논증은 타당성을 목표로 하는 논증으로 전제의 진리가 결론의 진리를 절대적으로 보장하도록 의도된 논증이다. 반면에 귀납 논증은 타당성이라는 높은 기준을 목표로 하지 않는다. 귀납 논증은 단지 결론을 지지할 충분히 좋은(하지만 결정적이지는 않은) 이유를 제공한다.

4. 논리

귀납 논증에서 전제가 결론을 충분히 뒷받침해줄 때 이를 강한 논증으로 분류할 수 있다. 즉 전제와 결론 사이의 추론적 연결이 강하다면 **강한** 논증으로, 반면에 전제와 결론 사이의 추론적 연결이 약할 경우는 **약한** 논증으로 구분한다. 귀납 논증의 강함과 약함은 맥락에 따라 달라진다는 점에 유의해야 한다. 모든 상황에서 귀납적 추론을 강하게 만드는 엄격한 확률 기준은 존재하지 않는다. 일례로 100점 만점의 시험에서 평균 90점 이상을 기록하는 학생이 우수한 학생이라는 추론은 신뢰할 만하다. 반면에 야구에서는 타율이 3할이어도 훌륭한 타자라는 추론은 신뢰할 만하다.

귀납 논증이 강하고 전제가 참이라면 이를 **설득력 있는** 논증으로 분류할 수 있다. 반대로 귀납 논증이 강하지 않거나 전제 중 하나라도 거짓일 경우 이를 **설득력 없는** 논증으로 분류된다. 강도와 설득력은 연역 논증에서 타당성과 건전성에 해당하는 귀납 논증의 개념으로 이해할 수 있다.

	연역 논증	귀납 논증
추론 연결	**타당함:** 전제가 참이면 결론도 반드시 참이다. **부당함:** 전제가 참이어도 결론이 거짓일 수 있다.	**강함:** 전제가 참이면 결론이 참일 가능성이 높다. **약함:** 전제가 참이어도 결론이 참일 가능성이 낮다.
진실	**건전함:** 모든 전제가 참이고, 논증이 타당하다. **불건전함:** 적어도 하나의 전제가 거짓이거나 논증이 타당하지 않거나 둘 다 해당될 수 있다.	**설득력 있음:** 모든 전제가 참이고 논증이 강하다. **설득력 없음:** 적어도 하나의 전제가 거짓이거나 논증이 약하거나 둘 다 해당될 수 있다.

물론 논리에 대해 더 많은 이야기를 할 수 있다. 실제로 논리에 관한 책

들도 많다.[14] 어찌됐든 우리는 이제 이 책에서 다룰 논증들을 논리적으로 분석할 수 있을 만큼 충분한 도구를 갖추게 되었다.

논증 재구성하기

철학자가 반드시 익혀야 할 중요한 능력 중 하나는 다른 사람이 작성하거나 말한 내용에 함의된 논증을 재구성하는 것이다. 이 능력은 철학자만이 아니라 누구에게나 중요하다. 우리는 수많은 정보와 조언에 끊임없이 노출되며 이러한 주장들의 핵심 논리를 파악하고 그 타당성을 비판적으로 평가할 능력을 갖춰야 한다. 그러나 다른 사람의 논증을 재구성하는 과정은 그리 간단하지 않다. 더구나 이를 잘 수행하기 위한 엄격한 공식이나 방법이 존재하지 않는다. 이는 꾸준한 연습을 통해 발전시켜야 하는 기술이다.

이제 2020년 5월 31일자 댈러스 모닝 뉴스 편집장이 받은 독자 기고문을 살펴보자. 이 글은 코로나 팬데믹을 이유로 텍사스 정부가 우편 투표 제안을 거부한 상황에서 작성되었다. 이 글에 암묵적으로 담긴 논증을 재구성할 수 있을까?

여기서 가장 중요한 문제는 코로나바이러스 확산을 억제하는 것이라고 생각한다. 전문가들에 따르면 현장 투표는 필연적으로 생명을 잃

---

14   논리에 대한 최근의 쉽고 간결한 소개서로는 헐리(Hurley, 2017)를 보라. 20세기 논리학의 권위자 중 한 명인 콰인(Quine, 1982)의 고전적인 논리 입문서도 참고할 만하다.

게 할 것이라는 점이 분명해 보인다. 이에 반대하는 주장이 있다는 사실이 믿기지 않을 정도다.

샬럿 코넬리

샬럿의 논증을 전제-결론 형태로 어떻게 재구성할 수 있을까? 유용한 출발점은 논증에서 결론이 무엇인지 파악하는 것이다. 결론은 분명하나 실제 편지에는 명시적으로 나타나지 않는다. 결론은 암묵적으로 제시되어 있으며, 이는 '텍사스 정부의 우편 투표 거부는 잘못되었다'라는 주장이다.

　그렇다면 샬럿은 어떻게 이 결론을 뒷받침하는가? 주로 전문가의 조언에 의존하여 그는 자신의 주장을 전개한다. 즉 결론에 이르기 위한 그의 논리는 두 가지 조건문에 근거하고 있다고 볼 수 있다.

논증 CC$_1$

1. 전문가들이 대면 투표를 반대한다면, 우리는 대면 투표해서는 안 된다.
2. 대면 투표를 해서는 안 된다면, 우편 투표 확대를 막는 것은 잘못이다.
3. 전문가들은 대면 투표를 반대한다.
4. 그러므로 우편 투표 확대를 막는 것은 잘못된 일이다.

재구성이 완료되었다면 가장 중요한 질문은 '이 재구성에 대해 저자는 어떻게 생각할까?'일 것이다. 즉 샬럿은 이 재구성에 동의할까? 그녀의 관점이 중요하다고 가정한다면 이 논리를 최대한 긍정적으로 해석하려는 노력을 기울여야 한다. 이는 **관용의 원칙**(principle of charity)을 실천하는 것이다. 이 논리를 의도적으로 우스꽝스럽게 보이게 재구성하는 것은 논쟁에서 실질적인 진전을 이루는 데 아무런 도움이 되지 않는다. 이는 샬럿의 실제 논증이 아니라 공격받기 쉬운 '허수아비 논증'에 불과할 뿐이다.

재구성에 어느 정도 만족한다면 이제 그 논증의 타당성을 평가할 차례다. 이 논증은 타당하다고 확신할 수 있다. 이는 파이썬에서 조건문이 작동하는 방식과 유사하게 2개의 조건문으로 구성되어 있다. 해당 코드는 다음과 비슷한 형태일 것이다.

```python
wrong_to_block = None
not_vote_in_person = None
expert_advice = True


if expert_advice == True:
    not_vote_in_person = True


if not_vote_in_person == True:
    wrong_to_block = True
```

여기서 변수들은 샬럿의 논증 CC_1의 여러 진술을 나타낸다. expert_advice는 "전문가들이 대면 투표를 반대한다"를, not_vote_in_person은 "우리는 대면 투표를 해서는 안 된다"를, wrong_to_block은 "우편 투표 확대를 막는 것은 잘못되었다"를 뜻한다.

이제 세 가지 전제 각각의 진위 여부를 살펴보자. 먼저 전제1에 대해 "전문가들이 현장 투표를 권하지 않는다면 우리는 현장 투표를 하면 안 된다"라는 주장은 참인가? 이는 우리가 어떤 종류의 전문가를 다루고 있는지에 따라 달라질 수 있다. 논증은 전문가들이 공중보건 전문가일 것이라고 암시하지만 이에 대한 명시적인 언급은 없다. 전문가들이 공중보건이 아닌 유권자 행동에 대한 전문가라면 전제1을 기각할 충분한 이유가 된다. 따라서 전제1의 진위는 어떤 전문가냐에 따라 달라진다고 결론지을 수 있다.

전제2는 반박하기 더 어려워 보인다. 하지만 자세히 살펴보면 이 전제에도 약점이 있다. 이는 '하면 안 된다'라는 표현의 의미에 따라 달라질 수 있다. 어떤 것은 도덕적으로 잘못은 아니지만 불법이기 때문에 '하면 안 된다'라고 간주된다. 이를테면 무단횡단은 불법이지만 도덕적으로 비난받을 일은 아니다. 어떤 것은 도덕적으로 잘못은 아니지만 비합리적이기 때문에 '하면 안 된다'라고 여겨진다. 체스에서 나쁜 수를 두는 것이 그러한 사례다. 어떤 것은 도덕적으로 잘못되기 때문에 '하면 안 된다'라고 간주된다. 도둑질이 이에 해당한다. 이처럼 다양한 예가 있지만, '하면 안 된다'는 것이 반드시 '도덕적으로 잘못'임을 의미하지는 않는다. 따라서 '하면 안 된다'를 도덕적 의미로 엄격하게 이해하기보다는 더 넓은 의미로 이해한다면, 우편 투표를 막는 것이 도덕적으로 잘못되었다는 결론은 따르지 않을 수 있다.

마지막으로 전제3은 명백히 사실 확인의 문제로 보인다. 전문가들이 정말로 현장 투표를 권하지 않았는가? 여기에서는 이 주장에 대한 증거를 살펴보는 것이 중요하다. 전문가 집단의 공식적인 성명이 있었는지 아니면 개인적인 사례에 근거한 주장인지 확인해야 한다. 설령 공식적인 성명이 있었다 하더라도 그 성명이 다른 해석의 여지가 있는지도 검토해야 한다.

샬럿의 논증에 대해 더 많은 이야기를 할 수 있겠지만 적어도 우리는 논증을 비판적으로 분석하는 초기 단계를 거쳤다. 먼저 샬럿의 암묵적 논증을 관용적으로 재구성했으며 논증이 타당하다고 판단한 후 각 전제가 참인지 여부를 검토했다.

질문: 코로나 팬데믹에 대한 대응으로서 우편 투표에 관한 동일한 주제를 다룬 〈댈러스 모닝 뉴스〉의 또 다른 독자 기고문을 재구성해보자.

투표소에 가서 줄을 서는 것이 공중보건과 안전에 심각한 위협이 된다면 같은 논리로 모든 소매점, 해변, 공원, 쇼핑몰, 식당도 즉시 문을 닫아야 하지 않을까. 상점에 들어가기 위해 줄을 서는 것은 아무렇지 않으면서, 투표를 위해 줄을 서는 것은 위험하다? 정말 이해되지 않는 주장이다. 양쪽 모두를 인정할 수는 없다. 하나가 안전하다면 모두가 안전해야 하고 반대도 마찬가지다. 지역 관리자가 투표를 안전하게 만들기 위해 최선을 다하지 않겠는가? 나는 그렇게 믿는다. 투표는 위험하지만, 월마트에 가는 것은 괜찮다는 주장은 여러 면에서 모순이다. 우리가 모두 현장 투표를 하고 마스크와 장갑을 착용하고 기계를 소독한다면 모든 것은 잘 진행될 것이다. 투표하러 가는 것이 두렵다면 상점에 가는 것 역시 똑같이 두려워야 하지 않겠는가.

데이비드 킨

데이비드의 주장을 재구성하면 다음과 같다.

논증 DK$_1$

1. 대면 투표와 소매점, 공원, 식당의 개장은 공공 안전에 동일한 수준의 위협을 준다.

2. 대면 투표와 소매점, 공원, 식당의 개장이 공공 안전에 동일한 수준의 위협을 준다면, 소매점, 공원, 식당의 개장은 찬성하면서 대면 투표는 반대하는 것은 모순이다.

3. 소매점, 공원, 식당의 개장은 찬성하면서 대면 투표를 반대하는 것은 모순이다.

토론하기: 이 재구성이 여러분의 재구성과 비슷한가? 데이비드는 이 재구성에 대해 어떻게 생각할까? 빠진 부분이 있는가? 이 논증은 타당한가? 전제들에 약점이 있는가?

핵심 요점

- 논리는 논증의 분석이다.
- 훌륭한 논증은 참된 전제와 타당성을 동시에 요구한다.
- 타당성은 논증의 형식적 속성으로 내용과 독립된 추상적 개념이다.
- 연역 논증과 귀납 논증은 제시하려는 추론의 유형에서 차이가 있다.
- 타인의 논증을 재구성할 때에는 관용의 원칙에 따라 신중하고 공정하게 접근해야 한다.

5장

반복

while 반복문

이제 컴퓨터가 가진 탁월한 능력인 **속도**를 살펴보자. 컴퓨터는 반복적인 작업을 매우 **빠르고** 효율적으로 처리하는 데 뛰어나다. 속도를 발휘하려면 **반복**(iteration), 즉 반복문을 사용해야 한다. 파이썬에서는 반복을 처리하는 두 가지 주요 방법이 있다. 먼저 **while** 반복문을 살펴보자. 조건문과 유사하게 while 반복문도 조건을 평가하는 것으로 시작하며 다음으로 코드 블록이 따라온다. while 반복문의 기본 구조는 [그림 5.1]에 나와 있다.

부울 표현식이 True로 평가되면 해당 코드 블록이 실행된다. 코드 블록의 실행이 끝난 후 부울(boolean) 표현식이 다시 평가된다. 표현식이 여전히 True라면 코드 블록이 다시 실행된다. 이 과정은 부울 표현식이 False로 평가될 때까지 반복된다. 간단히 말해 while 반복문은 조건이 만족되는 동안 코드 블록을 반복적으로 실행한다. 아래는 그 예시이다.

```
x = 1
while x <= 10:
    print(x)
    print(x+1)
```

변수 x에 1이 할당되었다고 가정하면, 부울 표현식 x <= 10은 True로 평가된다. 조건이 만족되었으므로 코드 블록이 실행된다. 첫 번째 print 문에서 1이 출력되고, 다음 print 문에서 2가 출력된다. 이후 이 과정이 반복된다. x의 값이 변하지 않았으므로 부울 표현식은 여전히 True로 평가된다. 조건이 계속 만족되었으므로 코드 블록이 다시 실행되어 1과 2가 또 출력된다. 이 코드를 직접 실행해보면 1과 2가 얼마나 빠르게 화면에 출력되는지 바로 알 수 있다. 필자의 컴퓨터에서는 순식간에 수백 개의 1과 2가 출력되었다.

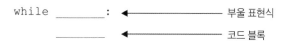

[그림 5.1] while 반복문의 기본 구조

이 코드를 실행하면 루프가 종료되지 않는다는 것을 바로 알 수 있다. 조건이 계속해서 만족되기 때문에 이 루프는 멈추지 않는다. 이런 경우를 **무한** 루프라고 하며, 파이썬 인터프리터를 강제로 멈추지 않는 한 1과 2가 계속해서 출력된다. 반복을 멈추려면 <CTRL>+C를 누르면 된다. 프로그래밍을 하다 보면 의도치 않게 무한 루프를 작성하게 되는 경우가 종종 있을 수 있기 때문에 이 방법을 알아두는 것이 유용하다. 물론 무한 루프가 필요한 경우도 있기 때문에 무한 루프가 꼭 나쁜 것은 아니다.

while 반복문에서 무한 루프를 피하려면, 반복 중에 부울 표현식의 결과가 변할 수 있도록 조건과 관련된 무언가가 반드시 변해야 한다는 점을 기억하라. 그렇지 않으면 위에서처럼 while 반복문은 무한 루프에 쉽게 빠질 수 있다. 위 코드를 간단히 수정해 무한 루프를 방지할 수 있다. 반복할 때마다 x의 값을 증가시키면 1부터 10까지의 정수가 화면에 출력된다.

```
x = 1
while x <= 10:
    print(x)
    x = x + 1
```

x의 초기 값이 1이므로 while 반복문의 조건은 처음에 만족된다. 코드 블록이 실행되어 1이 출력되고 그 후 x는 2로 증가한다. 루프의 처음으로 돌아가면 조건이 여전히 만족되어 코드 블록이 실행되고, 2가 출력된 후 x는 3으로 증가한다. 이 과정은 10이 출력되고 x가 11로 증가할 때까지 반복된다. 이 시점에서 루프의 처음으로 돌아가면 조건이 더 이상 만족되지 않으며, x가 10보다 크기 때문에 루프가 종료된다.

변수값을 증가시키는 간단한 방법은 += 연산자를 사용하는 것이다.

```
x += 1
```

이 연산자는 += 연산자의 오른쪽에 있는 값을 왼쪽에 있는 변수에 더한다.
즉 x = x + 1을 간단하게 표현한 것이다.

연습문제 5.1: while 반복문을 사용하여 3의 배수 중 처음 10개를 출력하
는 코드를 작성하라. 이를 위해 앞에서 본 첫 10개의 정수를 출력하는 코드
를 약간 수정하면 된다. 간단히 x에 3을 곱하면 된다.

연습문제 5.2: 1000부터 2000까지(포함) 11로 나누어지는 모든 정수를 출
력하는 코드를 작성하라. 여기서도 x에 1000을 할당한 후, 11로 나누어떨
어질 때만 x를 출력하는 조건문을 추가하면 된다(나머지 연산을 위해 % 연산
자를 사용해야 한다는 점을 기억하라).

루프 내의 코드 블록 중간에 반복을 중지하려면 break 문을 사용할 수 있다.

```
x = 1
while x <= 10:
    print(x)
    if x == 5:
        break
    x += 1
```

이 코드는 위의 코드와 동일하지만 while 반복문 안에 if 문이 추가되었다. while 반복문이 다섯 번째 반복에 도달하면 if 문의 조건이 True로 평가되고, 그 결과 break 문이 실행되어 루프가 종료된다. 이때 while 반복문 안의 if 문 다음에 있는 x += 1 문장은 완전히 건너뛰고, 파이썬은 루프 바깥의 다른 문장이 있으면 계속해서 실행한다.

반면에 continue 문은 루프를 종료하지 않는다. 이 문장은 루프 내 남은 문장들을 건너뛰고 즉시 루프의 처음으로 돌아간다. 루프의 조건이 여전히 True로 평가되면 루프 안의 코드 블록이 다시 실행된다.

```
x = 1
while x <= 10:
    print(x)
    if x == 5:
        continue
    x += 1
```

이 버전의 코드에서는 break 문이 continue 문으로 대체되었다. 이 경우 continue 문이 실행되면 x += 1 문장은 건너뛰고, 파이썬은 루프의 처음으로 돌아간다. 이렇게 되면 5가 무한히 출력되는 결과가 발생할 것이다.

일부 while 반복문은 아예 실행되지 않을 수도 있다는 점도 중요하다. 처음부터 조건이 만족되지 않으면 루프 안의 코드 블록은 한 번도 실행되지 않는다.

문자열

정수(int), 소수점 실수(float), 부울(bool) 같은 '원자적' 객체와 달리 **문자열**(string)은 **구조적**이다. 즉 문자열은 여러 구성 요소로 이루어져 있다. 문자열은 따옴표(일관되게 사용만 하면 작은따옴표나 큰따옴표 모두 가능하다)를 사용해 작성되며, 여러 문자(혹은 0개의 문자)를 '이어 붙인다'는 의미에서 적절한 이름이다.

```
>>> name1 = 'George Boole'
>>> name2 = "George Boole"
```

name1과 name2라는 2개의 변수가 있지만, 이들이 참조하는 문자열은 동일하다. 작은따옴표와 큰따옴표의 차이는 아무런 영향을 미치지 않는다. 이 두 문자열이 동일한지를 확인하려면 등가성 검사를 통해 확인할 수 있다.

```
>>> name1 == name2
True
```

문자열은 구조가 있기 때문에 문자열 내에서 특정 위치에 있는 문자를 추출할 수 있는 방법이 있다. 문자열의 개별 문자는 대괄호([ ])를 사용한 **인덱싱**(indexing)을 통해 추출할 수 있다.

```
>>> name1[0]
```

```
'G'
```

```
>>> 'George Boole'[0]
```

```
'G'
```

이 명령문들은 name1 변수와 문자열 'George Boole'에서 첫 번째 문자를 추출하며 둘 다 'G'를 반환한다. 인덱싱은 0부터 시작하여 1씩 증가하면서 문자열의 마지막 문자까지 진행된다. 공백(' ')도 하나의 문자로 간주되며, name1에서 인덱스 6에 위치한 일곱 번째 문자이다.

G	e	o	r	g	e		B	o	o	l	e
0	1	2	3	4	5	6	7	8	9	10	11

인덱싱은 음수를 사용해 문자열을 거꾸로 탐색할 수도 있다. 문자열의 마지막 문자는 -1로 인덱싱하여 접근할 수 있으며 그 후 1씩 감소하면서 문자열의 첫 번째 문자까지 접근할 수 있다.

G	e	o	r	g	e		B	o	o	l	e
-12	-11	-10	-9	-8	-7	-6	-5	-4	-3	-2	-1

따라서 name1의 첫 번째 문자도 -12를 사용하여 인덱스를 만들 수 있다.

```
>>> name1[-12]
```

```
'G'
```

문자열은 구조화되어 있지만 **변경할 수 없다**. 즉 한 번 생성된 문자열은 그 구성 요소를 수정할 수 없다. 예를 들어 name1의 특정 문자를 교체하려고 하면 오류가 발생할 것이다.

```
>>> name1[0] = '-'
TypeError: 'str' object does not support item assign-
ment
```

name1의 특정 문자(예: 'B'를 'C'로)를 교체하고 싶다면, name1에서 유지하려는 부분들을 추출한 후 교체된 문자를 포함하는 새로운 문자열을 생성하고 이를 name1에 할당해야 한다. 이 과정에서 원래 문자열 'George Boole'은 변경되지 않는다. 대신 'George Coole'이라는 새로운 문자열이 생성되어 name1에 할당된다.

이를 위해 문자열의 연속된 부분을 선택할 수 있는 **슬라이싱**(slicing)이 필요하다. 슬라이싱은 대괄호와 콜론(:)을 사용하여 수행된다.

```
>>> name1[0:6]
'George'
```

이 명령문은 name1의 처음 여섯 문자인 'George'를 추출한다. 첫 번째 숫자는 슬라이스할 문자열의 시작 인덱스를 나타내고, 두 번째 숫자는 문자열이 끝나는 인덱스를 지정한다. 여기서 주의할 점은 슬라이스된 문자열이 인덱스 6에 해당하는 문자를 포함하지 않으므로 공백은 결과 문자열에 포함되지 않는다는 것이다.

또한 + 연산자를 사용할 필요가 있다. 이 연산자는 숫자를 더하는 것뿐
아니라 서로 다른 문자열을 결합하여 새로운 문자열을 만들 때도 사용된다.

```
>>> name1[0:6] + 'is the creator of Boolean Logic'
'George is the creator of Boolean Logic'
```

이 명령문은 name1[0:6]으로 참조되는 문자열과 'is the creator
of Boolean Logic'이라는 문자열을 결합한다. 이제 슬라이싱과 + 연산
자를 사용해 주어진 문자열에서 문자를 교체할 수 있는 방법을 알았다. 다
음은 name1에서 'B'를 'C'로 교체하는 방법 중 하나이다.

```
>>> name1[0:7] + 'C' + name1[8:12]
'George Coole'
```

name1[8:12]에서 두 번째 인덱스인 12는 name1에 존재하지 않는 인덱
스라는 점에 유의해야 한다. name1에서 마지막 양수 인덱스는 11이다. 슬
라이싱은 지정된 인덱스에 해당하는 문자를 포함하지 않고 그 앞에서 끝
난다. 따라서 마지막 문자까지 슬라이싱을 하면 그 문자를 제외한 부분 문
자열이 추출된다.

```
>>> name1[7:11]
'Bool'
```

이는 문자열의 나머지 부분을 모두 포함하려면 마지막 문자 인덱스보다 큰 숫자를 사용해야 한다는 뜻이다. 이 경우 12를 사용했지만 11보다 큰 숫자라면 어떤 숫자든 사용할 수 있다.

슬라이싱은 시작 인덱스나 끝 인덱스를 생략하거나 둘 다 생략하는 방식으로도 수행할 수 있다. 첫 번째 인덱스를 생략하면 슬라이싱은 문자열의 첫 번째 문자에서 시작한다. 두 번째 인덱스를 생략하면 슬라이싱은 문자열의 마지막 문자에서 끝나며 마지막 문자를 포함한다. 두 인덱스를 모두 생략하면 문자열 전체를 복사하는 결과를 생성한다. 이를 보여 주는 예시는 다음과 같다.

```
>>> 'George Boole'[:6]
'George'
>>> 'George Boole'[7:]
'Boole'
>>> 'George Boole'[:]
'George Boole'
```

마지막으로, 문자열에 있는 문자의 개수를 확인하는 데 유용한 함수로는 len 함수가 있다. 이 함수는 다음과 같이 사용할 수 있다.

```
>>> len(name1)
12
>>> len('George Boole')
```

12

```
>>> name1[:len(name1)]
'George Boole'
```

연습문제 5.3: name1에서 첫 번째 이름을 슬라이싱한 후 앞에 'Mr.'를 붙이고 끝에 인사말을 추가해 새로운 문자열을 만들어 보자. 공백이 적절한 위치에 들어가도록 주의하자!

여기까지 진행하면서 while 반복문을 사용해 문자열의 각 문자를 반복해서 처리할 수 있음을 알게 되었을 것이다. 문자열의 각 문자는 인덱스가 0부터 시작해 문자열 길이보다 1 작은 값까지 범위를 가진다. 이미 1부터 10까지 정수를 출력하는 반복문을 만들어 보았으니, 이를 살짝 변경하여 문자열 길이보다 1 작은 값까지 반복하도록 만들 수 있다. 바꿔 말하면 name1 문자열의 길이가 12이므로 인덱스 0부터 11까지 반복할 수 있다.

```
x = 0
while x < len(name1):
    print(x)
    x += 1
```

이 코드를 실행하면 0부터 11까지의 정수가 출력되는 것을 확인할 수 있을 것이다. 이제 x의 값을 변화시키면서 name1에 할당된 문자열의 모든 인덱스를 순서대로 처리할 수 있다.

```
x = 0

while x < len(name1):

    print(name1[x])

    x += 1
```

이 코드는 'George Boole'의 각 문자를 한 줄씩 출력할 것이다. 여기서 각 문자는 화면에 표시되며 처리된다. 하지만 문자를 처리하는 방법은 다양하다. 예를 들어 문자열에서 특정 문자, 가령 'o'가 몇 번 등장하는지 세고 싶을 때가 있을 것이다. 이를 위해 루프가 시작되기 전에 number_of_os라는 변수를 만들어 'o'가 등장한 횟수를 저장하도록 한다. 각 문자를 반복할 때 조건문을 사용해 해당 문자가 'o'인지 확인한 다음, 맞다면 number_of_os를 하나씩 증가시키면 된다. 루프가 끝나면 number_of_os에는 name1에서 'o'가 등장한 횟수가 저장될 것이며 이 정보를 화면에 출력할 수 있다.

```
x = 0

number_of_os = 0

while x < len(name1):

    if name1[x] == 'o':

        number_of_os += 1

    x += 1

print('There are', number_of_os, 'os')
```

문자열에서 대문자 'O'와 소문자 'o'의 개수를 세고 싶다면 어떻게 해야 할까? 이를 위해서는 while 반복문 안의 조건문을 바꾸기만 하면 된다. 한 가지 방법은 or 연산자를 사용하는 것이다.

```
if name1[x] == 'O' or name1[x] == 'o':
```

이제 처리 중인 문자가 'O' 또는 'o'이면 조건은 참이 된다.

또 다른 방법은 in 연산자를 사용하는 것이다. in 연산자는 한 문자열이 다른 문자열에 '포함'(in)되어 있는지 확인한다. 즉 한 문자열이 다른 문자열의 하위 문자열인 경우이다.

```
>>> 'a' in 'Ezra'
True
>>> 'a' in 'John'
False
>>> 'bcd' in 'abcde'
True
>>> 'bcd' in 'dcb'
False
```

in 연산자를 사용하면 위 조건을 다음과 같이 작성할 수도 있다.

```
if name1[x] in 'Oo':
```

연습문제 5.4: name1에서 대문자와 소문자를 포함한 모음의 개수를 세는 코드를 작성해보라.

리스트

이제 컴퓨터의 탁월한 **메모리 능력**을 다시 주목해보자. 앞서 변수를 통해 이 초능력을 소개한 바 있다. 변수를 통해 컴퓨터가 어떤 것을 기억할 수 있게 해준다고 생각할 수도 있지만, 이것만으로는 컴퓨터가 많은 것들을 어떻게 기억할 수 있는지는 실제로 보지 못한다. 많은 것을 기억할 수 있는 컴퓨터의 능력을 설명하기 위해서는 리스트로 넘어가야 한다.

문자열과 마찬가지로 **리스트**도 구조적 객체이다. 그러나 문자열과 달리 리스트는 **변경 가능**하다. 즉 리스트의 구성 요소를 수정할 수 있다. 또 문자열의 모든 요소는 반드시 문자여야 하지만 리스트의 요소는 어떤 타입이든 가능하다.

리스트는 대괄호([ ])와 쉼표로 구분된 객체들을 사용해 다음과 같이 생성할 수 있다.

```
>>> L1 = [1, 'hi', 3.14, False, [1, 2, 3]]
```

이 명령문은 5개의 객체로 구성된 리스트를 생성하여 변수 L1에 할당한다. 문자열과 마찬가지로 리스트의 각 객체도 인덱싱된다. 주목할 점은 L1의 다섯 번째 요소가 또 다른 리스트라는 것이다.

1	'hi'	3.14	False	[1,2,3]
0	1	2	3	4

리스트도 문자열처럼 슬라이싱할 수 있고, len 함수에 사용할 수 있다. 또 + 연산자를 사용해 다른 리스트와 결합하여 새로운 리스트를 만들 수도 있다.

```
>>> L1[1]
'hi'
>>> L1[2:4]
[3.14, False]
>>> len(L1)
5
>>> L1 + ['there',100]
[1, 'hi', 3.14, False, [1, 2, 3], 'there', 100]
```

리스트는 변경 가능해서 생성된 이후에도 수정할 수 있다. 리스트를 수정하는 방법에는 최소 두 가지가 있으며, 그중 하나는 할당 연산자를 사용하여 특정 인덱스에 위치한 객체를 변경하는 것이다.

```
>>> L1[0] = 'abc'
```

이 코드는 L1에 저장된 첫 번째 객체인 정수 1을 문자열 'abc'로 바꾼다.

5장. 반복

따라서 이제 L1은 이렇게 된다.

```
>>> L1
['abc', 'hi', 3.14, False, [1, 2, 3]]
```

기존 리스트를 수정하는 또 다른 방법은 append 함수를 사용하는 것이다. 이 함수는 print 함수처럼 사용되지만 수정할 리스트 뒤에 '.'을 붙여 사용해야 한다. 괄호 안에 넣은 값은 리스트의 마지막에 추가된다.

```
>>> L1.append(12)
```

이 문장은 L1의 끝에 정수 12를 추가하며, 따라서 다음과 같다.

```
>>> L1
['abc', 'hi', 3.14, False, [1, 2, 3], 12]
```

리스트는 많은 데이터를 저장하는 데 유용하다. 지금까지 배운 내용을 활용하면 반복문을 사용해 1부터 1000까지의 정수를 담은 리스트를 만들 수 있다. 먼저 nums라는 빈 리스트를 만들고, x를 반복하는 while 반복문을 사용해 x의 값을 차례대로 nums에 추가하면 된다. 다음 코드는 매우 짧은 시간 안에 처음부터 1000까지의 정수를 기억하는 리스트를 생성한다.

```
nums = []
```

```
x = 1
while x <= 1000:
    nums.append(x)
    x += 1
```

연습문제 5.5: 2의 첫 10개 거듭제곱을 포함하는 result라는 리스트를 만들어 보라.

while 반복문의 조건을 조금만 수정하면 아주 많은 정수를 생성하고 기억할 수 있다. 1000을 1000000으로 바꾸면 거의 즉시 백만 개의 정수를 담은 리스트를 만들 수 있다. 반복과 리스트를 활용하면 컴퓨터의 기억 능력과 속도를 동시에 활용할 수 있다.

for 반복문

반복을 처리하는 또 다른 방법은 for 반복문을 사용하는 것이다. for 반복문은 종종 카운트 반복문이라고도 불리며, 본문 코드 블록의 실행 여부를 제어하는 부울 표현식을 사용하지 않는다. 대신에 객체의 시퀀스(sequence)[15]를 기준으로 반복되는 변수를 사용한다. 문자열과 리스트는 서로

---

15 '시퀀스'는 프로그래밍에서 값들이 일정한 순서대로 나열된 구조를 뜻한다. 시퀀스는 각 값이 고유한 순서를 가지며, 인덱스를 통해 해당 값에 접근할 수 있다. 시퀀스는 반복문을 통해 각 값을 순차적으로 처리할 수 있으며, 값의 변경 가능 여

다른 시퀀스로 간주될 수 있다. 중요한 점은 시퀀스가 순서가 있는 객체의 집합이라는 것이다. 이런 이유로 for 반복문은 가끔 확정 반복문(definite loop)이라고도 불리며, 이는 시퀀스에 포함된 객체의 개수를 기반으로 미리 설정된 반복 횟수를 가지기 때문이다.

for 반복문의 일반적인 형태는 다음과 같다.

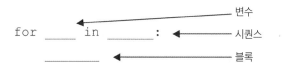

[그림 5.2] for 반복문의 기본 구조

시퀀스의 첫 번째 객체가 변수에 할당되고, 이후 코드 블록이 실행된다. 이어서 시퀀스의 두 번째 객체가 변수에 할당되며, 코드 블록이 다시 실행된다. 이렇게 시퀀스에 있는 모든 객체가 차례로 변수에 할당되고, 코드 블록이 실행될 때까지 이 과정이 반복된다.

시퀀스를 생성하는 방법 중 하나는 range 함수를 사용하는 것이다. 이 함수는 1개 또는 2개의 정수를 입력으로 받을 수 있다. 2개의 정수를 입력하면 range는 첫 번째 정수부터 두 번째 정수 직전까지의 정수를 포함한 시퀀스를 만든다. 예컨대 다음 구문은 1부터 10까지의 정수로 이루어진 시퀀스를 생성한다.

부에 따라 리스트처럼 수정할 수 있는 시퀀스와, 문자열처럼 수정할 수 없는 시퀀스로 나뉜다. 시퀀스의 순서가 중요한 경우, 특히 프로그래밍 문맥에서 리스트나 문자열 같은 데이터 구조를 지칭할 때 순서형(시퀀스)라고 병기하는 경우도 있다. 그러나 이 책에서는 시퀀스로 통일한다.−옮긴이

```
>>> range(1,11)
range(1,11)
```

정수를 하나만 입력하면 range 함수는 0부터 해당 정수 직전까지의 정수 시퀀스를 생성한다. 다음 구문은 0부터 10까지의 정수로 이루어진 시퀀스를 생성한다.

```
>>> range(11)
range(0,11)
```

차이는 있지만 이 범위를 0에서 10까지의 정수 목록으로 생각하면 유용할 수 있다.

0	1	2	3	4	5	6	7	8	9	10
0	1	2	3	4	5	6	7	8	9	10

이 범위에서 생성된 요소들은 문자열이나 리스트처럼 인덱스로 접근할 수 있다.

```
>>> range(11)[3]
3
```

따라서 range 함수는 다음과 같이 for 반복문의 시퀀스로 사용할 수 있다.

```
for number in range(1,11):

    print(number)
```

range 함수가 먼저 실행되어 1부터 10까지의 정수 시퀀스가 생성된다. 그런 다음 이 시퀀스의 첫 번째 값인 1이 변수 number에 할당된다. 그 후 코드 블록이 실행되어 1이 화면에 출력된다. 이어서 시퀀스의 다음 값인 2가 number에 할당되고, 코드 블록이 두 번째로 실행된다. 이 과정은 마지막 값인 10이 number에 할당되고, 코드 블록이 실행된 후 반복이 종료될 때까지 계속된다.

연습문제 5.6: 3의 배수 중 처음 10개까지 표시하는 for 반복문을 사용하여 코드를 작성하라.

문자열과 리스트도 시퀀스이기 때문에, range 함수를 기존의 문자열이나 리스트로 대체하면 for 반복문을 사용해 이들 위에서 반복할 수 있다. 이를 통해 가령 시퀀스의 모든 요소를 매우 적은 코드로 출력할 수 있다. 이전에 while 반복문을 사용하여 문자열의 모든 문자를 출력했던 코드를 다시 작성해보자. 아래는 해당 코드이다.

```
x = 0
while x < len(name1):

    print(name1[x])

    x += 1
```

이것을 for 반복문으로 동일한 작업을 수행하는 데 필요한 코드와 비교해 보자.

```
for x in name1:
    print(x)
```

두 코드 모두 같은 작업을 하지만 몇 가지 중요한 차이점이 있다. 첫째, for 반복문은 더 간결하고 가독성이 좋다. 둘째, for 반복문에는 while 반복문에서 쉽게 얻을 수 있는 정보가 없다. for 반복문은 우리가 처리하는 요소의 인덱스에 접근할 수 없다. 반면에 while 반복문에서는 변수 x 가 인덱스 값을 저장하기 때문에 각 문자가 위치한 인덱스를 알 수 있다. 물론 for 반복문을 사용하면서 인덱스 정보를 유지하는 방법도 다음과 같이 있다.

```
for x in range(len(name1)):
    print(name1[x])
```

그러나 이렇게 하면 코드의 간결함과 가독성이 떨어지게 된다. 셋째, 각 반복문 내부에서 어떤 작업이 이루어지느냐에 따라 반복문의 동작이 크게 달라질 수 있다. 이러한 맥락에서 반복문 안에서 name1에 새로운 문자열을 할당하면 어떤 일이 일어날지 생각해보자.

```
x = 0
```

```
while x < len(name1):

    print(name1[x])

    name1 = 'Alan Turing'

    x += 1
```

while 반복문이 시작되면 처음에는 name1의 원래 값인 'George Boole'로 동작한다. 그래서 코드 블록은 name1의 인덱스 0에 있는 문자 'G'를 출력한다. 그런 다음 name1에 'Alan Turing'이 할당되고 x가 증가한다. 다음 반복에서는 새로 할당된 name1의 인덱스 1에 있는 문자 'l'을 출력하게 된다. 이후에도 계속해서 name1에 'Alan Turing'이 할당되고 x는 증가한다. 이 과정은 name1의 모든 문자가 출력될 때까지 반복된다. 그 결과 'G'가 먼저 출력되고, 그다음 'lan Turing'의 문자가 차례대로 출력된다.

그렇다면 for 반복문 안에서 name1의 값을 변경하면 어떤 일이 일어날까?

```
for x in name1:

    print(x)

    name1 = 'Alan Turing'
```

의외로 이렇게 해도 name1의 원래 값인 'George Boole'의 모든 문자가 출력된다. name1에 새로운 문자열을 할당해도 아무런 변화가 없는 것처럼 보이는데, 이는 for 반복문이 '확정 반복문'이기 때문이다. for 반복문의 첫 줄이 실행되면서 시퀀스가 처음부터 설정되며 반복문이 시작되면 이 시퀀스는 변경되지 않는다. 따라서 name1이 새로운 문자열을 가리키도록 바꾸더라도 처음 for 반복문이 설정한 시퀀스에는 아무런 영향을 미치지 않는다.

while 반복문과 for 반복문 모두 반복 처리를 하지만 연습하다 보면 어느 쪽을 더 선호하게 될지 알게 될 것이다. 많은 경우 어떤 스타일을 선택하든 큰 차이가 없을 수 있다. 그러나 반복 횟수가 정해지지 않은 경우에는 while 반복문만이 적합하며, 반복 횟수가 고정된 경우에는 for 반복문을 사용하는 것이 훨씬 더 쉽게 관리될 수 있다.

간단한 프로그램

우리는 지금까지 파이썬 능력에 많은 내용을 추가했다. 앞으로 나아가기 전에 이 모든 것을 한데 모아 더 실질적인 코드를 작성하는 것이 매우 중요하다.

먼저 L2라는 리스트에 있는 모든 정수를 더해 그 결과를 sum이라는 변수에 저장하는 코드를 작성해보자. 이를 수행하는 한 가지 방법은 먼저 sum이라는 변수를 만들어 0으로 초기화하는 것이다. 이는 지금까지 리스트에서 처리한 모든 정수의 합을 나타낸다. 아직 L2를 처리하지 않았기 때문에 처음에는 sum을 0으로 설정한다. 이제 반복문을 사용해 처리하는 각 정수에 따라 sum을 증가시키면 된다. 이 작업은 for 반복문을 통해 수행할 수 있다.

```
L2 = [1,2,3,4,5]
sum = 0
for x in L2:
    sum += x
```

지금까지 배운 내용을 바탕으로 하면 이 작업은 어렵지 않을 것이다. 컴퓨터의 탁월한 점은 아주 큰 양의 데이터를 처리할 수 있다는 것이다. 정수 5개를 더하는 것은 별로 놀랍지 않을 수 있지만, L2에 천 개 혹은 백만 개의 정수가 들어 있다면 어떨까? 컴퓨터는 이러한 차이를 거의 느끼지 못하며 두 리스트 모두 1초 이내에 처리할 것이다.

연습문제 5.7: while 반복문을 사용해 동일한 작업, 즉 L2에 있는 정수들의 합을 계산하는 코드를 작성해보라. (힌트: len 함수는 리스트에도 사용할 수 있다는 것을 기억하자.)

이번에 L2에서 가장 작은 정수를 찾고 싶다면 어떻게 해야 할까? 5개의 정수가 들어 있는 리스트라면 간단한 작업처럼 보일 수 있지만, 만약 천 개 또는 백만 개의 정수가 있다면 어떻게 해결할 수 있을까? 이를 해결할 알고리즘을 어떻게 설계해야 할까?

알아야 할 것은 리스트에 있는 모든 정수를 하나씩 살펴봐야 한다는 것이다. 한 가지 전략으로 지금까지 처리한 정수 중 가장 작은 값을 계속 추적하는 방법이 있다. 이를 위해 smallest_so_far라는 변수를 만들고 L2의 첫 번째 정수를 할당한다. 그 후 L2를 순회하면서 각 정수를 smallest_so_far와 비교하면 된다. 해당 정수가 smallest_so_far보다 작으면 그 정수를 smallest_so_far에 할당한다. 그렇지 않으면 그냥 다음 정수로 넘어가면서 smallest_so_far는 그대로 유지하면 된다. 리스트의 모든 정수를 처리하고 나면 smallest_so_far에는 L2에서 가장 작은 정수가 저장되어 있을 것이다. while 반복문을 사용한 코드는 다음과 같다.

```
x = 1
smallest_so_far = L2[0]
while x < len(L2):
    if L2[x] < smallest_so_far:
        smallest_so_far = L2[x]
    x += 1
```

이 코드에서 어떤 일이 일어나는지 정확히 이해하는 것이 중요하다. 세부 사항은 매우 중요하며, 이런 종류의 반복문을 작성하는 데 익숙해지는 것은 프로그래밍 능력을 향상시키는 데 매우 중요하다.

연습문제 5.8: for 반복문을 사용해 L2에서 가장 큰 정수를 찾는 코드를 작성해보라.

마지막으로, 주어진 정수가 소수인지 확인하는 조금 더 복잡한 프로그램을 작성해보자. 소수는 1보다 크고 자신보다 크지 않은 정수로 나누어지지 않는 수를 말한다. 실례로 5는 소수이다. 5는 1보다 크고, 1보다는 크고

5보다는 작은 정수로 나누어떨어지지 않기 때문이다. 반면에 6은 소수가 아니다. 6은 1보다는 크지만 2와 3으로 나누어떨어지기 때문이다. 2를 제외한 짝수는 소수가 될 수 없으며, 2는 유일한 짝수 소수이다.

주어진 변수 x가 소수인지 확인하는 프로그램을 어떻게 작성할 수 있을까? 자연스러운 해결책은 소수의 정의에 담긴 논리를 코드로 변환하는 것이다. 다음은 그 코드가 어떻게 생길지에 대한 예시이다.

```
prime = True

if x <= 1:
    prime = False
else:
    divisor = 2
    while divisor < x:
        if x % divisor == 0:
            prime = False
            break
        divisor += 1
```

먼저 prime이라는 변수를 만들고 True로 설정한다. 이는 x가 소수라고 가정하고 그렇지 않다는 것이 증명되기 전까지 이 가정이 유지된다는 뜻이다. 다음으로 소수의 필요충분조건 두 가지를 확인한다. x가 1 이하라면 소수가 될 수 없으므로 prime을 False로 설정하고 종료한다. x가 1

보다 크다면 x를 1보다 크고 x보다 작은 수로 나누어떨어지는 수가 있는지 확인해야 한다. 이를 위해 divisor라는 변수를 만들어 2를 할당한다. divisor를 사용해 2부터 x-1까지의 모든 정수를 검사해 x가 그중 하나로 나누어떨어지는지 확인한다. 이것이 반복문 조건이 divisor < x가 되는 이유이다. 이는 divisor가 x보다 작을 때까지 계속 반복하라는 의미이다. 반복문 안에서는 나머지 연산자를 사용해 divisor가 x를 나누어 떨어뜨리는지 확인한다. 나누어떨어지는 수가 있으면 x는 소수가 아니므로 prime을 False로 설정하고 반복문을 종료한다. 그렇지 않으면 divisor를 증가시키고 반복을 계속한다. 반복문이 종료되면 이는 2부터 x-1까지의 모든 수를 확인한 것이며, 그 중 어떤 수로도 x가 나누어떨어지지 않았기 때문에 prime은 여전히 True로 남는다.

연습문제 5.9: while 반복문 대신 for 반복문을 사용해 x가 소수인지 확인하는 프로그램을 작성해보라.

소수를 확인하는 코드를 스스로 작성하는 것이 어렵게 느껴질 수 있지만 걱정하지 않아도 된다. 프로그래밍은 예술 같아서 프로그램을 작성하는 유일한 '정답'은 없다. 많은 연습을 통해 언젠가는 자신만의 스타일을 개발하게 될 것이다. 지금은 이 프로그램이 어떻게 동작하는지 이해하는 것이 중요하다.

5장. 반복

핵심 요점

- 문자열은 구조적이고 불변하며 인덱싱과 슬라이싱이 가능한 데이터 타입이다.
- 리스트는 구조적이고 변경 가능하며 인덱싱과 슬라이싱이 가능한 데이터 타입이다.
- while 반복문은 조건이 참일 동안 반복 실행되는 비확정 반복문으로 반복 작업에 유용하다.
- for 반복문(또는 카운트 반복문)은 사전에 정해진 횟수만큼 반복 실행되는 확정 반복문으로 반복 작업에 유용하다.

6장

이미지 조작

2차원 리스트와 중첩 반복문

이미지 조작에 들어가기 전에 프로그래밍 도구로서 **중첩 반복문**이라는 중요한 개념을 추가해야 한다. 앞 장에서는 while 반복문과 for 반복문이라는 두 가지 반복문을 소개했다. 이번 장에서는 반복문 안에 또 다른 반복문을 중첩시키는 방법을 다룬다. 단일 반복문을 사용하면 객체의 시퀀스를 반복할 수 있었지만 이러한 시퀀스는 **1차원적**이었다. 즉 단일 인덱스 시퀀스를 기준으로 순서가 정해졌다. 중첩 반복문의 가치는 **2차원** 시퀀스, 즉 2개의 인덱스 시퀀스에 따라 정렬된 시퀀스를 반복할 수 있다는 점에 있다.

파이썬에서 2차원 시퀀스를 구현하는 자연스러운 방법은 **중첩 리스트**를 사용하는 것이다. 이전 장에서는 리스트가 구조적 객체로 다른 리스트를 포함한 어떤 타입의 객체도 저장할 수 있다는 점을 다루었다. 따라서 동일한 크기의 리스트를 다른 리스트 안에 포함시키면 2차원 시퀀스를 만들 수 있다. 다음은 그 예이다.

```
>>> grid = [[1,2,3],[4,5,6],[7,8,9]]
```

이것은 3개의 요소를 가진 리스트이며, 각 요소는 다시 3개의 요소로 이루어진 리스트이다. len 함수를 사용하여 이를 확인할 수 있다.

```
>>> len(grid)
3
```

grid 내부의 각 리스트는 대괄호 인덱스를 사용하여 접근할 수 있다. 다음 문장은 grid에서 첫 번째 리스트를 추출한다.

```
>>> grid[0]
[1,2,3]
```

이 하위 리스트에서 특정 요소를 추출하기 위해 두 번째 대괄호 인덱스를 추가할 수 있다. 예를 들어 숫자 2를 추출하고 싶다면 다음과 같은 문장을 사용할 수 있다.

```
>>> grid[0][1]
2
```

2차원 리스트를 다음과 같이 시각화하면 유용하다. 이렇게 하면 grid[0]
[1]이 왜 2를 추출하는지 쉽게 알 수 있다. 이는 0번째 행과 1번째 열에 있
는 요소를 요청하는 것과 같다.

연습문제 6.1: grid에서 마지막 행을 출력하는 문장을 작성해보라.

	0 열	1 열	2 열
0 행	1	2	3
1 행	4	5	6
2 행	7	8	9

연습문제 6.2: grid에서 숫자 3, 4, 8을 찾아 출력하는 문장을 작성해보라.

토론하기: 다음으로 가기 전에 컴퓨팅 사고의 중요한 측면인 **데이터 표현**에
대해 생각해보는 것이 도움이 된다. grid는 무엇을 표현하는 데 사용할 수
있을까?

유명한 틱택토 게임에 익숙하다면 위에서 소개한 3x3 크기의 2차원 리스
트는 틱택토 보드를 나타내는 자연스러운 방법이 될 수 있다. 이 게임은 두
명의 플레이어가 번갈아 가며 3x3 격자의 칸에 표시를 남기는 게임이다.
한 플레이어는 'X'를, 다른 플레이어는 'O'를 사용하며 3개의 표시를 가로,
세로, 또는 대각선으로 연속적으로 놓는 플레이어가 승리한다. 어느 플레
이어도 성공하지 못하면 게임은 무승부로 끝난다.

2차원 리스트를 정수로 채우는 대신 다음과 같이 'X'와 'O'로 채울 수 있다.

```
[['X','O','O'],['X','O','X'],['X','X','O']]
```

각 하위 리스트를 별도의 행에 배치하면, 이를 틱택토 보드로 더 쉽게 시각화할 수 있다.

```
[['X','O','O'],
 ['X','O','X'],
 ['X','X','O']]
```

2차원 파이썬 리스트가 틱택토 게임을 모델링하는 데 어떻게 사용될 수 있는지에 대해 할 이야기는 더 많지만, 여기서 중요한 것은 grid가 처음에는 파이썬 리스트와 크게 관련 없어 보이는 것들을 표현할 수 있다는 점이다.

2차원 리스트는 다양한 종류의 데이터를 표현하는 데 사용할 수 있다. 특히 2차원 리스트는 두 객체 사이의 관계를 나타내는 2진 관계를 표현할 수 있다. 2진 관계는 매우 흔하기 때문에 이러한 표현 방식은 다양한 응용 분야에 활용될 수 있다. 예를 들어 페이스북 같은 소셜 네트워킹 사이트에서 사용자의 친구 관계를 생각해보자. 엘리자가 제레미와 티모시와 친구이지만 제레미와 티모시는 서로 친구가 아닌 경우, 이 관계는 **인접 행렬**(adjacency matrix)이라 부르는 2차원 리스트를 사용해 모델링할 수 있다. 명칭 자체는 중요하지 않다. 중요한 것은 2차원 리스트의 표현 능력이다.

```
>>> adj_matrix = [[0,1,1], [1,0,0], [1,0,0]]
```

이것을 더 직관적으로 표현할 수 있는데, 위의 틱택토 격자처럼 다음과 같이 나타낼 수 있다.

```
[[0,1,1],
 [1,0,0],
 [1,0,0]]
```

이것이 엘리자, 제레미, 티모시 사이의 2진 친구 관계를 어떻게 나타낼까? 인덱스 0을 엘리자, 인덱스 1을 제레미, 인덱스 2를 티모시로 나타낸다면 adj_matrix의 각 숫자는 세 사람 중 둘 사이의 관계를 나타내는 데 사용된다. adj_matrix는 아래의 표처럼 시각화할 수 있다.

	0 (엘리자)	1 (제레미)	2 (티모시)
0 (엘리자)	0	1	1
1 (제레미)	1	0	0
2 (티모시)	1	0	0

adj_matrix의 숫자는 0과 1로 제한된다. 이는 인접 행렬이 일반적으로 사용되는 방식이다. 0은 친구 관계가 없음을, 1은 친구 관계가 있음을 뜻한다. 예를 들어 adj_matrix[0][1]이 1이라는 것은 엘리자가 제레미의 친구임을 나타낸다. 반면에 adj_matrix[1][2]가 0이라는 것은 제레

미가 티모시의 친구가 아님을 뜻한다. 이처럼 2차원 리스트를 사용해 2진 관계를 표현하는 방법을 이해할 수 있을 것이다.

토론하기: 2차원 리스트가 현실 세계의 데이터를 표현하는 데 사용될 수 있는 다른 방법을 생각해볼 수 있는가?

데이터 표현에 익숙해지는 것은 컴퓨터의 능력을 활용하는 데 매우 중요하다. 사실 페이스북이 네트워크에서 친구 관계를 모델링할 수 있는 것도 이것 때문이다. 현실 세계의 데이터를 표현하는 기술을 개발하는 것은 이 데이터를 처리하는 컴퓨터의 능력을 최대한 활용하는 데 필수이다.

이제 grid 같은 2차원 리스트의 모든 데이터를 어떻게 반복할지 생각해보자. 여기서 중첩 반복문 개념이 등장한다. 우리는 행과 열을 기준으로 grid의 모든 요소를 반복할 수 있다. '외부' 반복문에서는 모든 행을, '내부' 반복문에서는 특정 행의 모든 열을 반복하는 방식이다. 우선 외부 반복문부터 시작해보자. 코드는 다음과 같다.

```
for row in range(3):
    print(grid[row])
```

이 코드는 grid의 각 하위 리스트를 순차적으로 반복하며 이를 화면에 출력할 것이다.

```
[1,2,3]
[4,5,6]
[7,8,9]
```

각 행의 정수를 반복하려면 이 반복문에서 각 행을 조금 더 처리해야 한다. 이제 외부 반복문 안에 내부 반복문을 중첩하여 각 행의 모든 열을 처리할 수 있게 할 것이다.

```
for row in range(3):
    for column in range(3):
        print(grid[row][column])
1
2
3
4
5
6
7
8
9
```

이 코드는 1부터 9까지의 모든 정수를 화면에 출력할 것이다. 이 중첩 반복문의 구조를 잘 기억하자. 이 구조는 다양한 상황에서 2차원 리스트를 반복할 때 유용하게 사용할 수 있다.

연습문제 6.3: 2차원 리스트 data의 모든 정수를 출력하는 코드를 작성하라. data는 2개의 행과 4개의 열로 구성되어 있다.

```
data = [[1,2,3,4], [5,6,7,8]]
```

이미지 데이터 표현

이번 장에서 중요한 것은 2차원 리스트를 시각적 데이터를 표현하는 방법으로 사용할 수 있다는 점이다. 아래는 face라는 변수에 할당된 7x7 크기의 2차원 리스트이다. 여기에서 각 요소는 색상을 나타낸다고 가정할 수 있다. 이러한 각 요소를 **픽셀**이라고 부르자. 픽셀은 디지털 이미지에서 조작할 수 있는 가장 작은 색상 단위이다. 예를 들어 여러분의 컴퓨터 화면도 디지털 이미지로 볼 수 있는데, 그 화면 역시 픽셀로 구성되어 있다. 필자의 노트북의 현재 화면은 1366x768 크기의 픽셀 격자로 되어 있다. 이는 화면이 왼쪽에서 오른쪽으로 1,366개의 픽셀(열), 위쪽에서 아래쪽으로 768개의 픽셀(행)로 나뉘어 있음을 뜻한다. 이를 계산하면 총 1,049,088개의 픽셀이 된다. 이는 처리해야 할 엄청난 양의 데이터이다!

이제 face 변수에 할당된 7x7 크기의 2차원 리스트를 좀 더 자세히 살펴보자.

```
face = [[gray,gray,gray,gray,gray,gray,gray],

        [gray,gray,black,gray,black,gray,gray],

        [gray,gray,gray,gray,gray,gray,gray],

        [gray,gray,gray,black,gray,gray,gray],

        ...

        [gray,gray,gray,gray,gray,gray,gray]]
```

face의 각 하위 리스트에 있는 값들은 색상값으로 회색과 검은색을 나타낸다. 이 2차원 리스트는 다음과 같이 시각화할 수 있다.

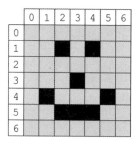

[그림 6.1] face에 할당된 7x7 2차원 목록의 색상 처리된 표현

  문제는 gray와 black이라는 용어가 파이썬에서는 아무런 의미가 없다는 점이다. 파이썬 인터프리터에 gray를 입력하고 동일한 이름의 변수를 미리 생성하지 않았다면 오류가 발생할 것이다. 그러면 파이썬에서 색상을 어떻게 표현해야 할까? 화면에 표시할 수 있는 모든 색상에 대해 gray와 black 같은 고유한 이름을 만들어 낼 수는 없다. 빨간색의 모든 음영마다 이름을 붙여야 한다고 상상해보라.

디지털 이미지에서 색상을 표현하는 한 가지 방법은 RGB 형식을 사용하는 것이다. R, G, B는 각각 빨간색, 초록색, 파란색을 뜻한다. 세 가지 색상의 강도는 0에서 255까지의 정수 값으로 표현된다. 여기서 0은 색상이 없는 상태(강도가 없음)를 나타내고, 255는 최대 강도를 나타낸다. 달리 표현하면 (255,0,0) 값은 빨간색이 255로 최대 강도이며 초록색과 파란색이 0인 순수한 빨간색 픽셀을 나타낸다. 마찬가지로 (0,255,0)은 순수한 초록색, (0,0,255)는 순수한 파란색을 나타낸다. 모든 색상이 없는 상태(0,0,0)는 검정을, 모든 색상이 최대 강도(255,255,255)인 상태는 흰색을 나타낸다. 이 강도를 다양하게 조절하면 1,600만 가지 이상의 색상을 표현할 수 있다. 이는 인간의 눈이 구별할 수 있는 약 1,000만 가지 색상보다 훨씬 많은 수치이다!

연습문제 6.4: 보라색(빨간색과 파란색을 같은 비율로 섞은 색)은 어떤 RGB 값으로 표현할 수 있을까? 노란색(빨간색과 초록색을 같은 비율로 섞은 색)의 RGB 값은 얼마일까?

연습문제 6.5: RGB 값(0,255,255)은 어떤 색을 나타낼까?

이제 2차원 리스트와 RGB 색상 형식의 기본 개념을 익혔으니 파이썬에서 이미지를 조작할 준비가 거의 되었다. 이미지는 각 픽셀이 0에서 255 사이의 3개의 정수로 표현된 2차원 리스트로 나타낼 수 있다.

그래픽

tkinter 라이브러리는 파이썬에서 그래픽 사용자 인터페이스(GUI)를 다루기 위한 표준 라이브러리이다. 라이브러리는 파이썬 명령문과 함수 정의들의 모음으로 이를 프로그램에 포함한다. 이러한 명령문과 함수 정의들은 파이썬을 사용해 작업 가능한 범위를 크게 확장시켜 준다.

그러나 tkinter 라이브러리는 초보 프로그래머에게 다소 어려울 수 있다. 이를 더 쉽게 사용하기 위해 워트버그 대학교의 컴퓨터과학 교수 존 젤레가 tkinter 라이브러리를 감싸는 래퍼 역할을 하는 라이브러리를 만들었다.[16] 이 라이브러리는 그의 웹사이트(https://mcsp.wartburg.edu/zelle/python/graphics.py)에서 다운로드할 수 있는 파이썬 파일로 제공된다. 이 라이브러리를 사용하려면 해당 파일을 다운로드하여 파이썬 파일을 저장하는 폴더에 추가하면 된다. 파일 다운로드에 문제가 있을 경우 부록의 '파일 다운로드'를 참고하면 도움이 될 것이다. 자세한 문서는 젤레의 웹사이트(https://mcsp.wartburg.edu/zelle/python)에 있으니 직접 확인하기 바란다.

먼저 **graphics** 라이브러리가 파이썬 파일에서 접근 가능한지 확인해보자. IDLE 텍스트 편집기에서 새 파이썬 파일을 만들고, 다음 import 명령문을 실행해보자.

---

16   래퍼(wrapper)는 라이브러리의 기존 인터페이스를 다른 인터페이스로 변환하는 코드이다. 이 경우 제레의 라이브러리는 tkinter 라이브러리보다 간단한 인터페이스를 제공하는 데 사용된다.

```
from graphics import *
```

import 문에서 '*' 문자는 파이썬에게 graphics 라이브러리의 모든 것을 임포트하라는 뜻이다.[17]

모든 게 제대로 이루어졌다면 파이썬 인터프리터에서는 아무 일도 일어나지 않아야 한다. 이는 라이브러리가 정상적으로 임포트되었다는 뜻이다. 만약 무언가 일이 발생했다면 문제가 생긴 것이다. 특히 다음과 같은 오류 메시지를 볼 수 있을 것이다.

```
ModuleNotFoundError: No module named 'graphics'
```

오류 메시지가 나타났다면 graphics.py 파일이 파이썬 파일과 같은 폴더에 있지 않을 가능성이 크다.

이제 graphics 라이브러리에 접근할 수 있다고 가정하고 첫 번째 명령문을 실행해보자. 물론 import 문을 삭제하지 않았다면 말이다.

```
window = GraphWin('Image Manipulation',1280,720)
```

GraphWin 함수는 3개의 입력값, 문자열 1개와 정수 2개를 받는다. 문자열

---

17   tkinter 기반의 그래픽 라이브러리를 사용하려면 먼저 파이썬에서 해당 라이브러리를 불러와야 한다는 뜻이다. 이를 임포트(import)라고 한다. 존 젤레가 만든 그래픽 라이브러리를 사용하려면, 그의 웹사이트에서 파일(graphics.py)을 다운로드하여 파이썬 파일과 같은 폴더에 저장해야 한다.—옮긴이

은 창의 제목을 지정하고 정수는 창의 크기를 지정한다. 이 함수의 반환 값은 GUI 객체이며 이 객체는 window 변수에 할당된다. 이 객체를 생성하면 1280×720 픽셀 크기의 창이 화면에 표시되며 창의 상단 바에는 'Image Manipulation'이라는 제목이 나타나야 한다.

이 라이브러리로 할 수 있는 작업은 많지만, 이번 장에서는 최대한 단순하게 다룰 것이다. 우리는 Image 객체에만 집중할 것이며, 이를 위해 먼저 작업할 디지털 이미지가 필요하다. 필자의 웹사이트(https://danielflim.org/phil-through-cs/resources/)에서 dana_skate_greenscreen.png 이미지를 다운로드할 수 있다. 물론 컴퓨터에 이미 있는 이미지를 사용하거나 원하는 웹 브라우저에서 이미지를 다운로드할 수도 있다. 단 이미지가 graphics 라이브러리에서 작동하려면 이미지가 Portable Pixmap, Graphics Interchange 또는 Portable Network Graphics 형식이어야 한다. 즉 파일 이름이 .ppm, .gif, .png로 끝나야 한다.

먼저 디지털 이미지를 파이썬 파일과 같은 디렉토리에 넣어야 한다. 나는 dana_skate_greenscreen.png 이미지를 사용하고 있어서 다음 코드는 이 디지털 이미지를 기반으로 파이썬에서 새로운 Image 객체를 생성할 것이다.

```
img = Image(Point(640,360),'dana_skate_greenscreen.
png')img.draw(window)
```

Image는 새로운 Image 객체를 생성하는 함수이다. 이 함수는 이미지를 표시할 위치를 지정하는 Point 객체와 사용할 이미지 파일의 이름을 지정하는 문자열, 2개의 입력값을 받는다. 생성된 Image 객체는 img 변수에 할당된다. 그러나 Image 객체를 생성한다고 해서 바로 이미지가 화면에 표시되는 것은 아니다. 이미지를 화면에 표시하려면 img.draw 함수를 실행해야 한다.

img.draw 함수는 GraphWin 객체, 여기서는 window를 입력값으로 받아 이미지를 window에 표시한다. 좌표(640, 360)는 이미지가 window에서 표시될 위치를 지정한다. 640은 1,280의 절반이고, 360은 720의 절반이므로 이 좌표는 창의 중앙을 뜻한다. 이미지는 중심이 (640, 360)에 위치하게 되고, 이미지와 창의 크기가 동일하므로 전체 이미지가 window[18]에 완벽하게 맞게 표시된다. 또 명령문이 제대로 작동하려면 dana_skate_green-screen.png 이미지 파일과 graphics.py 파일이 현재 작업 중인 파이썬 파일과 같은 폴더에 있어야 한다.

다른 방법으로는 기존 이미지 파일을 사용하지 않고 이미지의 위치를 지정하는 Point 객체와 이미지의 너비와 높이를 나타내는 2개의 정수를 입력해 새로운 Image 객체를 생성할 수 있다. 이렇게 생성된 이미지는 기본적으로 검은색으로 채워지며 빈 이미지로 처리된다.

```
new_img = Image(Point(250,250), 500,500)
```

이미지의 해상도 정보를 얻기 위해 getWidth와 getHeight 함수를 사용

---

[18] dana_skate_greenscreen.png 이미지를 사용하지 않는 경우, 사용 중인 이미지의 크기가 다를 가능성이 크다. 따라서 GraphWin 객체와 Image 객체의 너비와 높이에 해당하는 숫자를 이미지가 창에 완벽히 맞도록 조정해야 한다.

할 수 있다. 이러한 함수들은 다음과 같이 사용할 수 있다.

```
>>> img.getWidth()
1280
>>> new_img.getHeight()
500
```

Image 객체에서 개별 픽셀을 조작하는 데 중요한 두 가지 함수가 있다. 바로 getPixel과 setPixel 함수이다. 첫 번째 함수인 getPixel은 Image 객체에서 특정 픽셀의 색상 정보를 추출한다. 픽셀을 지정하려면 함수에 x와 y 좌표를 나타내는 2개의 정수를 제공하면 된다. 이미지의 좌표 시스템은 일반적인 데카르트 좌표계와 유사하지만, 차이점은 y축이 위쪽이 아닌 아래쪽으로 양의 값을 가진다는 점이다. 또한 원점(0,0)은 이미지의 중앙이 아닌 좌측 상단에 위치한다.

    new_img 객체는 500×500 픽셀 크기의 상자([그림 6.2] 참조)를 나타낸다. 지정된 위치의 픽셀에 접근하려면 x축으로 250픽셀, y축으로 400픽셀 이동해야 한다. getPixel 함수에 (250,400)을 입력하면 해당 픽셀의 색상에 해당하는 RGB 값을 나타내는 3개의 정수로 이루어진 리스트를 반환한다. new_img 객체에서 이 작업을 수행하면 검은색 픽셀이 반환될 것이다. 이는 앞서 설명한 것처럼 기존 이미지 없이 새로운 Image 객체를 생성할 경우, 모든 픽셀이 기본적으로 검은색으로 설정되기 때문이다.

```
>>> new_img.getPixel(250,400)
```

6장. 이미지 조작

[0,0,0]

RGB 값에서 각 색상의 강도를 추출하려면 다음과 같이 할 수 있다.

```
>>> rgb = new_img.getPixel(250,400)
>>> r = rgb[0]
>>> g = rgb[1]
>>> b = rgb[2]
```

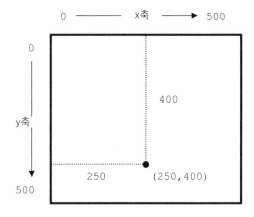

[그림 6.2] 이미지 좌표계 상의 위치(250,400).

또 다른 방법으로 쉼표로 구분된 하나의 문장에서 여러 값을 한 번에 할당할 수도 있다.

```
>>> r, g, b = new_img.getPixel(250,400)
```

이제 주어진 이미지의 모든 픽셀을 반복 처리할 수 있게 되었다. 이를 쉽게 수행하는 방법은 중첩 for 반복문을 사용하는 것이다.

```
for x in range(500):
    for y in range(500):
        print(new_img.getPixel(x,y))
```

이 코드는 new_img의 모든 픽셀이 검은색이기 때문에 기본적으로 [0,0,0] 리스트를 250,000번 출력할 것이다. 중요한 점은 이 중첩 반복문을 통해 250,000개의 모든 픽셀 색상 데이터를 처리할 수 있다는 것이다. 또 setPixel 함수를 사용하여 특정 픽셀의 색상을 변경할 수 있다. 이 함수를 사용해 전체 이미지를 빨간색으로 채울 수도 있다. 다음은 이를 수행하는 코드이다.

```
for x in range(500):
    for y in range(500):
        new_img.setPixel(x,y,color_rgb(255,0,0))
```

setPixel 함수가 3개의 입력값을 받는다는 점에 주목해야 한다. 처음 2개는 픽셀의 위치를 지정하는 정수이고, 세 번째는 color_rgb 함수의 실행이다. 이 함수는 RGB 값을 나타내는 3개의 정수를 입력받아 해당 색상을 16진수로 표현한 문자열을 반환한다. 16진수가 무엇인지는 몰라도 된다. 중요한 것은 color_rgb가 3개의 정수를 입력받아 컴퓨터가 인식할 수 있는 색상 객체를 반환한다는 것이다. 이 코드를 사용하면 전체 이미지를 빨간색으로 만들 수 있다.

이미지를 보기 위해서는 draw 함수를 사용하는 것을 잊지 말자.

```
>>> new_img.draw(window)
```

이 함수에 제공되는 입력값은 처음에 window 변수에 할당했던 GraphWin 객체이다. 이는 new_img에게 자신을 window에 그리도록 지시하는 것과 같다.

이 작업은 상당한 시간이 걸릴 수 있다. 중첩 반복문이 250,000개의 픽셀을 반복하면서 각 픽셀에 새로운 RGB 값을 할당해야 하기 때문이다. 또 new_img와 window의 크기가 다르다는 점도 주의하자. window가 훨씬 크기 때문에 공란이 많이 보일 것이다.

마지막으로 save 함수를 사용하여 Image 객체를 파일로 저장할 수 있다. 파일 이름을 지정하는 문자열만 제공하면 된다.

```
>>> new_img.save('new_image.gif')
```

이미지 파일을 저장할 때 중요한 부분 중 하나는 확장자이다. 이 예시에서 파일 이름의 확장자는 '.gif'이다. 이는 Image 객체에 색상 정보를 GIF(그래픽스 인터체인지 포맷) 파일로 저장하라는 뜻이다. GIF는 이미지 데이터를 압축해 파일 크기를 작게 유지하는 데 자주 사용하는 형식이다. 또는 '.png' 확장자를 사용해 PNG(포터블 네트워크 그래픽스) 형식으로 이미지를 저장할 수 있는데, PNG는 이미지 데이터를 손실 없이 그대로 보존하는 형식이다. 또한 '.ppm' 확장자를 사용해 PPM(포터블 픽셀 맵) 형식으로 저장할 수도 있다. 이러한 형식들을 직접 테스트하여 Image 객체를 다양한 형식으로 저장하고, 결과 이미지의 품질과 파일 크기를 비교하면 품질과 파일 크기 간의 절충을 경험해볼 수 있다.

```
>>> new_img.save('new_image.png')
>>> new_img.save('new_image.ppm')
```

이것은 동일한 색상 정보가 최소 세 가지 방식으로 인코딩될 수 있음을 보여준다.

이제 이 모든 코드를 하나의 파이썬 파일로 통합하면 다음과 같다.

```
from graphics import *

window = GraphWin('Image Manipulation',256,256)
img = Image(Point(128,128),256,256)
for x in range(256):
    for y in range(256):
        img.setPixel(x,y,color_rgb(255,0,0))
img.draw(window)

img.save('red.png')
```

```
img.save('red.ppm')

img.save('red.gif')
```

이 코드를 실행한 후 3개의 이미지 파일이 실제로 파이썬 파일이 있는 폴더에 생성되었는지 확인해야 한다. 컴퓨터가 세 가지 이미지 파일 형식을 모두 지원하지 않더라도 걱정하지 말자. 하나라도 제대로 작동하면 이 책의 연습문제를 해결하는 데 큰 문제가 없을 것이다. 그러나 파이썬에서 다루는 모든 이미지를 GIF 형식으로 저장할 수 있는 것은 아니라는 점을 유념해야 한다. GIF 형식의 이미지는 256가지 색상의 팔레트로 제한되기 때문에, 256가지 이상의 색상을 가진 이미지는 이 라이브러리를 통해 쉽게 GIF 형식으로 저장할 수 없다. 안전하게 작업하려면 PNG 형식을 사용하는 것이 좋다. PNG는 1,600만 가지 이상의 색상을 처리할 수 있기 때문이다.

연습문제 6.6: 250×250 크기의 GraphWin 객체를 생성하고 제목을 '연습문제 6.6'으로 설정한 후 이를 win 변수에 할당하라. 그런 다음 250×250 크기의 Image 객체를 생성하고 이를 img 변수에 할당하라(나중에 win에 표시될 때 이미지가 중앙에 오도록 위치를 정확히 설정해야 한다). 그 후 모든 픽셀 색상을 파란색으로 변경하고, img를 win에 표시한 뒤 이미지를 PNG 파일로 저장하라.

이미지 조작 작업

이제 흥미로운 이미지 조작 작업을 수행할 수 있는 도구를 갖추었다. 시도해 볼 수 있는 한 가지 방법은 두 가지 색상 사이에 그라데이션을 만드는 것이다. 즉 한 색상이 다른 색상으로 서서히 변화하게 만드는 것이다. 예를 들어 빨간색에서 녹색으로 그라데이션을 만들고 싶다면, 이미지의 왼쪽이 빨간색(255, 0, 0)으로 시작해서 점차 녹색(0, 255, 0)으로 변하게 하고 싶을 것이다. 빨간색 값이 500픽셀에 걸쳐 255에서 0으로 부드럽게 감소하려면 256을 500등분 했을 때 나오는 값인 0.512씩 줄어들어야 한다. 즉 빨간색 값은 255, 254.488, 253.976, 253.464, ⋯, 0 같이 점차 줄어들고, 녹색 값은 0, 0.512, 1.024, 1.536, ⋯, 255 같이 점차 증가하는 방식이다.

[그림 6.3]은 첫 번째 행의 처음 4개 픽셀과 마지막 픽셀의 RGB 값이 어떻게 되어야 하는지를 보여 준다. 각 RGB 값 뒤의 위첨자는 첫 번째 행에서 해당 픽셀의 번호를 나타낸다.

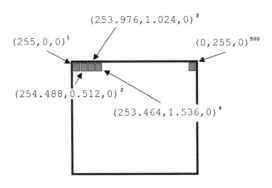

[그림 6.3] 500x500 적록색 그라데이션 이미지

문제는 RGB 값이 정수로 제공되어야 하기 때문에 소수점 값은 사용할 수 없다는 점이다. 이러한 소수점 값은 int 함수를 사용해 정수로 변환하면 쉽게 해결할 수 있다. 이렇게 하면 (255,0,0)에서 (0,255,0)으로 부드럽게 변하는 깔끔한 정수형 RGB 값의 시퀀스를 얻을 수 있다. 시퀀스는 다음과 같다.

```
(255,0,0), (254,0,0), (253,1,0), (253,1,0), … (0,255,0)
```

이제 모든 내용을 종합하면 다음과 같은 코드가 나온다. 코드를 정확하게 입력하고 수정할 수 있도록 텍스트 편집기에 작성하는 것이 좋다.

```
from graphics import *
new_img = Image(Point(250,250), 500,500)
inc = 256/500
for x in range(500):
    R = int(255-inc*x)
    G = int(inc*x)
    B = 0
    for y in range(500):
        new_img.setPixel(x, y, color_rgb(R, G, B))
new_img.save('red-green-gradient.png')
```

new_img는 GraphWin 객체가 생성되지 않았기 때문에 화면에 표시되지 않음을 주목하라.

이 코드에서 이미 설명된 부분 외에 유일하게 다루지 않은 것은 중첩 반복문에서 각 픽셀의 RGB 값을 어떻게 생성하는지이다. 외부 반복문에서는 변수 x가 0에서 499까지의 정수를 반복한다. x에 0.512를 곱하면 0, 0.512, 1.024, 1.536, …, 255 같은 값의 시퀀스를 얻게 된다. 이 시퀀스는 녹색 색상 요소가 낮은 강도에서 높은 강도로 변하게 한다. 각 숫자에 int 함수를 적용하면 정수 부분만 추출되어 0, 0, 1, 1, …, 255 같은 시퀀스를 얻을 수 있다. 이 값을 255에서 빼면 255, 254.488, 253.976, 253.464, …, 0 같은 역순의 시퀀스가 생성된다. 여기에 int 함수를 적용하면 255, 254, 253, 253, …, 0 같은 값의 시퀀스가 만들어진다. 이 시퀀스는 빨간색 색상 요소에 사용되어 높은 강도에서 낮은 강도로 서서히 변화하게 된다.

연습문제 6.7: 해상도 250×250인 이미지에서 왼쪽에서 오른쪽이 아닌 위에서 아래로 녹색-파란색 그라데이션을 생성하는 코드를 작성해보라.

토론하기: 또 하나 흥미로운 작업은 컬러 이미지를 흑백으로 변환하는 것이다. 다음으로 넘어가기 전에 이 문제를 어떻게 해결할 수 있을지 잠시 생각해보자.

이를 위해 먼저 기존 이미지를 열어 해상도를 추출하고 동일한 해상도를 가진 새 이미지를 생성해야 한다. 그런 다음 기존 이미지의 각 픽셀에 대해 색상 정보를 흑백 스펙트럼의 값으로 변환하는 방법을 찾아야 한다. 앞서 본 바와 같이 (0,0,0)은 검정을, (255,255,255)은 흰색을 나타낸다. 중요한 점은 흑백 스펙트럼에서 총 256개의 값이 가능하며, 이 스펙트럼에서 RGB 값의 각 구성 요소는 동일한 정수값을 가져야 한다는 것이다. 하나의 아이디어로 기존 이미지의 각 픽셀에 대해 RGB 정수값의 평균을 구하고, 그 평균의 정수 부분을 사용하여 흑백 스펙트럼의 새로운 RGB 값을 생성할 수 있다. 예를 들어 (104,23,217)이라는 RGB 값을 가진 픽셀은 (114,114,114)로 변환되는데, 이는 104, 23, 217의 평균 정수값이 114이기 때문이다. 다음 코드는 이 알고리즘을 구현하는 한 가지 방법을 보여 준다.

```
from graphics import *
existing_img = Image(Point(0,0),'test.png')
width = existing_img.getWidth()
height = existing_img.getHeight()
new_img = Image(Point(0,0),width,height)
for x in range(width):
    for y in range(height):
        R,G,B = existing_img.getPixel(x,y)
        average = int((R+G+B)/3)
        new_img.setPixel(x,y,color_rgb(average,aver-
age,average))
new_img.save('test-bw.png')
```

현재 이미지 파일의 이름은 'test.png'로 설정되어 있다. 흑백으로 변환하려는 컬러 이미지 파일의 이름으로 이를 교체해야 한다.

이번 장에서 다루는 이미지 조작 작업은 모두 중첩 반복문을 활용하는데 초점이 맞춰져 있다. 여기에서 기존 이미지의 각 픽셀에서 처리된 정보는 새 이미지의 해당 픽셀의 RGB 값을 지정하는 데 사용된다. 진행하기 전에 코드의 각 줄이 어떤 역할을 하는지 충분히 이해했는지 확인하자.

마지막으로 초록 화면 이미지를 배경 이미지와 합성하는 작업을 살펴보자. 이 기술은 영화 산업에서 흔히 사용되며 기술적으로는 **크로마 키** (chroma key) **합성** 또는 크로마 키잉이라고 불린다. 이는 특정 색상을 기준으로 두 이미지를(또는 비디오 스트림을) 겹치는 시각적 효과를 말한다. 여기에서는 초록색이 해당된다. 전경 이미지에서 초록색 픽셀은 배경 이미지의 해당 픽셀로 대체되면서 투명하게 처리된다. 이 과정이 어떻게 작동하는지에 대한 예는 [그림 6.4]에서 확인할 수 있다.

[그림 6.4] cloud_background.png에 dana_skate_greenscreen.png를 크로마 키 합성하기

마무리 작업으로 dana_skate_greenscreen.png 파일을 사용해 직접 크로마 키잉 작업에 도전해보자. 이를 위해 동일한 1280×720 해상도를 가진 배경 이미지가 필요하다. 필자는 개인 웹사이트(https://danielflim.org/phil-through-cs/resources/)에서 제공하는 cloud_background.png 이미지를 사용했다. 이 작업에서는 스케이트보드 이미지에서 초록색 픽셀이 대체될 적절한 초록색 음영을 감지하는 방법을 찾아야 한다. 여기서 약간의 창의력이 필요하다. 대부분의 초록색 픽셀을 대체하는 것은 비교적 쉽지만 주의하지 않으면 결과물에 스케이트보드 주변에 초록색 잔상이 남을 수 있다.

적절한 초록색을 감지하는 방법을 찾았다면 크로마 키잉 알고리즘은 간단하다. 전경 이미지에서 초록색 픽셀마다 배경 이미지의 해당 픽셀에서 색상 정보를 가져와 합성 이미지의 해당 픽셀 색상을 설정하면 된다. 반대로 전경 이미지에서 초록색이 아닌 픽셀의 경우 해당 픽셀의 색상 정보를 그대로 사용하여 합성 이미지의 해당 픽셀 색상을 설정하면 된다.

이번 장에서 배운 내용을 바탕으로 이미지 블럭 처리 같은 다양한 이미지 조작 작업을 할 수 있다. 더 고급 기술에 도전하고 싶다면 스테가노그래피(steganography)를 찾아보는 것도 좋다. 행운을 빈다!

핵심 요점

• 중첩 반복문은 2차원 리스트의 모든 요소를 반복 처리하는 데 적합하다.

- 디지털 이미지는 각 픽셀의 색상을 RGB 형식을 통해 표현할 수 있다.
- 색상 그라디언트, 흑백 이미지 처리, 크로마 키잉 같은 이미지 조작 작업은 존 젤레의 그래픽 라이브러리를 활용해 수행할 수 있다.

7장

회의론

이전 장에서 우리는 이미지를 생성하고 각 픽셀의 RGB 값을 지정하는 방법을 배웠다. 다음 코드는 256×256 크기의 회색 Image 객체를 생성하고 이를 img에 할당하는 코드이다. 이 코드는 이미지를 화면에 표시하지 않는다.

```
from graphics import *

img = Image(Point(128,128),256,256)
for x in range(256):
    for y in range(256):
        img.setPixel(x,y,color_rgb(127,127,127))

img.save('gray.png')
```

```
img.save('gray.gif')
```

그런 다음 img를 사용해 두 가지 다른 형식으로 색상 정보를 인코딩한 2개의 이미지 파일을 생성한다. 다음은 PNG와 GIF 파일의 시각적 예시이다.

[그림 7.1] 2개의 256×256 회색 이미지. 하나는 GIF로, 다른 하나는 PNG로 인코딩되었다.

두 이미지의 차이를 알 수 있겠는가? 필자는 전혀 모르겠다. 사실 정상적인 사람이라면 두 이미지를 구분할 수 없어야 한다. 그러나 두 이미지의 색상 정보가 인코딩되는 방식은 전혀 다르다. 파일 크기를 확인하면 그 차이를 명확히 알 수 있다. 왼쪽 이미지는 GIF 파일로 크기가 398바이트이고, 오른쪽 이미지는 PNG 파일로 크기가 808바이트로 GIF보다 두 배 이상 크다. 이 크기 차이는 GIF 파일이 압축 알고리즘을 사용하기 때문이다.

이를 고려했을 때 주어진 이미지를 보고 그것이 GIF인지 PNG인지 확신할 수 있을까? 그럴 수 없다. 두 이미지는 시각적으로 구분할 수 없기 때문에, 당신이 보고 있는 것을 GIF라고 생각할 수 있지만, 그것은 단순한 추측에 불과하다. 이를 판단할 확실한 증거가 없기 때문에 당신이 보고 있는

7장. 회의론

파일 형식이 무엇인지 정확히 안다고 말할 수는 없다.

인식론

파일 형식에 대한 지식이 없다는 말은 정확히 무슨 뜻일까? 이를 이해하기 위해 철학의 한 분과인 **인식론**으로 넘어가자. 이 용어는 단순히 '앎/지식'을 뜻하는 고대 그리스어 *episteme*에서 유래했다. 인식론의 주요 과제 중 하나는 지식이 무엇인지 더 잘 이해하는 것이다. 이를 위해 앎이라는 개념을 구성 요소로 나누어 분석하기도 한다.

'독신남'이라는 개념을 분석한다고 하자. 이 과정은 남성이고 결혼하지 않은 상태라는 개념을 결합하여 정의되는 비교적 간단한 작업이다. 우리는 "어떤 사람 S가 독신남이 되는 것은 S가 남성이며 결혼하지 않았을 경우에만 그렇다"라고 정확히 말할 수 있다. 여기서 사용되는 언어가 중요하다. "S가 남성이며 결혼하지 않았을 때 S는 독신남이다"라고 말하는 것은 독신남이 되는 충분조건을 제시하는 것이다. 즉 S가 남성이며 결혼하지 않았을 경우 S는 독신남이다. 이는 독신남이 되는 다른 방법이 있더라도 최소한 남성이며 결혼하지 않은 상태가 독신남이 되는 한 가지 방법임을 나타낸다. 또 다른 예를 들어보자. "S가 개일 경우 S는 동물이다"라고 말하는 것은 동물이 되는 충분조건을 제시하는 것이다. 동물이 되는 다른 방법이 있더라도, 개가 되는 것은 동물이 되는 한 가지 방법이며 충분한 조건이 된다. 그러나 이것은 필요조건은 아니다. 개가 아니더라도 동물이 되는 것은 얼마든지 가능하기 때문이다.

S가 독신남이려면 S가 남성이며 결혼하지 않은 상태여야 한다고 말하는 것은, 독신남이 되기 위한 필요조건을 제시하는 것이다. 즉 S가 독신남이라면 반드시 S는 남성이며 결혼하지 않은 상태여야 한다. 이는 이러한 조건을 충족한다고 해서 S가 반드시 독신남임을 보장한다는 뜻은 아니다. 단지 S가 남성이 아니거나 결혼하지 않은 상태가 아니라면 독신남일 수 없다는 것을 뜻한다.

또 다른 예를 다시 보자. "S가 개라면 S는 반드시 동물이어야 한다"라고 말하는 것은 개가 되기 위한 필요조건을 제시하는 것이다. 개가 동물이 아니면서 개일 수는 없기 때문이다. 그러나 이것은 충분조건은 아니다. S가 동물이라는 사실만으로 S가 반드시 개라고 할 수는 없기 때문이다. 동물에는 개 외에도 다양한 종류가 존재한다.

토론하기: 그렇다면 '앎/지식'이라는 개념은 어떨까? 아래 내용을 읽기 전에, 앎을 구성하는 요소를 생각해보라. 어떤 사람이 무엇인가를 '안다'라고 말하기 위해 충족해야 하는 필요조건과 충분조건은 무엇일까?

개념 분석

개념을 올바르게 적용하기 위한 필요조건이나 충분조건을 식별하려는 시도를 철학자들은 개념 분석이라고 부른다. 개념 분석은 철학적 사고의 중요한 요소 중 하나이다. 전통적으로 지식에 대한 필수적이며 충분한 조건으로 '진리', '믿음', '정당화'가 있다고 간주된다.

진리는 지식의 필수 요소로 거의 논란의 여지가 없는 개념이다. 예를 들어 "잔디가 보라색이다"라는 명제를 생각해보자. 미카가 "나는 잔디가 보라색이라는 것을 안다"라고 주장한다면 이는 이상하게 들릴 것이다. 그는 자신이 이를 알고 있다고 믿을 수는 있지만 잔디가 보라색이라는 주장은 사실이 아니므로, 그는 이를 '안다'고 말할 수 없다. 앎은 정확함을 내포하기 때문에 거짓된 명제를 '안다'라고 말하는 것은 모순이다. 따라서 다음과 같은 원칙이 타당하다. "어떤 사람 S가 p를 안다면 p는 반드시 참이어야 한다." 즉 진리는 앎의 필요조건이다.

믿음 또한 지식의 논란의 여지가 없는 요소로 여겨진다. 믿음은 한 사람이 믿는 모든 것을 포함하며 반드시 종교적, 정치적 신념 같은 중요한 것에만 한정되지 않는다. 만약 미카가 잔디가 녹색이라는 것을 안다면, 그가 "잔디가 녹색이다"라고 답하는 것이 자연스러울 것이다. 이는 미카가 실제로 잔디가 녹색이라고 믿고 있다는 강력한 증거다. 사실 사람이 알고 있으면서도 믿지 않는 진술을 떠올리기는 어렵다. 따라서 "어떤 사람 S가 p를 안다면 S는 p를 믿어야 한다"는 원칙도 합리적으로 보인다. 즉 믿음은 지식의 필요조건이다.

토론하기: S가 p를 믿는 것과 p가 참이라는 것은 지식의 구성 요소로 적합한 후보들이다. S가 p를 안다면 S는 p를 믿어야 하고 p는 참이어야 한다. 즉 믿음과 진리는 앎의 필요조건이다. 하지만 이 조건들이 충분조건도 될 수 있을까? S가 p를 믿고 p가 참이라면 S는 p를 안다고 할 수 있을까?

많은 철학자는 믿음과 진리가 앎의 필요조건이라는 데 동의하지만, 그것만으로는 충분하지 않다고 생각해왔다. 이를 p라고 하고 다음의 진술을 고려해보자.

와이키키 해변에는 1,423,509개의 바위가 있다.

리리아나가 우연히 그리고 어떤 이유도 없이 p라는 믿음을 갖게 되었다고 가정해보자. 그녀가 논리 없이 와이키키 해변에 1,423,509개의 돌이 있다는 것을 믿기로 했다고 치자. 게다가 실제로 p가 사실로 드러났다고 하자. 즉 리리아나는 p를 믿고 있으며 p는 참이다. 그렇다면 그녀가 p를 '안다'고 말할 수 있을까? 고대 그리스 철학자 플라톤에 따르면, 그녀는 p를 안다고 할 수 없다. 그녀는 단지 p에 대한 '정확한 추측'을 했을 뿐이다. 리리아나가 와이키키 해변의 돌 개수를 정확히 맞춘 것은 그저 우연일 뿐이다.

여기서 빠져 있는 것은 p를 믿을 만한 '근거'이다. 리리아나에게는 와이키키 해변에 1,423,509개의 돌이 있다는 것을 믿을 만한 어떤 증거도 없다. 그녀는 단순히 1,423,509개의 돌이 있다고 믿는 대신 1,423,508개의 돌이 있다고 믿을 수도 있었다. 그녀는 연구하거나 와이키키 해변의 돌을 직접 세어보지도 않았다. 따라서 그녀는 p의 진실성을 믿을 만한 **정당화**를 결여하고 있다. 이것이 철학자들이 전통적으로 정당화를 진리와 믿음에 더해 지식의 세 번째 필요 요소로 간주한 내용이다. 정당화 없이 우리는 어떤 사람도 지식을 가지고 있다고 말할 수 없다.

결론적으로 진리, 믿음, 정당화를 모두 앎의 필요조건이라고 보는 것이 합리적이다. 그러면 이 세 조건이 함께 충분조건을 이루는가? 처음에는 그래 보인다. 무엇보다 이 주장에 대한 반례가 쉽게 떠오르지 않는다. 여러분은 p라는 참인 명제에 대해 S가 정당한 근거를 가지고 믿고 있음에도 불구하고 이를 S가 안다고 볼 수 없는 경우를 생각할 수 있는가? 그렇지 않다면 우리는 누군가가 무엇인가를 안다는 것이 무슨 의미인지에 대한 다음과 같은 개념 분석을 제안할 수 있을 것이다.

개념 분석

S가 p를 안다는 것은 다음 조건들을 모두 만족할 때 성립한다.

(1) S는 p를 믿는다.
(2) p는 참이다.
(3) S는 p를 믿는 것이 정당하다.

이러한 분석은 종종 JTB(Justification[정당화], Truth[진리], Belief[믿음]) 분석으로 불리며 '앎의 표준 분석'으로 널리 인정받고 있다. 이 분석을 바탕으로 이제 인식론의 오랜 주제 중 하나인 외부 세계 회의론(external world skepticism)을 탐구해보자.

외부 세계 회의론[19]

회의론은 특정 영역에서 우리가 지식을 가지고 있지 않다는 주장이다. 이

---

19   관련 지식의 분석과 단점에 대한 논의는 Gettier(1963)와 Rosen, Byrne, Cohen, Harman와 Shiffrin(2018)을 참조하라.

것은 우리가 아무것도 믿지 않는다는 뜻이 아니며, 우리가 일반적으로 믿는 것들이 사실이 아니라는 뜻도 아니다. 전통적인 회의론의 주장은 우리가 일반적으로 믿는 것에 대해 정당성을 가지고 있지 않다는 것이다. 따라서 일반적으로 참이라고 믿는 것들에 대한 정당성이 없다면, 우리는 그것들에 대한 지식을 가지지 못하며 우리의 믿음은 단지 추측에 불과하다는 결론에 이른다.

포괄적 회의론(global skepticism)은 우리가 어떤 것도 알지 못한다는 주장을 말한다. 그러나 이러한 포괄적 회의론은 자기모순일 수 있다. 이러한 관점을 주장하는 사람은 적어도 한 가지는 알고 있다고 주장할 것인데, 이는 바로 포괄적 회의론이 참이라는 것이다. 반면에 국지적 회의론(local skepticism)은 특정 영역 내에서 우리가 아무것도 알지 못한다는 주장이다. 철학적 맥락에서 가장 자주 논의되는 영역은 **외부 세계**이다. 여기서 '외부'라는 용어는 우리 마음 내부에서 일어나는 일과 마음 외부에서 일어나는 일을 구분하기 위해 사용된다. 마음 내부에 존재하는 것에는 믿음, 감정, 감각, 경험 등이 포함된다. 반면에 마음 외부에 존재하는 것에는 바위, 의자, 비행기, 산 같은 것들이 포함된다. 여기서 논의의 핵심은 바위, 의자, 비행기, 산 같은 것들에 대한 우리의 믿음이다. 이러한 맥락에서 필자는 필자가 앉아 있는 의자가 갈색이라고 믿는다. 필자는 직관적으로 그렇게 믿을 뿐 아니라 이것을 **안다**고 생각한다. 그러나 외부 세계 회의론자는 필자가 이것을 알지 못한다고 주장할 것이다. 사실 필자가 앉아 있다고 생각하는 의자가 실제로는 존재하지 않을 수도 있다! 실상 외부 세계의 **모든 것**이 존재하지 않을 가능성도 있다. 이는 외부 세계에 대한 우리의 거의 모든 믿음을 위협한다. 그렇다면 어떻게 이런 급진적인 결론에 도달할 수 있을까?

17세기 프랑스 철학자 르네 데카르트는 이러한 결론에 도달하기 위한 하나의 방법을 제시했다.

> 잠들어 있을 때 나는 마치 익숙한 상황들이 일어나는 것처럼 확신하곤 한다. 내가 잠옷을 입고 벽난로 옆에 앉아 있다는 것처럼 말이다. 하지만 실제로는 옷을 벗고 침대에 누워 있을 뿐이다! 바로 지금 나는 확실히 눈을 뜨고 이 종이를 보고 있으며 고개를 흔들 때 나는 분명히 깨어 있다. 손을 뻗어 내 손을 느낄 때도 의도적으로 그렇게 하고 있고 내가 무엇을 하고 있는지 알고 있다. 잠들어 있는 사람이 이처럼 또렷하게 이런 일을 경험하지는 않을 것이다. 그렇다! 그러나 잠들어 있을 때 비슷한 생각들에 속았던 다른 경우들이 분명히 기억난다! 이 문제를 더 신중히 생각해보니 깨어 있는 것과 잠들어 있는 것을 확실하게 구분할 수 있는 확실한 징후가 결코 없다는 것이 분명히 드러난다.[20]
>
> 데카르트(2003)

현실적인 꿈을 꾸는 것이 어떤 느낌일지 생각해보자. 즉 꿈을 꾸고 있다는 것을 모르고 꾸는 꿈 말이다. 며칠 전 필자는 열대어에 둘러싸여 바다에서

---

20   이 인용문은 르네 데카르트의 《제일철학에 관한 성찰》(*Meditations on First Philosophy*)에서 나오는 유명한 구절이다. 특히 이 부분은 제1 성찰에서, 데카르트가 꿈과 현실을 구별하는 데 있어서의 어려움에 대해 논의하는 장면에서 등장한다. 데카르트는 우리가 잠을 잘 때 매우 일상적인 상황을 실제로 경험하는 것처럼 느끼지만, 사실은 침대에 누워있다는 것을 나중에 깨닫게 된다고 말한다. 이러한 경험을 통해 데카르트는 우리가 지금 깨어 있는지 아니면 꿈을 꾸고 있는지 확실하게 알 수 없다고 결론짓는다. 이를 바탕으로 감각적 경험이 신뢰할 수 없다는 결론을 도출하며, 이것이 회의적 방법론의 핵심이 된다.−옮긴이

수영하는 꿈을 꾸었다. 꿈에서 필자가 가졌던 많은 믿음 중 하나는 약 5피트 앞에 특히 화려한 열대어가 있다는 것이었다. 이 믿음을 B_{dream}이라고 부르자. 필자가 그 생각을 하고 있을 때 이 믿음은 명백히 거짓이었다. 필자는 이 믿음을 완전히 확신하고 있었지만, 필자는 바다에 있지 않았고 필자 주변에는 열대어도 없었다. 실제로 필자는 방에서 눈을 감고 침대에 누워 있었다. B_{dream}은 거짓이었기 때문에 필자는 이를 안다고 말할 수 없다. 비록 필자가 그것을 알고 있다고 생각했더라도 거짓된 믿음은 지식이 될 수 없기 때문이다.

이번에는 필자가 실제로 하나우마만에서 열대어들로 둘러싸인 채 수영했던 경험을 떠올려 보자. 산호초 근처를 수영하던 중 약 5피트 앞에 특히 화려한 열대어가 있다는 믿음을 가졌고 이를 B_{real}이라고 부르자. 필자는 이 믿음이 참임을 확신했으며 실제로도 그것은 참이었다. 따라서 약 5피트 앞에 특히 화려한 열대어가 있다는 사실을 필자는 알고 있었다고 말하는 것이 자연스러울 것이다.

그렇다면 꿈에서 B_{dream}을 가졌던 상황이 어떻게 필자가 B_{real}에 대한 지식을 주장하는 것을 약화시키는 것일까? 여기서 핵심은 필자가 두 믿음에 대해 가졌던 정당화에 있다. 두 경우 모두에서 필자가 가졌던 정당화의 종류는 동일했다. 두 믿음은 모두 필자의 시각적 경험에 기반하고 있었다. 필자의 5피트 앞에 특히 화려한 열대어가 있다는 시각적 경험이 두 상황에서 그러한 믿음을 가지게 된 이유였다. 그리고 두 상황에서 필자가 경험한 시각적 정보가 동일하고 그것이 모두 믿을 만한 것이었다면, 두 믿음에 대한 정당화 역시 동일했을 것이다.

필자의 정당화는 필자가 어떤 상황에 처해 있는지를 충분히 결정짓지 못한다고 말할 수 있다. 다시 말해 그것만으로는 필자가 꿈속에 있는 상황인지 아니면 실제 바다 속에 있는 상황인지를 알 수 없었다. 두 상황 모두 동일한 종류의 시각적 경험을 제공하기 때문이다. 따라서 각 상황에서 제공된 시각적 경험만으로 필자가 실제로 어떤 상황에 처해 있는지를 판단하는 것은 불가능하다.

토론하기: 다음으로 가기 전에 데카르트의 논증을 전제-결론 형식으로 재구성할 수 있을까? 데카르트의 논리에 설득력이 있다고 생각하는가?

외부 세계 회의론으로 돌아가면 데카르트의 논증을 다음과 같이 형식적으로 정리할 수 있다.

1. 당신의 시각적 경험은 실제 상황에서 비롯될 수도 있고 꿈속 상황에서 비롯될 수도 있다.

[그림 7.2] B_{dream}과 B_{real}을 정당화하는 시각적 경험은 동일하다.

2. 당신은 시각적 경험이 실제 상황에서 비롯되었음을 꿈속 상황에서 비롯되었음보다 더 신뢰할 이유가 없다.

3. 전제1과 전제2가 참이라면 당신은 시각적 경험이 실제 상황에서 비롯되었음을 믿을 이유가 없다.

4. 당신이 시각적 경험이 실제 상황에서 비롯되었음을 믿을 이유가 없다면

외부 세계에 대한 앎/지식을 가질 수 없다.

5. 그러므로 당신은 외부 세계에 대한 앎/지식을 가지고 있지 않다.

이제 4장에서 배운 것처럼 논증이 조건문을 사용한 전제-결론 형식으로 정리되었으니 타당성을 쉽게 확인할 수 있다. 제시된 방식대로 보면 이 논증은 타당하다. 즉 전제가 모두 참이라면 결론이 거짓일 가능성은 없다. 다음은 논증의 형식 구조다.

1. p이다.

2. q이다.

3. p와 q이면 r이다.

4. r이면 s이다.

5. 그러므로 s이다.

조금 더 천천히 살펴보면 전제2, 3이 전제3의 전건을 참으로 보장하기 때문에 앞 세 개의 전제는 r을 포함하는 결론을 수반한다는 것을 알 수 있다. 그리고 r이 전제4의 전건이기 때문에 s가 참일 수밖에 없다.

논증이 타당하다는 점을 고려할 때, 이제 남은 것은 전제가 참인지를 평가하는 것이다.

일부는 전제2가 약점이라고 주장할 수 있다. 꿈속 상황과 실제 상황에서 생성되는 시각적 경험은 동일하지 않으며, 꿈속에서 경험하는 시각적 정보는 우리가 깨어 있을 때 경험하는 시각적 정보와 질적으로 다르다는 것이다. 중요한 것은 우리가 꿈에서의 시각적 경험의 오류를 감지할 수 있다는 것이다.

그러나 이는 꿈속에서 꿈을 꾸고 있다는 사실을 이미 인지하고 있는 자각몽에서만 가능한 일이다. 이는 매우 논쟁의 여지가 있는 주장이다. 전제2를 옹호하기 위해 자신의 꿈 경험에 호소할 수도 있을 것이다. 어쩌면 여러분은 너무나도 현실적으로 느껴져 실제로 일어나고 있다고 확신했던 꿈을 꾸어 본 적이 있을 것이다. 이 경우 자신이 꿈을 꾸고 있다는 사실조차 알지 못했을 것이다.

따라서 외부 세계 회의론을 위한 이러한 논증 방식은 중요한 주장에 의존한다는 결론에 이른다. 그것은 자각몽이 아닌 현실적인 꿈을 꾸는 동안 경험하는 시각적 경험과 실제로 경험하는 시각적 경험이 구별되지 않는다는 주장이다. 이를 **시각적 동등성 주장**이라 부른다. 결과적으로 이 논증의 설득력은 시각적 동등성 주장 자체의 설득력에 근본적으로 의존한다.

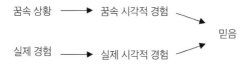

[그림 7.3] 깨어 있을 때의 시각적 경험은 꿈을 꾸는 동안의 시각적 경험과 다르다.

이 시점에서 이번 장의 시작 부분에서 언급했던 PNG와 GIF 예시로 돌아가는 것이 도움이 된다. 데카르트가 묘사한 외부 세계와의 우리의 관계는 우리가 이러한 이미지 파일들과 맺는 관계와 유사하다. 우리가 경험하는 시각적 정보가 꿈에 의해 생성된 것인지 외부 세계에 의해 생성된 것인지 알 수 없는 것처럼 화면에 표시되는 컬러 픽셀만으로 PNG인지 GIF인지 해당 파일의 포맷을 결정하지 못한다는 점에서 그렇다.

시지각

그러나 데카르트의 꿈 시나리오는 너무 비현실적이라는 비판을 받는다. 시각적 동등성 주장에 의존하지 않으면서 외부 세계 회의론을 주장할 수 있는 방법이 있다면 좋을 것이다. 현대적인 외부 세계 회의론 논증을 바로 보자. 이 논증은 현실적인 꿈의 가능성과 시각적 동등성 주장에 대한 옹호에 초점을 맞추는 대신 지각 행위 자체에 초점을 맞춘다.

우선 외부 세계와 우리가 외부 세계를 지각하는 방식 사이의 관계에 대해 우리가 '자연스럽게' 생각하는 방식을 살펴보자. 많은 사람이 이 관계를 정확한 유사성의 관계로 생각한다고 말해도 무리가 아니다. 즉 우리가 세상을 지각할 때 우리의 시각적 경험은 세상을 있는 그대로 수동적으로 복사하듯이 받아들인다. 우리가 지각적으로 경험하는 것이 곧 실제로 존재하는 것이라고 여기는 것이다. 이에 대해 인지과학자 도널드 호프만은 이렇게 설명한다.

> 내가 맨정신이고 장난을 의심할 이유가 없다면, 체리를 볼 때 그 체리가 실제로 존재하며, 그 모양과 색이 내가 보는 것과 일치하고, 내가 시선을 돌려도 여전히 존재한다고 믿게 된다. 이 가정은 우리가 자신과 세상을 이해하는 데 있어 중요한 역할을 한다.
>
> 호프만(2019)

하지만 지각이 정말로 외부 세계를 수동적으로 복사하는 것처럼 작동할까? 먼저 외부 세계와 우리가 그것을 **지각**하는 방식 사이에는 **인과 관계**

가 있다는 점을 알아야 한다. 체리 같은 외부 사물은 그 표면에서 반사된 빛과 함께 특정한 변화를 사람의 눈에 일으키며, 이로 인한 변화는 시각 신호로 변환되어 뇌로 전달된다. 그 신호가 뇌에서 처리되어 지각 경험이 만들어지는 것이다.

체리에서 지각에 이르는 인과 과정은 거의 순간적으로 일어나지만, 여러 단계의 과정으로 이루어진다는 사실을 기억해야 한다. 체리에서 체리를 지각하는 경험에 이르기까지 각 단계에서 다양한 변형이 발생한다.

여기서 핵심은 각 단계에서 일어나는 원인과 결과가 정확히 일치하지 않는다는 것이다. 체리와 체리가 일으킨 전기 신호를 비교해보자. 체리에서 반사된 빛이 망막의 간상세포와 원추세포를 자극해 전기 신호가 발생하고 그 신호가 눈에서 뇌로 전달된다. 그런데 체리와 이 전기 신호 사이에는 많은 차이가 있다. 가장 분명한 차이는 체리에는 모양과 색이 있지만 전기 신호에는 그런 속성이 없다는 것이다. 사실 전기 신호에 모양이나 색이 있다고 말하는 게 무슨 의미인지조차 불분명하다. 전기 신호에 이런 속성을 부여하는 것은 철학자들이 '범주 오류'라고 부르는 실수의 좋은 본보기이다. 이는 마치 숫자 2가 빨간색이라고 하거나 민주주의가 둥글다고 말하는 것과 같다. 숫자에는 색이 없고 민주주의에는 기하학적 모양이 없는 것처럼 전기 신호에도 색이나 모양이 존재하지 않는다.

이 점을 더 명확히 하기 위해 이전 장에서 다룬 디지털 이미지와의 유사성을 떠올려 보자. 파이썬에서 디지털 이미지를 다룰 때 각 픽셀은 3개의 정수로 이루어진 RGB 값으로 색상이 결정된다. 이 값들은 픽셀이 이미지에 표시되는 색상의 원인으로 볼 수 있다. 그렇다면 (255,0,0)이라는 값과 빨간색 사이에는 어떤 관계가 있을까? 빨간색은 우리 눈에 '빨간색'으로 보이지만 (255,0,0)이라는 숫자가 빨간색으로 보인다고 할 수 있을까? 아니면 이 숫자들이 어떤 색을 가진다고 말할 수 있을까? 분명히 원인인 RGB 값과 결과인 픽셀의 색상은 정확히 일치하는 유사성을 갖고 있지 않다. 사실 두 요소 간에 뚜렷하거나 흥미로운 유사성을 찾기조차 어렵다. 따라서 이러한 예를 바탕으로 원인과 결과 사이에 정확한 유사성이 반드시 존재한다고 볼 이유가 없다는 점은 명백하다. 그렇다면 체리와 체리에 대한 우리의 지각 사이에도 정확한 유사성이 있다고 믿어야 할 이유가 있을까?

두 번째로 외부 세계를 수동적으로 지각하거나 외부 세계가 우리의 시각적 경험에 그대로 새겨진다는 생각은 거의 잘못이다. 뇌는 체리 표면에서 반사된 빛에 대한 정보를 받으면 그 정보를 바탕으로 시각적 경험을 능동적으로 구성한다. 이를 뒷받침하는 흥미롭고 의미 있는 예시들이 많은데 여기서는 두 가지를 소개하고자 한다.

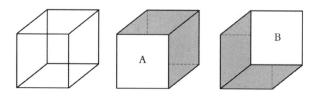

[그림 7.4] 네커 큐브

첫 번째 예시는 1800년대에 루이 알베르 네커가 고안한 시각적 착시인 네커 큐브이다. 이 큐브는 방향에 대한 시각적 단서가 없는 선으로 된 큐브 그림으로 최소 두 가지 방식으로 해석될 수 있다. (A) 아래 방향으로 큐브의 앞면이 왼쪽 아래 정사각형으로 보이거나 (B) 위쪽 방향으로 큐브의 앞면이 오른쪽 위 정사각형으로 보이는 방식이다.

이것은 [그림 7.4]에서 확인할 수 있다. 큐브A와 큐브B의 회색 점선은 원래는 가려져야 하는 선을 나타낸다. 왼쪽에 있는 네커 큐브를 보면서 연습을 하면 큐브A와 큐브B 사이의 해석을 바꿀 수 있다. 여기서 중요한 것은 네커의 큐브 이미지는 변하지 않지만, 외부의 대상은 그대로라는 점이다. 그러나 당신의 지각은 달라지며 내적 시각 경험도 변한다. 때로는 네커의 큐브가 큐브A로 보이고, 때로는 큐브B로 보인다. 이 착시에 대해 호프만은 이렇게 의문을 제기한다.

이 그림을 볼 때마다 큐브A나 큐브B를 보지만, 둘을 동시에 볼 수는 없다. 그렇다면 시선을 돌렸을 때 그 자리에 있는 것은 큐브A일까 큐브B일까? 만약 시선을 돌리기 직전에 큐브A를 보았고, 여전히 큐브A가 있다고 생각한다면 시선을 다시 돌려 확인할 수 있다. 몇 번 반복해 보면 때때로 큐브B가 보이기도 한다. 그렇다면 시선을 돌렸을 때 큐브A가 큐브B로 변한 것일까? 또는 친구들에게 물어볼 수도 있다. 그들 중 몇 명은 큐브A를 보았다고 하고 다른 사람들은 큐브B를 보았다고 할 수 있다. 그들 모두 진실을 말하고 있을지도 모르며 거짓말 탐지기로 확인해볼 수도 있다. 이것은 아무도 보지 않을 때 큐브A나 큐브B는 그 자리에 존재하지 않으며, 관찰되지 않은 상태에서 객관적으로 존재하는 큐브는 없다는 것을 시사한다. 모든 사람이 공공연히 볼 수 있는 큐브가 기다리고 있는 것도 아니다. 대신에 당신이 큐브A를 보고 있고 친구가 큐브B를 보고 있다면, 그 순간 당신과 친구는 각각 자신의 시각 시스템이 구성한 큐브를 보고 있는 것이다. 즉 보는 사람마다 각기 다른 큐브가 존재하는 셈이다.

(호프만, 2019)

또 다른 예로 1990년대 에드워드 아델슨이 만든 '체커 그림자 착시'가 있다. 이 이미지는 원통형 물체가 그림자를 드리운 체커 보드로 구성되어 있다. 겉으로 보기에는 A칸이 B칸보다 더 어두워 보이지만, 사실 두 칸은 명도와 밝기가 정확히 같다. 이 점은 세심하게 확인해보면 알 수 있다. 방법 중 하나는 두 칸의 색상만 남기고 나머지를 가리는 마스크를 사용하는 것인데 이렇게 하면 착시가 사라진다.[21]

[그림 7.5] 체커 그림자 착시

이 예시는 뇌가 외부 세계를 지각하는 과정에서 능동적으로 작용하고 있다는 점을 다시 한번 보여 준다. 우리는 체커 보드와 그림자가 어떻게 작동하는지에 대한 익숙한 암묵적 지식을 가지고 있기 때문에 뇌는 A칸을 B칸보다 더 어둡게 보도록 한다. A와 B칸이 같은 색과 밝기를 가지고 있다는 사실을 확인한 후에도 여전히 A칸이 더 어둡게 보인다. 이런 현상을 마음 철학에서는 '인지적 불침투성'(cognitive impenetrability)이라고 부르는데, A와 B가 같은 색이라는 사실을 알아도 여전히 다르게 보인다는 점을 설명하는 개념이다. 이미지 속에서 두 칸의 명도와 밝기는 동일하지만, 뇌

---

21. 동일한 색을 가진 직사각형으로 두 사각형을 연결하면 같은 색임을 알 수 있다.-옮긴이

7장. 회의론

는 이를 전체적인 시각적 맥락에서 해석하며 A칸이 B칸보다 어둡다고 느끼게 만든다.

따라서 외부 세계와 그 세계를 지각하는 방식이 정확히 일치하는지에 대해 의문을 가질 만한 두 가지 이유가 있다. 첫째, 지각은 빛에서 신경, 전기 신호, 뇌로 이어지는 일련의 변환을 거치는 인과 과정에서 이루어지는데, 이 과정에서 원인과 결과가 명확한 유사성을 가진다는 보장이 없다. 더구나 그 관계가 정확히 일치할 것이라고 기대할 수도 없다. 둘째, 뇌는 외부 세계로부터 정보를 수동적으로 받아들이는 것이 아니라, 외부 세계와 정확히 일치할 수도 있고 그렇지 않을 수도 있는 시각적 경험을 능동적으로 만들어낸다.

진화

일부 독자는 이 논의가 너무 급하게 진행된다고 생각할 수 있다. 앞서 제기된 질문 "왜 체리와 체리를 지각하는 방식 사이에 정확한 유사성이 있다고 생각해야 할까?"에 이의를 제기할지도 모른다. 이 질문에는 꽤 합리적인 답변이 있다. 원인과 결과 사이에 일반적인 유사성 관계가 없을 수 있다. 그러나 **진화**가 외부 세계를 지각하는 방식을 형성했다면, 진화는 외부 세계의 물체와 매우 유사한 시각적 경험을 제공하는 감각 기관을 갖추도록 했을 가능성이 크다. 진화론자 로버트 트리버스는 이를 이렇게 설명한다.

우리의 감각 기관은 외부 세계를 놀라울 정도로 세밀하면서도 정확하게 볼 수 있도록 진화해왔다. 우리는 세상을 색깔, 3D, 움직임, 질감, 비무작위성, 내재된 패턴 등 다양한 특징으로 지각한다. 청각과 후각처럼 말이다. 우리의 감각 시스템은 외부 세계에 대한 진실이 우리가 그 세계를 더 효과적으로 탐색하는 데 도움을 준다는 가정하에 세밀하고 정확한 현실의 모습을 제공하도록 구성되어 있다.

트리버스(2011)

트리버스와 생각이 같은 영향력 있는 인지과학자들이 많다. 하지만 진화가 꼭 그런 방식으로 작동해야 할까?

먼저 진화는 지각 기관이 세대를 거쳐 전승되는 과정에서 유사성과 일치성이라는 의미에서의 정확성을 요구하지 않는다. 중요한 것은 정확성이 아니라 행동의 효과성이다. 앨빈 플랜팅가는 진화의 조건을 설명하면서 재미있는 예를 든다.

폴은 자신이 먹히는 걸 매우 좋아하지만 호랑이를 보면 그 호랑이가 자신을 먹을 가능성이 낮다고 생각하고 더 나은 대상을 찾아 도망친다. 이 행동은 생존 측면에서는 그의 몸을 적절한 위치에 놓게 하지만 그가 가지고 있는 믿음이 진실인지와는 큰 관련이 없다.…혹은 폴이 호랑이를 덩치 큰 귀여운 고양이라고 생각해 쓰다듬고 싶어 할 수도 있다. 그러나 폴은 호랑이를 쓰다듬는 가장 좋은 방법은 호랑이로부터 도망치는 것이라고 믿고 있을지도 모른다.…특정 행동을 설명할 수 있는 믿음과 욕구 체계는 분명히 여러 가지가 있을 수 있다.

플랜팅가(1993)

폴은 호랑이가 귀엽다고 믿는다. 아마도 시각적으로 그렇게 지각했기 때문일 것이다. 하지만 이는 착각이다. 호랑이는 귀엽지 않고 사납다. 그럼에도 불구하고 폴이 가진 다른 믿음들 때문에 폴은 생존할 수 있다. 그 믿음이 그를 도망치게 만들기 때문이다. 폴의 믿음이 정확한지 여부는 그의 생존 행동의 효과성에 큰 영향을 미치지 않는다. 중요한 것은 폴과 호랑이 사이의 행동적 관계다. 즉 호랑이가 나타나면 폴은 도망친다.

따라서 진화가 우리의 지각을 다듬기 위해 생존에 유리한 행동 외에 다른 요소를 필요로 하지 않는다는 믿음은 타당할 수 있다. 우리의 지각 기관이 우리가 세상을 정확히 설명하는 믿음을 갖도록 만들 필요는 없다. 우리가 꽃을 빨갛게 지각한다고 해서 그 꽃이 실제로 빨간 것은 아니다. 사실 우리의 모든 지각적 믿음이 엄밀히 말해 잘못되었을 수도 있다. 그럼에도 불구하고 이러한 지각적 믿음이 우리의 생존 능력을 효과적으로 높여준다면 그 믿음을 만들어 내는 지각 기관은 진화적으로 선택될 것이다. 이는 외부 세계에 대한 회의론이 자리 잡을 수 있는 합당한 근거를 제공한다. 하지만 진화가 실제로 거짓된 믿음을 만들어 내는 지각 기관을 선택한다는 근거가 있을까?

여기서 나는 호프만의 의견을 따르고자 한다.

표준적인 진화 이론에 따르면, 세상의 실제 상태는 고정되어 있어도 보상은 극적으로 달라질 수 있다. 이로부터 진리를 보는 것과 적응도를 보는 것은 서로 다른 인지 전략이라는 결론이 도출된다. 이는 동일한 전략의 두 가지 측면이 아니라 서로 경쟁할 수 있는 별개의 전략이다. 하나의 전략이 지배적인 위치를 차지하고 다른 전략이 소멸할 가능성도 있다. 따라서 '자연 선택이 진리에 조율된 지각을 선호하는가 아니면 적응도에 조율된 지각을 선호하는가?'라는 질문은 개념 오류가 아니라 중요한 본질적 질문이다. 이 질문은 진화 게임 이론으로 연구할 수 있다. 진화 게임 이론은 이 문제를 연구하기 위한 적절한 도구를 제공하는 강력한 이론이다. 자연 선택이 진실한 지각을 선호하는지를 묻는 우리의 질문에 대해 이 이론은 '그렇지 않다'라는 명확한 답을 제시한다. 이 결론은 내가 가설을 제안하고 체탄 프라카시가 증명한 '적응도-진리 패배 정리'에 명시되어 있다.[22]

(호프만, 2019)

호프만은 진리를 추적하는 지각 기관과 적응도를 추적하는 지각 기관이 경쟁할 경우 적응도를 추적하는 기관이 항상 승리한다고 주장한다. 그의 이론적 모델도 이를 뒷받침하고 있다. 따라서 지각적 믿음을 과도하게 신뢰할 이유는 없다. 중요한 것은 그것이 외부 세계를 정확히 설명하느냐가 아니라 생존에 효과적이냐이다.

이를 디지털 이미지 조작의 맥락으로 돌아가 다시 살펴보자. 앞에서 언

22　인지 과학자 도널드 호프만(Donald Hoffman)의 Fitness-Beats-Truth (적응도-진리 패배 정리)는 자연 선택이 생존과 번식에 유리한 적응적 지각을 선호하며, 반드시 진리를 정확히 반영하는 지각을 선택하지는 않는다는 점을 수학적으로 논증하는 이론이다. 진화 게임 이론을 바탕으로 체탄 프라카시(Chetan Prakash)가 증명한 이 정리는, 지각이 환경의 진리를 반영하는 것보다 적응도를 극대화하는 방향으로 진화할 가능이 높음을 보여 준다. 예컨대 우리가 사과를 빨간색으로 보는 것은 진리를 반영하기보다는 익은 과일을 쉽게 식별해 섭취하도록 진화한 결과일 수 있다. 이 정리는 지각 체계가 생존과 번식을 목표로 하는 도구일 가능성을 강조하며, 우리의 지각이 진리를 반드시 반영하지 않을 수 있음을 깨닫게 한다.-옮긴이

급된 회색 이미지를 생각해보자. 이 이미지는 '실제로' 무엇일까? 화면에 보이는 것은 RGB 값으로 이루어진 이미지 파일의 시각적 표현이다. 기본적으로 이 파일은 숫자들의 집합이다. 화면에 표시된 이미지가 회색이라고 해서 그 파일 자체가 회색이라고 할 수는 없다. 파일의 색상과 화면의 색상은 동일하지 않으며 시각적 표현과 파일 간에는 정확한 유사성이 존재하지 않는다. 시각적 표현에 대한 믿음을 파일 자체에 대한 믿음으로 단순히 옮겨서는 안 된다. 시각적 표현의 목적은 파일의 '진리'를 드러내는 것이 아니라, 사용자가 이해할 수 있는 형태로 파일의 내용을 나타내는 것이다. 파일에 관한 진리는 수천 개의 숫자로 이루어진 방대한 데이터, 더 정확히는 정교하게 구성된 회로 안의 전기 신호 속에 숨어 있다. 이 수천 개의 숫자가 무엇을 나타내는지를 파악하려면 단순히 숫자를 살펴보는 데만 몇 시간이 걸릴 수도 있다.

이 점을 염두에 두면 진화가 현재 우리가 가진 지각 방식을 선택한 이유는 외부 세계를 단순화하고 이를 효율적으로 다룰 수 있게 만들기 때문이라고 주장할 수 있다. 세상은 정보로 가득 차 있다. 주변 공기 중에 있는 수십억(혹은 수조) 개의 분자들을 생각해보라. 이러한 모든 분자의 궤적을 추적하는 지각 기관을 발전시키는 것이 진화적으로 효율적일까? 오히려 생존 행동에 도움이 되는 쉽게 접근할 수 있는 감각으로 이러한 정보를 간단히 묶는 지각 기관을 발전시키는 것이 더 나을 것이다. 요컨대 진화는 외부 세계에 대한 진리를 세세히 보존하기보다는 유용한 지각적 추상화를 선택했을 가능성이 크다는 것이다.

핵심 요점

- 앎/지식에 대한 개념적 분석은 정당화, 진리, 믿음의 세 가지 구성 요소로 이뤄진다.
- 회의론은 우리가 앎/지식을 가지고 있지 않다는 주장이다.
- 꿈에서의 지각과 실제 지각을 구별하지 못할 수도 있다.
- 지각은 외부 세계의 객체에서 시각적 경험에 이르는 인과 과정이다.
- 지각은 단순히 수동적으로 정보를 받아들이는 것이 아니라 뇌가 능동적으로 구성하는 과정이다.
- 진화는 지각이 외부 세계에 대한 진리를 의도적으로 숨길 가능성을 제시한다.

8장

함수

앞에서 우리는 type, len, print, int, str 등을 포함한 여러 내장 함수를 배웠다. 이제 이런 함수들을 어떻게 사용하는지 다시 한번 살펴보자. 먼저 함수 이름을 입력한 뒤 괄호를 사용한다. 괄호 안에는 함수에 필요한 입력값을 넣는다. 함수에 따라 입력값이 없을 수도 있고 특정 개수의 입력값을 요구할 수도 있으며 입력값의 개수가 정해지지 않을 때도 있다. 다음은 몇 가지 예시이다.

```
>>> int()
0
>>> len('hello world')
11
>>> print(1,'hi',True,None)
```

```
1 hi True None
```

함수 정의하기

유용한 내장 함수들이 많지만, 우리는 파이썬에서 직접 함수를 정의할 수도 있다. 좋은 함수를 작성하는 것은 하나의 기술이며, 이를 개발하는 데 **분해와 패턴 인식**이라는 컴퓨팅 사고의 두 가지 핵심 요소가 중요한 역할을 한다.

def 문을 사용해 함수를 정의할 수 있다. 함수 정의는 함수 이름, 콤마로 구분된 입력 변수들, 그리고 코드 블록으로 구성된다. 함수 정의의 일반적인 형식은 다음과 같다.

[그림 8.1] 함수 정의의 기본 구조

다음 예로 시작해보자.

```
def greet(n):
    print('Hi ' + n + ', how are you?')
```

이 함수 이름은 greet이다. 이 함수는 하나의 입력값을 받으며 값은 변수

n에 할당된다. 함수 본문은 단일 print 문으로 구성되어 있다. greet이라는 이름은 다른 변수들, 예를 들어 x = 10 같은 방식으로 작동하지만, 숫자나 문자열 대신 함수가 할당된다. 이를 확인하려면 인터프리터에 greet을 입력하면 된다. 그러면 다음과 같은 결과가 출력될 것이다.

```
>>> greet
<function greet at 0x03E09C40>
```

이 결과는 함수가 성공적으로 생성되어 greet 변수에 할당되었음을 보여준다. 끝에 나오는 이상한 문자열인 0x03E09C40는 함수 정의가 컴퓨터 메모리에 저장된 위치를 16진수로 나타낸 것인데 지금은 걱정할 필요가 없다. greet에 type 함수를 사용하면, 이 변수가 함수 타입의 객체와 연결되어 있다는 것을 확인할 수 있다.

```
>>> type(greet)
<class 'function'>
```

함수를 실행(또는 호출)하려면 이전에 했던 것처럼 함수 이름 뒤에 괄호를 붙여야 한다. 이 괄호는 함수가 실행될 것임을 알리는 중요한 표시이다. greet 함수는 하나의 입력 변수를 받도록 정의되었기 때문에 실행할 때도 하나의 입력값을 넣어야 한다. 다음은 greet 함수를 사용하는 예시이다.

```
>>> greet('Andre')
```

입력값인 'Andre'는 입력 변수 n에 할당된다. 따라서 함수는 다음과 같이 출력될 것이다.

```
Hi Andre, how are you?
```

greet 함수의 코드가 실행되면 함수는 종료된다. 이 함수는 다양한 입력 문자열로 사용할 수 있으며 누구에게나 인사를 건넬 수 있는 매우 일반적인 방법이다.

```
>>> greet('Joshua')
Hi Joshua, how are you?
>>> greet('Elaine')
Hi Elaine, how are you?
```

지역 변수와 전역 변수

함수가 실행될 때 발생하는 과정에 대해 더 자세히 설명할 필요가 있다. 함수가 실행되면 가장 먼저 함수에 전달된 입력값이 평가된다.

```
>>> greet('I' + 'saac')
```

이 예시에서 입력값은 두 문자열을 결합한 표현식이다. 이 표현식을 평가하면 'Isaac'이라는 문자열이 생성되고, 이는 새로 만들어진 변수 n에 할당된다. 하지만 이 변수는 함수 내부 코드 블록에서만 접근할 수 있다. greet 함수의 실행이 끝나면 n은 더 이상 존재하지 않게 된다. 이를 확인하려면 함수 밖에서 n을 호출해보면 된다. 그러면 다음과 같은 오류가 발생할 것이다.

```
>>> n
NameError: name 'n' is not defined
```

이 때문에 함수 정의에서 사용되는 입력 변수를 '지역' 변수라고 한다. 이 변수들은 함수 내부 코드 블록에서만 사용되기 때문이다.

반면에 함수 외부에서 정의된 변수들은 '전역' 변수라고 하며 어디에서나 접근할 수 있다. 다음은 greet 함수의 변형된 예시이다.

```
def greet2():
    print('Hi ' + n + ', how are you?')
```

이 함수는 greet 함수와 동일하지만 입력 변수가 없다는 점이 다르다. 이 함수 역시 변수 n을 참조하지만, greet2 함수 내에 지역 변수 n이 없으므로 이미 존재한다고 가정하고 전역 변수 n이 사용된다.

```
>>> n = 'David'
>>> greet2()
```

173

```
Hi David, how are you?
```

변수 이름 충돌이 발생하면 어떻게 될까? 다시 말해 지역 변수와 전역 변수가 동일한 이름을 가진 경우에는 어떻게 처리될까? 이 경우 함수 정의 내에서 해당 변수에 대한 모든 참조는 지역 변수를 지칭하게 된다. 만약 해당 이름의 지역 변수가 존재하지 않으면 그 변수는 전역 변수를 지칭하게 된다. 그러나 해당 이름의 전역 변수도 존재하지 않을 경우, 파이썬은 오류를 반환한다. 아래 코드 예시는 이러한 작동 방식을 이해하는 데 도움을 줄 것이다.

```
>>> n = 'David'
>>> greet('Andre')
Hi Andre, how are you?
```

전역 변수 n에는 'David'이라는 문자열이 할당되고, greet 함수 안에서만 사용되는 지역 변수 n에는 'Andre'라는 문자열이 할당된다. 그래서 결과 문장에 'David' 대신 'Andre'가 출력되는 것이다.

이 개념을 확실히 이해하는 가장 좋은 방법은 직접 실험해보는 것이다. 여러 함수에서 지역 변수와 전역 변수를 다양하게 조합해보고, 또 여러 상황에서 어떤 결과가 나오는지 직접 확인해보면서 지역 변수와 전역 변수의 차이에 익숙해지는 것이 좋다.

연습문제 8.1: respond라는 함수를 작성하라. 이 함수는 하나의 입력값 n을 받아서 'Hi ____, doing well, thanks!' 같은 문장을 출력해야 하며, 빈칸에 n이 들어가도록 만들어 보자.

반환값

겉으로는 잘 드러나지 않지만, 지금까지 정의한 함수들은 모두 출력값이 없다. 예를 들어 greet 함수를 생각해보자. 이 함수는 입력값을 받지만, 출력값을 가지지 않는다. greet 함수가 화면에 무언가를 출력하긴 하지만, 그것은 함수의 출력값이 아니다. 이 중요한 개념을 더 잘 이해하기 위해 먼저 입력값이 없는 함수에 대해 익숙해지도록 하자.

```
def f1():
print('this function has no input or output')
```

함수 정의의 괄호 안에 아무것도 없다는 점에 주목하라. 이 함수를 실행하는 방법은 다음과 같다.

```
>>> f1()
this function has no input or output
```

다시 말하지만, 괄호는 매우 중요하다. 괄호는 함수 f1이 실행되어야 한다는 신호를 준다. 이것은 단순히 함수 이름을 입력하는 것과는 다르다.

```
>>> f1

<function f1 at 0x01D93A74>
```

이렇게 하면 함수에 대한 정보만 반환되고 실행은 되지 않는다. 이제 cir-cumference라는 함수를 살펴보자. 이 함수는 하나의 입력값 radius를 받고, 입력값 radius가 원의 반지름을 나타낸다고 가정했을 때 원의 둘레를 계산한다.

```
def circumference(radius):
    2 * radius * 3.1416
```

이 함수를 다음과 같이 실행할 수 있다.

```
>>> circumference(100)
```

이 함수를 실행하면 어떤 일이 일어날까? 겉으로 보기에는 아무 일도 일어나지 않는 것처럼 보인다. 하지만 실제로는 무언가 일어나고 있다. 이 함수는 radius라는 지역 변수를 생성하고 그 값으로 100을 할당한 후 두 번의 곱셈 연산을 수행한다. 문제는 그 연산 결과가 함수의 출력값으로 설정되지 않았다는 점이다. 출력값은 return 키워드를 사용해 명시적으로 지정해야 한다. 마치 함수에 입력값을 명시해야 하는 것처럼 함수가 반환할 출력값도 명시해야 한다. 다음은 출력값을 명시한 함수의 예이다.

```
def circumference_2(radius):

    return 2 * radius * 3.1416
```

함수에 반환값이 있으면 더 복잡한 표현식에 사용할 수 있다. 다음 두 가지 더하기 연산을 비교해보자.

```
>>> circumference(100) + 100
>>> circumference_2(100) + 100
```

첫 번째 표현식은 오류를 발생시킨다. 이는 `circumference` 함수에 반환값이 없기 때문이다. 곱셈 연산은 수행되지만 결과값은 None이 되고, 이는 함수가 값을 반환하지 않았음을 뜻한다. 따라서 None에 100을 더하려는 시도는 오류를 일으킨다. 참고로 None과 0은 같은 값이 아니다. 반면에 두 번째 표현식은 문제없이 실행된다. `circumference_2` 함수는 반환값이 있어 628을 반환하며, 이 값에 100을 더해 728이라는 결과가 나온다.

　함수의 출력값을 명시적으로 지정해야 하는 것이 합리적이다. 함수의 복잡도가 증가할수록 함수 안에는 다양한 구문들이 존재할 것이고, 여러 값이 생성된다. 이 중 어떤 값이 출력값이 되어야 하는지 명확히 하지 않으면 파이썬 입장에서는 어떤 값을 출력값으로 해야 할지 불분명해서 임의로 처리할 수밖에 없다.

　`return` 문은 함수 실행을 즉시 중단하고 빠져나온다는 점도 중요하다. `return` 문 이후에 있는 코드는 실행되지 않는다.

　`greet` 함수로 돌아가면 이 함수가 입력값을 받지만, 출력값이 없는 이

유를 이제 이해할 수 있다. greet 함수에는 return 문이 없기 때문에 화면에 출력하는 동작은 하지만 함수 자체의 출력값은 없다. 따라서 greet 함수의 실행 결과는 None이 된다.

연습문제 8.2: volume이라는 함수를 작성하라. 이 함수는 구의 반지름을 나타내는 숫자 r을 입력값으로 받아서 구의 부피를 반환해야 한다.

좀 더 연습해보기 위해 5장에서 작성했던 프로그램을 다시 살펴보자. 이 프로그램은 주어진 문자열에서 'o'가 몇 번 등장하는지를 세는 것이었다. 이제 이 작업을 함수로 만들어 보자. 함수 이름은 count_os로 하고, 문자열 S를 입력받아 S에서 'o'가 등장하는 횟수를 반환하도록 하자. 이미 해당 프로그램을 작성했으니 이를 함수로 바꾸는 것은 어렵지 않을 것이다.

```python
def count_os(S):
    x = 0
    number_of_os = 0
    while x < len(S):
        if S[x] == 'o':
            number_of_os += 1
        x += 1
    return number_of_os
```

이제 이 함수를 사용하여 문자열에서 'o'가 나타나는 횟수를 계산할 수 있다.

```
>>> count_os('Jeff is looking for food!')
5
```

하지만 count_os 함수에는 중요한 제한이 있다. 이 함수는 S에서 'o'가 몇 번 나오는지만 셀 수 있다. S에서 'e'가 몇 번 나오는지를 알고 싶다면 어떻게 해야 할까? 함수를 다시 정의해서 'o'를 'e'로 바꿔야 한다. 그런데 다시 'o'의 개수를 세고 싶다면 또 함수를 재정의해야 하니, 정말 번거로운 일이다!

'o'와 'e'의 개수를 세는 이 두 작업을 돌아보면 패턴 인식 능력을 키울 좋은 기회다. 이러한 작업들에서 패턴을 인식하면 알고리즘을 일반화해 구조적으로 비슷한 여러 작업에 적용할 수 있다.

문자 개수를 세는 작업에서 패턴을 활용하려면 count_os 함수에 입력 변수를 하나 더 추가하면 된다. 이렇게 하면 특정 문자를 함수에 '하드코딩'[23]하지 않고, 입력 변수에 따라 어떤 문자를 셀지 결정할 수 있다. 이 일반화된 함수를 count라고 부르자.

---

23 하드코딩(hardcoding)은 프로그램의 코드 안에 특정한 값이나 데이터를 직접 입력해 고정하는 것을 뜻한다. 즉 실행 중에 바뀌거나 외부에서 쉽게 수정할 수 없게 값을 코드에 박아 넣는 방식이다. 예컨대 'o'라는 문자를 세는 기능을 하는 함수에서 'o'를 코드 안에 직접 넣어버리면, 다른 문자를 세고 싶을 때 코드를 수정해야 하는 번거로움이 생긴다. 이런 방식이 하드코딩의 예이다. 반면에 하드코딩 대신 입력값을 변수로 받아 처리하면 코드의 재사용성이 높아지고 유지 보수가 쉬워진다.—옮긴이

```
def count(S, c):

    x = 0

    num_cs = 0

    while x < len(S):

        if S[x] == c:

            num_cs +=1

        x += 1

    return num_cs
```

예를 들어 이제는 문자열에서 'a'가 몇 번 나오는지 또는 같은 문자열에서 'i'가 몇 번 나오는지를 쉽게 셀 수 있다. 함수의 코드를 전혀 수정하지 않고도 말이다.

```
>>> count('Jeff is looking for food!', 'a')
0
>>> count('Jeff is looking for food!', 'i')
2
```

마지막 예시로 sum이라는 함수를 작성해보자. 이 함수는 정수 리스트 L을 입력받아 L에 있는 모든 정수의 합을 반환해야 한다.

```
def sum(L):

    total = 0
```

8장. 함수

```
for num in L:

    total += num

return total
```

먼저, 처리된 숫자들의 합을 기록할 변수 total을 만들고, 아직 숫자를 처리하지 않았으므로 total을 0으로 초기화한다. 그다음, for 루프를 사용해 L에 있는 각 숫자를 순차적으로 처리하고 각각의 숫자를 total에 더한다. 루프가 끝나면 L에 있는 모든 숫자가 합산된다. 이제 return 문을 사용해 함수의 출력값으로 total을 반환하면 된다.

연습문제 8.3: 정수 리스트 L을 입력받아 모든 정수의 평균을 반환하는 average 함수를 작성하라.

연습문제 8.4: 정수 리스트 L을 입력받아 리스트에서 가장 큰 정수를 반환하는 largest 함수를 작성하라.

분해

이제 함수 정의에 대한 기본적인 이해를 했으니 함수가 위조 동전 문제를 해결하는 데 어떻게 사용될 수 있는지 살펴보자. 위조 동전 문제는 이전 장에서 3개의 동전 중 위조 동전을 찾는 문제로 소개되었고, 이 문제는 세 가지 하위 문제로 나눌 수 있다. 그 이유는 저울을 사용할 때 세 가지 가능한 결과가 있기 때문이다. 즉 저울이 균형을 이루거나 왼쪽으로 기울거나 오른쪽으로 기울 수 있다.

이 세 가지 결과 각각을 처리하는 함수를 작성할 수 있을 것이다. 먼저 coin1과 coin2를 비교했을 때 저울이 균형을 이루는 경우부터 시작해보자. 이 경우 coin1과 coin2는 진짜임을 알 수 있고, coin3이 위조일 가능성이 있다. coin3의 상태를 확인하는 함수를 다음과 같이 작성할 수 있다.

```
def outcome_balance():
    if coin1 == coin3:
        print('there are no counterfeits')
    elif coin1 > coin3:
        print('coin3 is counterfeit and lighter')
    else:
        print('coin3 is counterfeit and heavier')
```

우리는 coin1이 진짜라는 것을 알고 있기 때문에, 이를 이용해 coin3이 위조 동전인지 아닌지 확인할 수 있다. 저울이 균형을 이룬다면 위조 동전은 없다는 뜻이다. coin1이 더 무겁다면 coin3이 위조 동전이며 더 가볍다는 것을 알 수 있다. 앞의 두 조건이 모두 해당되지 않으면 coin3이 위조 동전이고 더 무겁다는 것을 뜻한다.

이번에는 저울이 coin1 쪽으로 기울어졌을 때를 생각해보자. 저울이 균형을 이루지 않았으니 coin3은 진짜이고, coin1이나 coin2 중 하나가 위조 동전이라는 것을 알 수 있다. 또한 coin1이 위조 동전이면 더 무겁고,

coin2가 위조 동전이면 더 가볍다는 것도 분명하다. 이를 확인하기 위한 함수를 다음과 같이 작성할 수 있다.

```
def outcome_tipleft():
    if coin1 == coin3:
        print('coin2 is counterfeit and lighter')
    else:
        print('coin1 is counterfeit and heavier')
```

마지막으로, 저울이 coin2 쪽으로 기울어진 경우를 생각해보자. 이 상황은 앞선 경우와 거의 같지만 이번에는 coin2가 더 무겁고 coin1이 더 가볍다는 점이 다르다. 어느 동전이 위조 동전인지 확인하기 위한 함수를 다음과 같이 작성할 수 있다.

```
def outcome_tipright():
    if coin1 == coin3:
        print('coin2 is counterfeit and heavier')
    else:
        print('coin1 is counterfeit and lighter')
```

세 가지 가능한 결과에 대한 함수를 작성했으니, 이제 이 모든 '헬퍼' 함수들을 하나로 모은 '마스터' 함수를 다음과 같이 작성할 수 있다.

```python
def ccp_3():
    if coin1 == coin2:
        outcome_balance()
    elif coin1 > coin2:
        outcome_tipleft()
    else:
        outcome_tipright()
```

위조 동전 문제를 세 가지 하위 문제로 분해했을 뿐 아니라, 각 하위 문제에 대한 함수를 작성함으로써 위조 동전 문제를 해결하는 코드가 더 간결해졌다. 또한 각 하위 문제에 대한 함수 이름이 적절하게 설명적이기 때문에 전체 해결 논리를 더 쉽게 파악할 수 있다. 즉 코드가 더 읽기 쉬워진 것이다. 다른 프로그래머들이나 몇 달 뒤에 다시 이 코드를 보는 당신 자신도 이 코드가 무엇을 의도하는지 더 쉽게 이해할 수 있을 것이다.

패턴 인식

3개가 아닌 5개의 위조 동전 문제를 해결하려면 어떻게 할까? 5개의 동전을 coin1, coin2, coin3, coin4, coin5라고 가정했을 때, 이미 3개의 동전에 대해 문제를 해결한 사실을 어떻게 활용할 수 있을지 생각해보자. 잠시 시간을 내어 해결 방법을 고민해보라.

우선 coin4와 coin5를 저울로 비교하면 세 가지 결과가 나올 수 있다.

저울이 균형을 이룬다면 위조 동전은 나머지 3개의 동전 (coin1, coin2, coin3) 중 하나에 있을 것이다. 이 경우 이미 정의한 함수 ccp_3를 사용하여 문제를 해결할 수 있다. 따라서 우리가 처리해야 할 것은 coin4가 coin5보다 무겁거나 가벼운 두 가지 경우뿐이다.

이 두 가지 경우는 coin1과 coin2의 무게가 다를 때의 3개 동전 문제와 매우 유사하다. 차이점은 동전의 이름이 다를 뿐이다. 하지만 이전에 정의한 함수들은 coin1과 coin2에 맞춰져 있기 때문에, 5개 동전 문제에서 이 두 가지 경우를 처리할 수 없다. coin1과 coin2가 전역 변수로 정의되어 있기 때문이다. 비록 패턴을 인식했지만, 현재 정의된 outcome_tipleft와 outcome_tipright 함수는 다른 동전들에 적용할 수 없다. 이를 더 잘 이해하기 위해 outcome_tipleft 함수를 다시 살펴보자.

```
def outcome_tipleft():
    if coin1 == coin3:
        print('coin2 is counterfeit and lighter')
    else:
        print('coin1 is counterfeit and heavier')
```

이 함수는 첫 번째 저울 사용에서 coin1과 coin2를 비교하고 coin1이 더 무거울 때만 사용할 수 있다. 그런데 첫 번째 저울에서 coin4와 coin5를 비교하고 싶다면 어떻게 해야 할까?

토론하기: outcome_tipleft 알고리즘을 다른 동전에도 적용할 수 있도

록 일반화하려면 어떻게 해야 할까? 이 함수에서 coin1과 coin3의 역할은 무엇일까?

이 문제를 생각하는 가장 좋은 방법은 outcome_tipleft 함수를 coin4와 coin5를 비교하고, coin4가 더 무거울 때도 작동하도록 재정의하는 것이다. 함수는 다음과 같이 작성될 수 있다.

```python
def outcome_tipleft():
    if coin4 == coin3:
        print('coin5 is counterfeit and lighter')
    else:
        print('coin4 is counterfeit and heavier')
```

이 함수는 원래 함수와 비교했을 때 세 가지 차이점이 있다. 이 차이점들은 굵게 표시된 부분이다. 이 함수를 일반화하려면 전체 알고리즘의 구조는 그대로 유지하면서도 이러한 값을 쉽게 바꿀 수 있어야 한다. 이를 위해 함수에 입력 변수를 추가하면 된다.

이 경우 3개의 입력 변수 v1, v2, v3을 사용해 굵게 표시된 값들을 제어할 수 있다. 첫 번째 변수는 숫자여야 하고 나머지 두 변수는 문자열이어야 한다.

```python
def outcome_tipleft(v1, v2, v3):
    if v1 == coin3:
```

```
        print(v2 + 'is counterfeit and lighter')
    else:
        print(v3 + 'is counterfeit and heavier')
```

이 함수를 사용하면 coin1이 coin2보다 무거운 경우만 아니라, coin4가 coin5보다 무거운 경우도 쉽게 처리할 수 있다. 입력값만 다르게 주면 된다. 다음 두 함수 호출이 그 예시이다.

```
outcome_tipleft(coin1, 'coin2', 'coin1')
outcome_tipleft(coin4, 'coin5', 'coin4')
```

첫 번째 함수 호출에서 coin1과 'coin1'이 입력값으로 사용된 것을 주목하기 바란다. 두 표현의 차이를 기억하는가? 첫 번째 coin1은 coin1의 무게를 나타내는 숫자로 변수를 가리킨다. 반면에 'coin1'은 'coin1'이라는 글자를 포함한 문자열이다. 이 둘은 완전히 다른 객체이다.

```
>>> print(coin1)
0.2153627
>>> print('coin1')
coin1
```

위에서 정의된 outcome_tipleft 함수의 문제 중 하나는 입력 변수들의 이름이 의미를 충분히 전달하지 못한다는 것이다. 변수가 무엇을 나타내는지 더 잘 반영할 수 있도록 입력 변수의 이름을 변경하면 좋을 것이다.

```python
def outcome_tipleft(heavy_coin, light_name, heavy_name):
    if heavy_coin == coin3:
        print(light_name + 'is counterfeit and lighter')
    else:
        print(heavy_name + 'is counterfeit and heavier')
```

계속하기 전에 이 함수가 어떻게 작동하는지 충분히 이해했는지 확인하자.

여기까지 왔다면 또 하나의 패턴을 발견할 수 있을 것이다. outcome_tipleft와 outcome_tipright 함수는 매우 유사하다. 유일한 차이점은 outcome_tipleft에는 더 무거운 동전이 outcome_tipright에는 더 가벼운 동전이 입력된다는 것이다. 이제 무거운 동전과 가벼운 동전의 이름을 지정할 수 있게 되었으니 coin4가 coin5보다 가벼운 경우도 다음과 같은 방식으로 처리할 수 있을 것이다.

```python
>>> outcome_tipleft(coin5, 'coin4', 'coin5')
```

다시 한번 계속 진행하기 전에 이 함수가 왜 작동하는지 확실히 이해했는지 확인하자.

8장. 함수

이제 이 함수가 저울이 균형을 이루지 않는 두 가지 경우를 모두 처리할 수 있게 되었으니 함수 이름을 그 성격에 맞게 변경하는 것이 좋다. 다음과 같은 이름이 더 적절할 것이다.

```python
def outcome_imbalance(heavy_coin, light_name, heavy_name):
    if heavy == coin3:
        print(light_name + 'is counterfeit and lighter')
    else:
        print(heavy_name + 'is counterfeit and heavier')
```

이제 저울이 기울어진 경우를 처리할 수 있는 이 일반화된 함수를 사용해서 3개의 동전에 대한 위조 동전 문제를 해결하는 함수를 다시 작성할 수 있다.

```python
def ccp_3():
    if coin1 == coin2:
        outcome_balance()
    elif coin1 > coin2:
        outcome_imbalance(coin1, 'coin2', 'coin1')
    else:
```

```
    outcome_imbalance(coin2, 'coin1', 'coin2')
```

마지막으로, 기존에 일반화된 함수를 사용하여 5개의 동전에 대한 위조 동전 문제를 해결하는 코드를 작성할 수 있다.

```
def ccp_5():
    if coin4 == coin5:
        ccp_3()
    elif coin4 > coin5:
        outcome_imbalance(coin4, 'coin5', 'coin4')
    else:
        outcome_imbalance(coin5, 'coin4', 'coin5')
```

연습문제 8.5: 지금까지 정의한 함수를 바탕으로 7개의 동전에 대한 위조 동전 문제를 해결하는 함수를 작성할 수 있는가? 9개의 동전 문제는 어떻게 해결할 수 있는가?

함수 작성의 장점

함수를 작성하는 데에는 여러 가지 장점이 있다. 첫째, 좋은 함수는 코드 블록을 **재사용**할 수 있게 해준다. 매번 같은 작업을 수행할 때마다 동일한 코드를 반복해서 작성할 필요 없이 함수를 적절히 정의하고 사용하면 프로그래머가 입력해야 할 코드 양을 줄일 수 있다. 위에서 살펴본 count 함수가 좋은 예이다. 특정 문자열에서 'o'가 몇 번 등장하는지를 세는 코드를 일반화함으로써 다른 문자열에서 다른 문자도 쉽게 셀 수 있도록 같은 코드 블록을 재사용할 수 있었다.

둘째, 함수를 정의하고 사용하는 것은 코드의 가독성을 높여 인간 프로그래머가 더 쉽게 이해할 수 있게 해준다. 함수는 작업의 중요한 부분은 유지하고 불필요한 세부 사항은 무시할 수 있게 해주는 **추상화** 역할을 하기 때문이다. 프로그래머는 함수의 **입력과 출력**만 알면 되고 그 함수가 실제로 어떻게 동작하는지에 대한 세부적인 명령어나 논리는 신경 쓰지 않아도 된다. 위에서 정의한 count 함수가 좋은 예이다. 우리는 count 함수가 작동하는 데 필요한 추가 변수들, 예를 들어 x와 num_cs가 어떻게 생성되는지나 while 반복문이 어떻게 실행되는지 알 필요가 없다. 우리가 필요한 것은 그저 결과일 뿐이다. 함수가 문자열과 문자를 입력받아 해당 문자가 몇 번 등장하는지 반환한다는 것만 알면 된다. 구현 세부 사항은 신경 쓸 필요가 없다. 이런 의미에서 함수는 '블랙박스'처럼 작동하며 추상화의 핵심이 된다. 함수를 잘 사용하려면 함수가 무엇을 하는지 알면 되고 그것이 어떻게 동작하는지는 몰라도 된다. 프로그램이 커지고 복잡해질수록 모든 세부 사항을 기억하고 관리하는 것은 점점 더 어려워질 것이다. '불필요한' 세부 사항을 추상화하면 프로그램의 전체 구조를 더 쉽게 이해할 수 있다.

이를 이해하기 위해 원의 둘레를 계산하는 다음 함수 정의를 위에서 설명한 것과 비교해보자.

```
def circumference_3(radius):
```

```
    return (radius + radius) * 3.1416
```

두 함수 circumference_2와 circumference_3는 입력과 출력이 완전히 동일하다. 즉 원의 반지름을 입력받아 그 원의 둘레를 계산한다. 이 함수들이 무엇을 하는지는 명확하며 하는 일도 같다. 하지만 계산을 수행하는 방식은 다르다. circumference_2는 곱셈만을 사용하고 circumference_3는 덧셈과 곱셈을 사용한다. 중요한 것은 이러한 함수를 사용하는 입장에서는 이러한 구현 세부 사항을 알 필요가 없고, 어쩌면 모르는 것이 더 나을 수도 있다는 점이다.

더 쉽게 이해하기 위해 자동차 운전을 생각해보자. 모든 자동차에는 매우 유용한 추상화가 내장되어 있다. 운전자는 핸들과 2개의 페달을 통해 차를 조작할 수 있다. 페달 하나를 밟으면 차가 움직이고 다른 페달을 밟으면 차가 멈춘다. 이처럼 간단한 입력 장치로 자동차에 정보를 전달할 수 있다. 하지만 핸들을 돌리거나 페달을 밟을 때 실제로 일어나는 일은 과학과 공학의 경이로운 결합이다. 다양한 기계 장치가 작동하고 여러 화학 반응이 일어난다. 만약 우리가 이 모든 세부 사항을 일일이 신경 써야 한다면 자동차를 운전하는 것은 불가능했을 것이다. 다행히도 자동차 회사들은 이러한 복잡한 부분들(일종의 코드 블록)을 우리에게 숨겨 주었다. 덕분에 우리는 큰 그림에 집중해 더 높은 수준에서 차를 운전할 수 있다. 말하자면 연료 연소량을 세밀하게 조절할 필요 없이 그저 가속 페달을 일정한 힘으로 밟기만 하면 된다.

핵심 요점

- 파이썬에서 함수를 정의할 수 있다.

- 함수는 입력값과 출력값을 가질 수 있다.

- 함수는 큰 문제를 분해하여 해결하는 데 활용될 수 있다.

- 함수는 여러 작업에서 발견되는 패턴을 활용하는 데 유용하다.

- 함수는 코드의 재사용성과 추상화를 높이는 데 유용하다.

9장

마음

마음 이론

실재, 즉 어떤 것이 존재하고 그 본질이 무엇인지를 다루는 철학의 한 분야가 **형이상학**이다. 이 범주에 속하는 주제는 시간, 공간, 인과관계 등 다양하다. 이 장에서는 마음(mind)의 본질과 그것이 신체와 어떤 관계에 있는지를 중점적으로 다루고자 한다. 또 이전 장에서 배운 함수 개념을 활용해 마음에 관한 기능주의 이론을 탐구할 것이다. 하지만 그 전에 기능주의 이론을 더 잘 이해하기 위해 약간의 철학적 배경을 살펴볼 필요가 있다.

마음의 본질에 대한 논의는 수천 년 전으로 거슬러 올라가지만, 현대의 논쟁 구도는 데카르트에서 시작되었다고 할 수 있다. 앞에서 우리는 인식론의 한 주제인 외부 세계 회의론을 통해 데카르트를 접한 바 있다. 그러나 데카르트의 철학적 탐구는 거기서 끝나지 않았다. 그는 외부 세계 회의론에서 제기된 인식론 문제를 바탕으로 마음의 본질에 대한 형이상학적 주장을 펼쳤다.

　데카르트는 결국 마음과 신체를 두 가지 서로 다른 범주로 명확히 분리하는 견해에 이르렀다. 마음은 비물리적 실재로, 신체는 물리적 실재로 구분된다는 것이다. 데카르트에 따르면 마음의 개념은 비물리적 존재에 대한 개념이다. 따라서 마음이란 공간적 속성을 지니지 않으며 당연히 크기나 무게를 가질 수 없다. 마음은 의심, 신념, 희망, 사유할 수 있는 능력에 뿌리를 두고 있다. 반면에 신체 개념은 물리적 존재에 관한 것이다. 신체는 공간을 차지하고 측정이 가능하다. 인간의 뇌는 물리적 실체로서 둘레가 57cm이고 무게가 5.5kg일 수 있다. 하지만 마음에 대해서는 이와 같은 말을 할 수 없다. 이러한 마음과 신체에 대한 개념 분석에 따르면 마음에 5.5kg 같은 물리적 속성을 부여하는 것은 범주 오류이다. 이는 숫자 1에 물리적 속성을 부여하는 것과 마찬가지이다. 숫자 1은 비물리적 존재이므로 그것의 무게가 5.5kg이라는 말은 말이 되지 않는다.

토론하기: 데카르트의 마음에 대한 개념 분석에 동의하는가?

데카르트의 주장은 마음과 신체가 서로 다른 두 가지 종류라는 사실을 넘어선다. 그는 마음이 신체와 분리될 수 있다고도 믿었다. 마음은 신체 없이도 계속 존재하고 기능할 수 있다는 것이다. 이런 근원적 차이에도 불구하고 그는 마음과 신체가 서로 인과적으로 상호작용할 수 있다고 보았다. 이는 우리의 마음이 신체에 영향을 미치고, 다시 말해 정신에서 신체로의 인과가 일어나며 반대로 신체가 마음에 영향을 미칠 수 있다는 뜻이다. 이를 신체에서 정신으로의 인과라고 부를 수 있다. 가령 앞에 있는 컵을 들어 마시기로 결심하면 그 정신적 결심이 팔을 움직이게 하는 것이 정신과 신체의 인과 작용이다. 반대로 빗방울이 몸에 떨어져 그 감각이 마음에 전달되어 젖은 느낌을 경험하게 되는 것은 신체에서 정신으로의 인과 작용이다. 실제의 빗방울이 마음에 비를 적시는 듯한 감각을 불러일으키는 것이다. 이러한 입장은 **이원론**이라고 불린다. 이는 이원성을 주장하는 입장이다. 이원론의 핵심은 인간이 비물리적인 마음과 물리적인 신체로 구성되어 있으며 이 둘이 인과적으로 상호작용한다는 것이다.

일부 사람들은 이원론이 터무니없다고 주장한다. 물리적 존재와 비물리적 존재 사이에 신비로운 인과관계가 있다고 가정하기 때문이다. 공간을 차지하지 않는 비물리적인 것이 어떻게 물리적 세계에서 어떤 일을 일으킬 수 있을까? 하지만 잠시 그 가능성을 생각해보자. 유령이나 영혼을 다룬 영화들, 즉 신체 없이 존재하는 마음의 사례를 떠올려보라. 그런 영화 속 이야기를 이해하거나 상상하는 것이 어렵다고 느끼는가? 대부분은 쉽게 그 이야기를 따라가고 상상할 수 있을 것이다. 또 영화 〈프리키 프라이데이〉처럼 어머니와 딸이 몸을 바꾸는 이야기도 많은 사람이 마음과 신체의 이원론적 관계를 자연스럽게 이해한다는 점에 기반한 것이다.[24] 물론 이

---

24   영화 〈프리키 프라이데이〉는 마음과 신체를 별개의 실재로 보는 이원론적 관점을 극적으로 표현한 사례다. 영화에서 마음은 신체와 독립된 비물질적 실재로 간주되며, 신체 교환에도 불구하고 각자의 자아는 그대로 유지된다. 이 설정은 데카르트적 이원론에서 말하는 마음과 신체의 분리를 전제한다. 마음은 신체에 의존하지 않고 존재할 수 있으며, 신체는 일차원적으로 사물로서의 그릇에 불과하다는 사고방식이다. 많은 사람이 마음이 신체와 분리되어 다른 신체에 들어가는 상황을 쉽게 상상하고 공감할 수 있는 것은, 우리가 마음과 신체를 서로 다른 실재로 이해하는 이원론적 직관을 가지고 있음을 반영한다.—옮긴이

것이 이원론이 참이라는 뜻은 아니다. 다만 이원론적 사고를 많은 사람이 쉽게 상상할 수 있다는 점을 강조하려는 것이다. 우리 자신을 이원론적으로 이해하는 것이 생각보다 만연해 있다.

토론하기: 여러분의 문화에서 이원론적 사고의 다른 예를 찾을 수 있는가?

토론하기: 영화에서 묘사되는 유령이나 영혼은 신체 없이 존재하는 마음의 좋은 예라고 할 수 있는가? 만약 그들이 완전히 비물리적이라면 우리는 그들을 인식할 수 있는가?

이원론적 마음 이론에 대한 반론은 오래전부터 존재해왔다. 일부 철학자들은 이원론에 반대해 마음과 신체가 동일한 것이라고 주장한다. 이들은 마음과 신체를 다르게 지칭하거나 생각할 수 있는 다양한 방식이 존재할 수 있다는 점을 인정하면서도, 그것이 곧 마음과 신체가 하나의 상이한 실재임을 의미하지는 않는다고 본다. 이러한 입장은 **일원론**으로 불리는데, 어떤 형태로든 단일성을 주장하는 관점이다. 데카르트가 제시한 두 가지 범주, 즉 정신적인 것과 물리적인 것에 기반하여 일원론은 두 가지 방식으로 전개된다. 첫째는 모든 것이 정신적 실재라는 '정신적 일원론'(버클리, 1982)이다. 둘째는 많은 현대 철학자들이 주장하듯이 모든 것이 물리적 실재라는 '물리적 일원론'(멜릭, 2003)이다. 이 견해는 **물리주의**라고도 불린다. 이 생각을 가장 직접적으로 설명하는 방식은 마음이 물리적 실재이며, 마음이 우리가 뇌라고 부르는 물리적 실재와 동일하다는 것이다. 이 주장은 **동일성 이론**으로 불리며 마음과 뇌가 동일하다는 입장이다(스마트, 1959). 이는 물리주의 틀로 마음 이론을 전개하는 여러 방식 중 하나다.

이원론을 위한 논증

계속하기 전에 이 두 입장을 각각 지지하는 철학적 논증을 고찰해보는 것이 유익할 것이다. 다음은 데카르트의 저서에서 발췌한 부분이다

> 내가 무엇인지 주의 깊게 살펴보니 나는 몸이 없고 세상도 없으며 내가 있을 수 있는 어떤 장소도 없다고 생각할 수 있음을 알았다. 하지만 그렇다고 해서 내가 존재하지 않는다는 생각은 도저히 할 수 없었다. 반대로 내가 다른 것들의 진실을 의심하고 있다는 사실만으로도 내가 존재한다는 것은 매우 명백하고 확실한 결론으로 드러났다. 한편 내가 생각하는 것을 멈춘다면 내가 상상했던 나머지 모든 것이 실제로 존재한다고 하더라도 내가 존재했다고 생각할 이유는 전혀 없었을 것이다.⋯그로부터 나는 알았다.⋯이 '나' 즉 내가 나인 이유가 되는 영혼이 몸과 완전히 구별된다는 것을.[25]

데카르트(2003)

[25] 데카르트의 《제일철학에 관한 성찰》 중 제2 성찰에 나오는 문구로 "나는 생각한다, 고로 나는 존재한다"(*Cogito, ergo sum*)라는 논증의 핵심이다. 데카르트는 자신의 신체나 세계의 존재를 의심할 수 있지만, 그가 스스로 존재하지 않는다는 사실을 의심할 수 없다는 점을 설명하고 있다. 의심하고 있다는 사실 자체가 그가 존재한다는 것을 증명하기 때문이다. 자신이 생각하지 않는다면 존재에 대한 어떤 증거도 가질 수 없을 것이라고 말하면서, 생각하는 '나'는 몸과는 완전히 다른 독립적인 실재인 '영혼'이라는 정신과 신체의 이원론을 제시하고 있다.—옮긴이

토론하기: 데카르트의 이 논증을 재구성하여 전제-결론 형식으로 나타낼 수 있는가?

아래는 그 논증을 하나의 방식으로 정리한 예시다.

데카르트의 논증

1. 나는 내가 존재하지 않는다는 것을 상상할 수 없다.
2. 나는 내 신체가 존재하지 않는다는 것을 상상할 수 있다.
3. 내가 존재하지 않는다는 것을 상상할 수 없고 내 신체가 존재하지 않는다는 것을 상상할 수 있다면, 나는 내 신체가 가지지 않은 특성을 가지고 있는 것이다.
4. 그러므로 나는 내 신체가 가지지 않은 특성을 가지고 있다.
5. 내가 내 신체가 가지지 않은 특성을 가지고 있다면, 나는 내 신체와 동일하지 않다.
6. 그러므로 나는 내 신체와 동일하지 않다.

이 논증에서 주목할 점은 데카르트가 '마음'을 직접적으로 언급하지 않는다는 것이다. 대신에 그는 '나'라는 자아, 즉 '나'라는 표현이 지시하는 바에 집중한다. 그러나 이것은 결국 마음의 비물리성을 옹호하는 논증과 다르지 않다. 데카르트는 자아를 사유/사고하는 존재로 이해하며 사유는 마음의 본질이기 때문이다. 따라서 자아에 대한 논의는 곧 마음의 비물리성을 주장하는 논증으로 해석될 수 있다.

이 논증을 어떻게 평가해야 할까? 앞서 재구성한 방식대로라면 이 논증은 분명히 형식적으로 타당하다. 전제1, 2, 3은 하위 결론인 4를 도출하며, 이 결론은 전제5와 결합하여 최종 결론을 이끌어 낸다. 그러나 이 결론은 데카르트의 이원론이 포함하는 모든 주장, 즉 마음과 신체가 인과적으로 상호작용한다는 주장을 정당화하지는 않는다. 그럼에도 이 논증은 마음과 신체의 구별을 보여 줌으로써 이원론적 마음 이론을 구축할 수 있는 철학적 토대를 마련하는 데에는 충분하다.[26]

전제들의 진리에 대해 고찰해보자. 전제2는 상당히 타당해 보인다. 이 주장은 중요한 의미에서 '상상 가능성'에만 초점을 맞춘 비교적 약한 주장이다. 전제2는 내 신체가 존재하지 않는다는 사실을 주장하는 것이 아니라 내 신체가 존재하지 않을 수 있다는 가능성, 즉 신체의 부재를 상상할 수 있다는 점에 관한 것이다. 이는 우리가 상상할 수 있는 범위에 대한 논의에 국한된다.

그러나 전제1에 대해서는 의문이 제기될 수 있다. 우리는 왜 자신이 존재하지 않는다는 것을 상상할 수 없을까? 우리가 이 세상에 존재하지 않았다면 세상이 어땠을지를 궁금해질 때가 있지 않은가? 여기서 중요한 점은 상상하는 주체가 여전히 '나'라는 사실이다. 상상하는 순간, 우리는 필연적으로 존재해야 한다. 상상하는 행위 자체가 마음의 기능이기 때문에 내가 존재하지 않는 우주를 상상한다는 것 자체가 내가 존재하며 그 우주를 상

26　이 논증만으로는 이원론적 마음 이론이라고 할 수 없다. 마음과 몸의 구분을 인정하면서도 물리주의를 유지하는 비환원적 물리주의 이론들도 있기 때문이다. 이러한 물리주의 이론들은 정신이 물리적인 것에 의해 좌우된다고 주장한다. 즉, 정신이 어떤 방식으로든 물리적인 것에 의해 제약을 받는다는 것이다. 하지만 상위성에 대한 정의와 그 다양한 형태에 대한 논의는 여기서 다루기에는 너무 멀리 나아가는 것이다.

9장. 마음

상하고 있음을 전제한다. 이는 명시적으로 드러나지 않지만 내가 존재하지 않다고 상상할 때도 내가 반드시 존재해야 한다는 사실을 입증하는 중요한 논거로 보인다.

전제5에 대해서는 어떻게 이해해야 할까? 이 전제는 비교적 논란의 여지가 없어 보인다. 그 근거는 x와 y가 동일하기 위해서는 반드시 모든 속성을 공유해야 한다는 원칙에 기초하고 있다. x가 어떤 속성 예를 들어 '파란색'이라는 속성을 가지고 있고, y는 그 속성을 가지지 않는다면 x와 y가 동일할 수 없다는 결론이 도출된다. x와 y가 공유하지 않는 속성이 존재한다는 사실 자체가 그들이 동일하지 않다는 명백한 증거이다. 이는 거의 자명한 진리로 보이며, 따라서 첫 번째 분석에서는 이 논증이 매우 설득력 있게 다가온다.

토론하기: 이 논증이 데카르트가 인용된 부분에서 제시한 논리를 정확하게 반영한다고 생각하는가? 그리고 데카르트의 이원론 논증에 대해 어떻게 평가할 수 있을까?

철학에서는 문제들이 이렇게 명료하게 정리되지 않는다. 이 논증에 대한 반론 중 하나는 놀랍게도 전제1과 2에서 전제4로 이어지는 추론, 즉 전제3의 조건문에 결함이 있다는 지적이다. 이 조건문의 진위는 '상상 가능성'이라는 속성이 실제로 어떤 존재의 '실질적' 속성으로 간주되는지에 달려 있다. 상상 가능성은 우리가 어떤 존재에 대해 특정 방식으로 사고하는 것에 불과하며, 그 존재 자체에 대한 진실을 반영하는 것은 아닐 수 있다는 점에서 문제를 제기한다. 즉 내 신체가 존재하지 않는다고 상상할 수 있다는 사실은 단지 내가 신체에 대해 생각하는 방식의 표현일 뿐, 신체 자체에 대해 어떤 실질적인 정보를 제공하는 것은 아니라는 주장일 수도 있다.

하나의 사례로 도널드 트럼프를 생각해보자. 그는 미국인이다. 그러나 도널드 트럼프를 한국인이라고 잘못 생각할 수도 있다. 이로부터 도출될 수 있는 결론은 도널드 트럼프가 미국인이 아닐 수 있다는 상상이 가능하다는 것이다. 하지만 '미국인이 아닐 수 있다는 상상 가능성'이 도널드 트럼프의 실제 속성일 수 있을까? 그것은 아마도 그저 도널드 트럼프를 생각하는 방식일 뿐일 것이다. 후자가 더 합리적인 견해일 것이다.[27] 그렇다면 도널드 트럼프가 실제로 미국인이라는 사실에도 불구하고, 도널드 트럼프에 대해 생각하는 방식과 그가 실제로 어떠한 존재인지 사이에는 필연적인 연결고리가 존재하지 않는다는 결론을 우리는 내릴 수 있다.

이 예시는 데카르트의 주장에 대한 반례를 구성하는 방식 중 하나를 제시한다. 슈퍼맨을 예로 들어보자. 외부 관찰자로서 우리는 슈퍼맨과 클라크 켄트의 동일성을 알고 있다. 그러나 로이스 레인, 렉스 루터 등 몇몇 소수를 제외하면 슈퍼맨과 클라크 켄트가 같은 인물이라는 동일성은 외부 사람들에게 알려지지 않았다. 예를 들어 지미 올슨은 슈퍼맨의 정체를 전혀 알지 못한다. 지미는 슈퍼맨은 날 수 있지만, 클라크 켄트는 날 수 없다고 생각한다. 즉 슈퍼맨은 클라크 켄트가 갖고 있지 않은 속성, 즉 '지미 올

---

27 이 주장은 본질적 속성과 우연적 속성에 대한 논의로 쉽게 이어진다. 일부 철학자들은 인간임이 우리의 본질적인 속성이라고 주장했다. 이를테면 버락 오바마가 인간이라는 사실을 가정하면, 오바마를 무생물로 상상할 수는 없다. 즉 인간이라는 속성은 오바마의 본질적인 속성이다. 반면에 오바마가 2008년 미국 대선에서 패배할 수도 있었던 것처럼, 그가 미국의 44대 대통령이라는 사실은 오바마의 우연적 속성이다.

슨이 생각하는 날 수 있는 속성'을 가진 것처럼 보인다. 하지만 이러한 차이가 슈퍼맨과 클라크 켄트가 동일 인물이 아님을 증명하는 것일까? 물론 그렇지 않다. 우리는 슈퍼맨과 클라크 켄트가 동일하다는 것을 알고 있기 때문이다.

이를 반례로 구체화하려면 데카르트의 논증의 형식적 구조에 클라크 켄트, 슈퍼맨, 지미를 대입하면 된다.

슈퍼맨 반례

1. 클라크 켄트는 지미가 클라크 켄트가 날 수 없다고 생각하는 속성을 가지고 있다.
2. 슈퍼맨은 지미가 슈퍼맨이 날 수 있다고 생각하는 속성을 가지고 있다.
3. 클라크 켄트가 지미가 날 수 없다고 생각하는 속성을 가지고 있고, 슈퍼맨이 지미가 날 수 있다고 생각하는 속성을 가지고 있다면, 클라크 켄트는 슈퍼맨과 다른 속성을 가진다.
4. 그러므로 클라크 켄트는 슈퍼맨과 다른 속성을 가진다.
5. 클라크 켄트가 슈퍼맨과 다른 속성을 가진다면, 클라크 켄트는 슈퍼맨과 동일하지 않다.
6. 그러므로 클라크 켄트는 슈퍼맨과 동일하지 않다.

결론이 거짓임이 분명하기 때문에, 우리는 논증 과정에 어떤 문제가 있었음을 알 수 있다. 이 논증이 타당하다면 오류는 전제 중 하나에 분명 있을 것이다. 앞서 간략히 논의한 바에 따르면, 문제가 될 가능성이 가장 높은 것은 전제3이다. x와 y에 대해 누군가가 상정하는 방식의 차이에 근거해 x

와 y 사이의 차이를 주장하는 것은 근거가 부족하다는 점이다. 바로 이 전제에 의존했기 때문에 거짓된 결론에 도달한 것으로 보인다.

토론하기: 데카르트의 논증에 대한 반론을 어떻게 생각하는가? 슈퍼맨이 정말 데카르트의 논증에 대한 반례로 적절한가?

동일성 이론에 대한 논증

오랫동안 데카르트의 이원론적 마음 이론에 대한 불만이 커지면서 점차 물리적 일원론 관점에서 마음을 설명하려는 시도가 이루어졌다. 이제 마음이 뇌와 동일하다는 동일성 이론을 지지하는 논증을 살펴보자. 다음은 동일성 이론의 초기 옹호자 중 한 명인 존 J. C. 스마트의 주장이다.

> 왜 나는 이원론에 반대하는가? 주된 요인은 오컴의 면도날 논증 때문이다. 과학이 점차 생명체를 물리 화학적 기제로 설명할 수 있는 관점을 제시한다고 생각되기 때문이다. 심지어 인간의 행동마저 언젠가는 기계론적 방식으로 설명될 수 있다고 본다. 과학적 관점에서 보면 세계는 점점 더 복잡해지는 물리적 구성 요소들의 배열로만 이루어진 것처럼 보인다. 한 가지 예외가 있다. 바로 의식이다. 감각과 의식 상태는 물리적 설명에서 벗어난 유일한 사례처럼 보인다. 하지만 여러 이유로 나는 이것이 사실일 수 없다고 생각한다. 모든 것이 물리학적 용어로 설명될 수 있어야 하는데, 생물학은 물리학과 함께 그 구성 요소

들이 어떻게 결합되는지를 설명하며 거칠게 말해 생물학은 물리학에 대한 라디오 공학과 같은 위치에 있다. 그런데 감각의 발생만이 그 예외라는 것은 나에게는 믿기 어려운 주장이다.

스마트(1959)

스마트는 이 글에서 **오컴의 면도날 논증**을 언급한다. 이 개념은 '절약성 법칙' 또는 '단순성 원리'로도 알려져 있는데, 철학자 윌리엄 오컴에게서 유래한 말이다. 오컴은 이 개념을 사용하여 자신이 선호하는 철학적 견해를 옹호했다. 이는 "모든 것이 동일하다면 가장 단순한 설명이 대체로 가장 좋은 설명"이라는 논증이다.

특정 현상, 가령 태양과 행성들이 하늘을 가로지르는 움직임을 고찰해 보자. 이 움직임을 설명하는 하나의 이론은 천동설이다. 천동설은 지구를 태양계의 중심으로 보고 다른 행성들과 태양이 지구를 공전한다고 주장한다. 이에 반대되는 이론은 지동설이다. 지동설은 태양을 중심으로 하고 지구를 포함하여 행성들이 태양을 공전한다고 설명한다. 두 이론이 관측적으로 동일하다고 가정해보자. 즉 두 이론 모두 하늘에서 태양과 행성의 위치에 대한 정확한 예측을 제공하는 데 있어 동등한 능력을 가지고 있다. 따라서 관측의 측면에서 두 이론을 구분할 수 없다.

그렇다면 어떤 이론이 더 나은지를 어떻게 결정해야 할까? 오컴의 면도날에 따르면, 우리는 더 단순한 이론을 선택해야 한다. 오컴의 면도날을 지동설에 유리하게 사용하는 한 가지 방식은 행성들의 역행 운동에 관한 것이다. 지구에서 관찰할 때 행성들은 특정 지점에서 운동 방향이 바뀌어 뒤로 가는 것처럼 보인다. 천동설에서는 이를 설명하기 위해 행성들이 지구 주위를 큰 궤도로 공전할 뿐 아니라, 큰 궤도 안에서 보이지 않는 또 다른 점을 중심으로 작은 궤도로도 공전한다고 설명해야 한다. 이러한 작은 궤도를 '주전원'(epicycles)이라고 부른다.

지동설은 역행 운동을 어떻게 설명할까? 지동설에 따르면 지구를 포함하여 모든 행성이 태양을 중심으로 공전하므로 역행 운동은 각 행성이 태양 주위를 도는 큰 궤도의 결과로 자연스럽게 설명된다. 또 다른 작은 궤도를 가정할 필요가 없다. 이런 점에서 지동설은 천동설보다 더 단순하다. 지동설은 주전원을 가정하지 않고도 행성과 태양이 하늘에서 움직이는 모든 관찰 데이터를 설명할 수 있기 때문이다. 이 점을 고려하면 오컴의 면도날을 사용하여 지동설이 천동설보다 더 타당하다는 논거로 삼을 수 있다. 더 단순하기 때문에 진리에 더 가까울 가능성이 크다는 것이다.

이제 스마트의 논증으로 돌아가 이를 다음과 같이 정리할 수 있다.

스마트의 논증

1. 동일성 이론은 이원론보다 더 단순하다.
2. 동일성 이론이 이원론보다 더 단순하다면 동일성 이론이 선호되어야 한다.
3. 그러므로 동일성 이론이 선호되어야 한다.

전제1과 2가 결론을 이끌어 내기 때문에 이 논증은 타당하다. 그러나 전제 1과 2의 진리에 대해 어떻게 평가해야 할까? 전제2는 기본적으로 이론 선택 과정에서 폭넓게 수용되는 오컴의 면도날에 근거하고 있으므로 스마트의 논증에 반대하려면 전제1을 거부해야 한다. 하지만 이는 이원론자에게 결코 쉬운 일이 아니다.

9장. 마음

스마트는 과학적 성공 사례를 근거로 자신의 주장을 뒷받침한다. 생물학, 화학, 물리학 같은 물리주의 틀 안으로 기존 현상들을 점진적이고 성공적으로 통합해온 과학 역사를 볼 때, 단 하나의 현상만을 물리적 설명의 범위 밖에 남기는 것은 비합리적이라는 것이다. 동일성 이론을 채택하면 과학적 설명의 궤적을 일관되게 유지할 수 있으므로 이원론을 채택하는 것보다 더 '단순한' 선택이 된다. 반면에 이원론을 채택하는 것은 과학적 설명에 예외를 허용해야 한다는 점에서 비효율적이다. 이 논지는 과학이 결국 모든 것을 물리주의 틀 안에서 설명할 것이지만 마음은 원칙적으로 과학적 설명에 저항할 것이라는 생각에서 출발한다. 더 분명한 이유는 동일성 이론이 이원론보다 단순하다는 점에서 찾을 수 있다.

더 명백하게는 동일성 이론은 정신 현상을 설명하기 위해 추가적인 존재를 가정할 필요가 없기 때문이다. 물리적 상태와 별개의 정신적 상태가 존재하여 정신적 현상과 물리적 현상을 설명해야 한다고 주장하는 대신, 동일성 이론은 정신 상태가 물리적 뇌 상태와 동일하다고 주장함으로써 오직 물리적 현상만 설명하면 된다. 따라서 오컴의 면도날 논증을 따를 때 동일성 이론이 이원론보다 더 선호되어야 한다는 결론은 자명해보인다.

토론하기: 이 논증이 스마트의 논리를 정확하게 반영한다고 생각하는가? 스마트의 동일성 이론에 대한 논증에 대해 어떻게 평가하는가?

스마트의 논증에 대한 자연스러운 반론 중 하나는 두 입장, 즉 동일성 이론과 이원론이 관찰 측면에서 동등하다는 가정을 문제 삼는 것이다. 결국 오컴의 면도날 논증은 관찰 측면에서 동등한 이론들 사이에서 선택할 때만 사용되어야 한다. 태양계 논쟁으로 돌아가면, 천동설이 지동설보다 태양과 행성들의 위치를 더 정확히 예측했다면 오컴의 면도날을 사용해 천동설을 배제하는 것은 실수가 되었을 것이다. 따라서 동일성 이론과 이원론이 관찰 측면에서 동등한가, 즉 이들이 마음에 관한 모든 관찰을 적절히 설명할 수 있는가를 의문시할 수 있다.

이 점에서 확신에 찬 이원론자들은 동의하지 않을 수 있다. 그들은 정신 상태가 물리적 현상에 불과한 것으로는 설명할 수 없는 다양한 특징들을 지니고 있다고 주장하며, 이러한 특징들을 설명하기 위해서는 정신 상태가 비물리적이어야 한다고 주장할 수 있다. 예컨대 우리가 느끼는 감정이나 경험은 어떻게 설명할 것인가? 단지 분자와 전기 신호만으로 구성된 과학적 이론만으로 우리의 걱정, 고통의 경험 같은 것을 이해할 수 있을까? 이러한 정신적 현상이 순전히 물리적 우주에서 왜 발생하는가? 이원론자는 정신 상태를 단순한 물리적 과정으로 환원할 수 없으며 마음을 온전히 설명하기 위해서는 더 많은 것이 필요하다고 주장할 수 있다.

따라서 이원론자는 스마트의 논증을 수정하여 오컴의 면도날 논증에 암묵적으로 내포된 관찰적 동등성 주장을 명시적으로 제기하고 싶어 할 것이다.

스마트의 수정된 주장

1. 동일성 이론은 이원론보다 더 간결하다.
2. 동일성 이론과 이원론은 관찰 측면에서 동등하다.
3. 동일성 이론이 이원론보다 더 간결하고, 동일성 이론과 이원론이 관찰 측면에서 동등하다면 동일성 이론이 선호되어야 한다.

4. 그러므로 동일성 이론이 선호되어야 한다.

이렇게 진술된 경우 이원론자는 준비된 반론을 제시할 수 있다. 이원론자는 수정된 논증의 전제2가 거짓이라고 주장할 수 있다.

기능주의

동일성 이론은 인기에 반해 결국 많은 비판을 받았다. 놀랍게도 이러한 비판은 이원론에서 나온 것이 아니라 새로운 유형의 물리주의에서 나왔다. 비판자들은 동일성 이론이 인간의 뇌 상태와 정신 상태를 동일시함으로써 마음을 연구하는 데 인간의 신경생물학을 특권화하는 결과를 초래할 수 있다고 주장했다. 가령 고통을 느끼는 정신 상태가 특정 뇌 상태, 즉 C-섬유가 전기 자극을 받는 상태와 동일시된다면, 이는 다른 물리적 구성을 가진 생명체가 고통을 느낄 가능성을 배제하는 것처럼 보인다. 인간과 동일한 유형의 신경섬유가 없는 다른 동물들은 어떻게 되는가? 그들이 고통을 느끼지 않는다고 말해야 하는가? 고통을 느끼는 상태가 C-섬유의 전기 자극 상태와 동일하다면, C-섬유를 가지지 않은 인간이 아닌 동물들은 고통을 느낄 수 없다는 결론에 이르게 된다. 그러나 인간이 아닌 동물도 고통을 느낀다!

　나아가 우주의 다른 부분에서 존재할 수 있는 생명체를 고려해보자. C-섬유를 가진 생명체만이 고통을 느낄 수 있다고 확신할 수 있는가? 실리콘처럼 완전히 다른 물질로 구성된 외계 생명체는 어떻게 되는가? 동일성 이론은 마음을 뇌와 동일시하는 매우 강한 주장에 의존한다. 이 이론에 따르면 이러한 외계 생명체는 정의상 고통을 경험할 수 없다는 결론에 이르게 된다.

이 주장이 너무 지나치다고 생각하는 이들도 많다. 20세기의 영향력 있는 철학자 힐러리 퍼트넘은 고통 같은 정신 상태가 특정한 물리적 상태와 동일시될 수 없다고 주장한다. 고통을 느끼는 정신 상태는 표현 방식에 있어서 제한적이지 않다. C-섬유를 가진 인간도 고통을 느낄 수 있고, C-섬유가 없는 동물도 고통을 느낄 수 있으며, 이론적으로는 완전히 다른 비유기 물질로 구성된 외계 생명체 역시 고통을 느낄 수 있다. 요컨대 퍼트넘은 고통 같은 정신 상태는 **다중 실현 가능성**을 가진다고 주장한다. 즉 정신 상태는 여러 방식으로 실현될 수 있다는 것이다. 퍼트넘의 주장을 요약한 다음의 인용문을 살펴보자.

> 동일성 이론가가 자신의 주장을 성립시키기 위해 해야 할 일을 생각해보자. 그는 특정 물리-화학적 상태를 명확히 제시해야 하며 어떤 생명체든 고통을 느끼는 조건은 다음과 같아야 한다. (a) 해당 생명체가 적절한 물리-화학적 구조를 가진 뇌를 가지고 있을 것, (b) 그 뇌가 특정 물리-화학적 상태에 있을 것. 이는 논의 중인 물리-화학적 상태가 포유류의 뇌, 파충류의 뇌, 연체동물의 뇌 등에서 가능한 상태여야 함을 뜻한다. 동시에 고통을 느낄 수 없는 물리적으로 가능한 생명체의 뇌에서는 이러한 상태가 발생할 수 없어야 한다는 것이다. 물론 그러한 상태가 발견될 가능성을 완전히 배제할 수는 없다. 우주 전역에서 평행 진화가 항상 동일한 물리적 "상관물"로 이어질 가능성이 전혀 없

는 것은 아니기 때문이다. 그러나 이는 분명히 지나친 가설이다.

퍼트넘(1967)

다중 실현 가능성이라는 개념이 정신 상태에만 적용되는 것은 아니다. 와인오프너의 개념을 생각해보자. 그 본질은 무엇일까? 와인오프너의 본질은 코르크 스크류에 있는가? 그렇다면 쌍갈래 코르크 오프너는 어떻게 설명할 수 있을까? 그것이 진정한 와인오프너가 아니라고 말해야 할까? 그렇지 않다. 비록 코르크 스크류가 없더라도 쌍갈래 코르크 오프너도 와인오프너라고 해야 할 것이다. 이는 와인오프너의 본질이 코르크 스크류에 있지 않기 때문이다. 본질은 도구가 수행하는 역할, 즉 와인 병에서 코르크를 제거할 수 있는 기능에 있다. 따라서 코르크 스크류는 와인오프너의 본질적 조건이 아니다. 이 점에서 와인오프너는 역할로 본질이 규정되며 역할을 수행할 수 있는 다양한 메커니즘이 존재하기 때문에 다중 실현 가능하다고 할 수 있다.

퍼트넘의 주장은 다음과 같은 전제-결론 형식으로 정리될 수 있다.

퍼트넘의 논증

1. 적어도 일부 정신 상태는 서로 다른 물리적 상태에 의해 다중 실현 가능하다.
2. 일부 정신 상태가 서로 다른 물리적 상태에 의해 다중 실현 가능하다면 적어도 일부 정신 상태는 특정한 하나의 물리적 상태와 동일할 수 없다.
3. 따라서 적어도 일부 정신 상태는 특정한 하나의 물리적 상태와 동일할 수 없다.

고통을 느끼는 것 같은 정신 상태를 본질적인 수행 역할로 규정한다면, 정신 상태들이 다중 실현 가능하다는 믿음은 자연스러운 것이다. 다시 말해 정체성 이론을 유지하는 것이 점점 더 어려워질 수 있다. 이에 대한 자연스러운 답은 정신 상태의 다중 실현 가능성을 존중하는 마음 이론을 개발하는 것이다. 여기에서 **기능주의**가 등장한다. 기능주의에 따르면, 정신 상태의 본질은 그것이 구성된 물질이 아니라 특정 정신 내에서 수행하는 역할에 있다. 이 관점은 정신 상태를 물리적 상태가 아닌 기능적 상태로 간주하려는 시도를 반영한다. 따라서 기능주의적 마음 이론은 이원론과 정체성 이론의 중간에 위치하면서 두 이론의 장점을 통합한 것으로 볼 수 있다. 이원론처럼 마음을 물리적인 어떤 것과 동일시하지 않으면서도 정체성 이론처럼 물리적 일원론을 지지하면서 정신 상태를 실현하는 상태들이 물리적이라고 주장하는 것이다.

이 개념을 더 잘 이해하기 위해 이전 장에서 다룬 함수 정의로 돌아가 보자. 함수 정의의 핵심 구성 요소는 무엇인가? 함수 정의의 기본 구조는 [그림 9.1]에 제시되어 있다.

[그림 9.1] 함수 정의의 기본 구조

함수 정의는 함수 이름, 입력 변수, 코드 블록으로 이루어져 있다. 코드 블록에서 중요한 부분 중 하나는 return 문인데, 이는 함수가 출력값을 반환할지 말지를 결정한다.

앞에서 살펴본 것처럼 함수를 만들고 사용하는 장점 중 하나는 추상화 역할을 한다는 것이다. 추상화를 통해 함수 사용자는 필요한 부분에만 집중하고 불필요한 세부 사항은 무시할 수 있다. 좋은 함수라면 사용자가 신경써야 할 것은 입력과 출력의 관계뿐이며, 코드 내부에서 무슨 일이 벌어지는지는 신경 쓰지 않아도 된다. 함수의 구현 방식에 신경 쓰지 않고 더 높은 수준에서 개념적으로 사고하면 되는 것이다. 자동차 예시를 떠올려 보라.

게다가 함수는 구현 세부 사항을 추상화하기 때문에 자연스럽게 다중 실현 가능성을 갖는다. 다음 함수를 보자.

```python
def multiply_1(x,y):
    return x * y
```

그렇다. * 연산자가 존재하기 때문에 `multiply_1` 함수는 그다지 유용하지 않을 수 있다. 하지만 이 함수는 입력-출력 동작을 수행한다. 우리는 이와 동일한 기능을 하는 함수를 다음과 같이 다시 작성할 수 있다.

```python
def multiply_2(x,y):
    result = 0
    for i in range(y):
        result += x
    return result
```

연습문제 9.1: 이 함수를 또 다른 방식으로 작성할 수 있는가? while 반복문을 사용하면 어떠한가?

multiply_2 함수는 입력-출력 작동 측면에서 multiply_1과 정확히 같은 기능을 수행한다. 두 함수 모두 숫자 입력 x와 y를 받아서 그 곱을 반환한다. 입력-출력 작동만 보면 두 함수는 동일하다. 동일한 입력값을 주면 두 함수 모두 같은 결과 값을 반환한다. 즉 기능적으로 동일하다고 할 수 있다. 하지만 두 함수는 서로 다른 방식으로 구현되어 있다. 하나는 for 반복문을 사용하고 다른 하나는 그렇지 않다. 하나는 곱셈 연산자를 사용하고, 다른 하나는 사용하지 않는다.

　이와 같은 관점에서 우리는 정신 상태를 입력과 출력의 작동으로 이해할 수 있다. 어떤 생명체의 마음이 특정 입력을 받으면 그 입력이 특정 출력으로 이어지게 된다. 관련된 정신 상태를 이 입력-출력 과정을 처리하는 함수로 생각할 수 있다. 그렇다면 고통이라는 정신 상태의 경우 어떤 입력과 출력이 있을까? 고통 함수는 어떤 입력과 출력을 처리할까?

　생명체의 신체 내부와 외부에서 다양한 입력이 있을 수 있다. 머리에 돌을 맞는 것처럼 외부 입력으로는 살아 있는 신체에 물리적 손상을 입히는 사건이 있을 수도 있고, 내부 입력으로는 바이러스가 간을 공격하는 것처럼 장기에 손상을 주는 일이 있을 수도 있다. 이러한 입력이 고통 함수에 주어지면 그 함수는 특정 출력을 반환한다. 출력은 외부와 내부에서 나타나는 반응을 포함할 수 있다. 예컨대 생명체가 "아야!" 소리를 지르거나 고통을 멈추고 싶은 마음이 들게 할 수도 있다.

　여기서 중요한 점은 고통 함수의 실제 구현 방식에 대해서는 언급하지 않았다는 것이다. 함수가 어떻게 실현되는지는 논의되지 않았다. C-섬유

신경세포가 반드시 고통을 실현해야 한다고 말하지 않았다. 물론 인간에게는 C-섬유가 고통을 실현하는 역할을 하지만 다른 생명체는 다른 신경세포로 같은 기능을 수행할 수도 있다. 심지어 유기물이 아닌 물질로 이루어진 외계 생명체도 이 기능을 실현할 수 있을 것이다.

튜링 테스트

AI 연구의 야심 찬 분야에서는 기능주의적 마음 이론을 바탕으로 컴퓨터도 마음을 가질 수 있다는 주장을 쉽게 설명하려고 한다. 기능주의가 옳다면 충분히 정교하고 강력한 컴퓨터도 정신 상태를 가지지 못할 이유는 없다. 즉 컴퓨터가 마음을 가질 수 있거나 컴퓨터 자체가 마음일 수 있다는 것이다. 현재까지 알려진 바로는 실리콘 기반 물질이 뇌처럼 유기적 물질과 같은 기능을 수행하지 못할 이유는 없다. 따라서 지능이 마음의 한 특징이라면 AI도 충분히 마음을 가질 수 있다. 지금까지의 논의를 바탕으로 보면 인공지능이 아니라 '인공 마음'이 가능하다고 말하는 것이 더 정확할지도 모른다. 왜 컴퓨터가 우리가 경험하는 고통 같은 다양한 정신 상태를 가질 수 없다고 해야 할까?

1950년 영국 수학자이자 컴퓨터 이론의 선구자 앨런 튜링은 '컴퓨팅 기계와 지능'이라는 영향력 있는 논문을 발표하며 "컴퓨터가 생각할 수 있는가?"라는 질문을 던졌다. 하지만 이 질문이 의미 있으려면 '생각'의 명확한 정의부터 내려야 한다고 지적했다. 그렇다면 어떤 존재에게 '생각'한다고 말하기 위한 합의된 정의나 필요충분조건이 있을까?

토론하기: 개념 분석을 직접 해보자. 누군가나 무언가가 '생각'한다고 말할 수 있는 필요충분조건은 무엇일까?

'생각'이라는 개념을 분석하는 것이 어려웠을 것이다. 나아가 무작정 친구에게 이 개념에 대한 분석을 요청했다면 친구가 제시한 분석이 자신의 것과 다를 가능성이 높다.

튜링은 이에 대해 흥미로운 접근을 시도했다. 그는 원래 질문이 "논의할 가치조차 없을 정도로 무의미하다"라고 판단하여 이를 '밀접하게 연관된' 새로운 질문으로 대체하기로 했다. 그는 대체 질문이 '생각'이라는 단어를 둘러싼 모호함을 피할 수 있는 방식으로 제시될 수 있다고 보았다. 즉 튜링이 '생각'이라는 개념을 조작적으로 정의했다고 표현할 수 있다. 튜링은 이를 위해 이른바 '모방 게임'을 변형한 질문을 도입했다. 아래는 튜링이 이 게임을 설명한 내용이다.

> 이 게임은 세 명의 사람, 즉 남성(A), 여성(B), 두 사람 중 남성과 여성을 추측해야 하는 심문자(C)로 구성된다. 심문자는 남성과 여성으로부터 분리된 방에 있으며 성별은 상관없다. 심문자의 목표는 두 사람 중 누가 남성이고 누가 여성인지를 알아내는 것이다. 심문자는 그들을 각각 X와 Y로만 알고 있으며, 게임이 끝날 때 'X는 A이고 Y는 B이다' 혹은 'X는 B이고 Y는 A이다'라고 결론을 내린다. 심문자는 A와 B에게 다음과 같은 식으로 질문할 수 있다. X는 자신의 머리 길이를 말해 주시겠습니까? 만약 X가 실제로 A라면 A는 대답해야 한다. 게임에서 A의 목표는 심문자가 잘못된 판단을 내리도록 유도하는 것이다. 따

라서 A의 대답은 다음과 같을 수 있다. "제 머리는 단발로 가장 긴 머리카락은 약 9인치 정도입니다." 심문자가 목소리로 도움을 받을 수 없도록 답변은 글로 작성되거나, 타자로 입력하는 방식이 이상적이다. 최적의 설정은 두 방 사이에 통신을 담당하는 전신 타자를 사용하는 것이다. 혹은 질문과 답변을 중간 전달자가 반복하여 전달할 수도 있다. 세 번째 참가자인 B의 목표는 심문자를 돕는 것이다. 그녀가 취할 수 있는 최선의 전략은 진실된 답변을 하는 것이다.

튜링(1950)

이 게임은 파티에서 즐길 수 있는 흥미로운 놀이처럼 들린다. 튜링은 이 게임을 변형하여 컴퓨터가 게임에서 A의 역할을 맡고 인간이 B의 역할을 맡는다면 어떤 일이 벌어질지 궁금해했다. 이러한 변형된 모방 게임은 이후 튜링 테스트로 알려지게 되었다. 튜링의 주장에 따르면, 컴퓨터가 A의 역할을 매우 효과적으로 수행하여 심문자 C가 X가 A인지(Y가 B인지) 혹은 X가 B인지(Y가 A인지)를 판별할 수 없게 된다면 그 컴퓨터는 생각을 할 수 있다고 간주된다. 물론 컴퓨터가 항상 인간 심문자를 완벽하게 성공적으로 속이리라고 기대할 수는 없다. 심지어 컴퓨터가 인간을 완벽히 모방하더라도 심문자가 오직 무작위로 추측할 경우 약 절반의 정확도를 기록할 가능성이 있다. 따라서 컴퓨터가 튜링 테스트를 통과했다고 말할 수 있는 기준은 인간 평가자가 절반 이상의 정확도로 기계와 인간을 구별할 수 없는 경우다.[28] 즉 질문자가 결국 추측해야만 하는 상황이라면 튜링은 그 컴퓨터가

---

28   일부는 컴퓨터가 이미 튜링 테스트를 통과했다고 주장하기도 했다. 13세 우크라이나 소년을 시뮬레이션한 유진 구스트만이라는 프로그램이 있다. 하지만 이는

실제로 '생각'한다고 간주할 것이다.

토론하기: 튜링 테스트에 대해 어떻게 생각하는가? 컴퓨터의 사고 능력을 평가하기에 적절한 기준이라고 볼 수 있을까?

컴퓨터가 실제로 생각할 수 있다는 주장은 황당하게 들릴 수 있다. 하지만 컴퓨터가 일상적인 대화에서 인간과 구별되지 않는 세상을 상상해보자. 자동화된 음성 시스템과 통화하거나 자동화된 문자 메시지로 제품을 구매하거나 자동화된 챗봇과 대화를 나누는 상황을 떠올릴 수 있다. 이런 경우들에서 당신은 자신이 사람과 대화하고 있다고 믿을지도 모른다. 하지만 나중에 대화 상대가 AI 기반 컴퓨터였다는 사실을 알게 된다면 어떻게 반응할 것인가? 상상할 때 중요한 점은 대화 중에 미묘한 이상함을 감지할 수 있다고 착각하지 말아야 한다는 것이다.[29] 처음엔 어떤 반응을 보이든 시간이 지나고 이런 경험이 쌓이면 인간과 컴퓨터가 대화에서 과연 어떤 차이가 있는지 의문을 품게 될지도 모른다. 만약 컴퓨터가 이처럼 정교한 수준에 도달한다면 튜링의 말처럼 "언어 사용 방식과 일반적인 견해가 변해서 기계가 생각한다고 말해도 더 이상 반박받지 않는" 시대가 올지도 모른다.

여전히 논란의 여지가 많은 주장으로, 많은 사람은 컴퓨터가 아직 튜링 테스트를 성공적으로 통과하지 못했다고 본다.

29 이 글을 쓰는 시점에서 OpenAI는 최근 GPT-3(Generative Pre-trained Transformer)를 발표했다. 이 언어 모델은 딥러닝을 통해 인간과 비슷한 텍스트를 생성하는 기술이다. 이 기술이 놀랍기는 하지만 여전히 여러 가지 한계가 있다. 중요한 것은 GPT-3는 튜링 테스트를 통과하지 못했고 인간과 차별될 정도로 발전하지도 않았다는 점이다. 이러한 한계를 이 상상 속 실험에 몰래 포함해서는 안 된다!

9장. 마음

중국어 방

컴퓨터가 과연 이처럼 정교한 수준에 도달할 수 있을지는 여전히 미지수다. 만약 그런 일이 가능해진다면 '생각'이라는 단어를 사용하는 우리의 방식도 바뀔 것이다. 하지만 뭔가 부족하다는 느낌이 들 수도 있다. 이 부족함에 대해 미국 철학자 존 서얼은 더 명확하게 설명했다.

서얼은 먼저 AI를 약한 AI와 강한 AI 두 가지로 나눈다. 약한 AI는 컴퓨터가 인간의 마음을 연구하는 데 도움을 줄 수 있다. 반면에 강한 AI는 컴퓨터가 기계적으로 연구를 돕는 것을 넘어 실제로 마음이 될 수 있다. 서얼은 약한 AI는 긍정적이지만 강한 AI에 대해서는 크게 회의적이다.

그가 강한 AI에 회의적인 이유는 기술 발전의 한계 때문만은 아니다. 그의 핵심 주장은 "구문론만으로는 의미론에 충분하지 않다" 즉 형식적 구조만으로는 내용적 의미를 만들지 못한다는 것이다.

이 점은 논리학에서 논증의 형식을 다뤘던 내용을 떠올리면 이해하기 쉽다. 논증 형식은 다양한 내용으로 채워질 수 있지만, 형식만으로는 내용을 알 수 없다. 이는 "구문론만으로는 의미론에 의미론에 충분하지 않다"는 서얼의 말과 정확히 같은 맥락이다. 모순 긍정 논법의 논증 구조를 보여주는 아래 예시를 생각해보자.

논증F_s

1. p이면 q이다.

2. p이다.

3. 그러므로 q이다.

이 논증F_S에서 명시적으로 드러난 형식적 구조는 다음 두 논증에서 발견되는 형식적 구조와 동일하다.

논증₁

1. 앨런 튜링이 영국인이라면 앨런 튜링은 인간이다.
2. 앨런 튜링은 영국인이다.
3. 그러므로 앨런 튜링은 인간이다.

논증₂

1. 힐러리 퍼트넘이 사업가라면 힐러리 퍼트넘은 중국인이다.
2. 힐러리 퍼트넘은 사업가이다.
3. 그러므로 힐러리 퍼트넘은 중국인이다.

여기서 핵심은 논증F_S의 순전히 형식 구조나 구문 구조만으로는 논증의 실제 내용을 결정할 수 없다는 점이다. 이는 논증₁과 논증₂ 모두와 호환되기 때문이다.

서얼은 컴퓨터 프로그램이 전적으로 형식적 또는 구문적 구조로 정의된다고 주장한다. 이를 바탕으로 컴퓨터 프로그램은 결코 의미나 내용을 가질 수 없다는 결론에 이르게 된다. 즉 컴퓨터 프로그램은 단지 형식적일 뿐이고 의미를 가질 수 없다는 것이다. 서얼은 이렇게 설명한다.

프로그램이 순전히 형식적 또는 구문적으로 정의된다는 점은 정신 과정과 프로그램 과정이 동일하다는 견해에 치명적이다. 이유는 매우 간단하다. 정신을 가진다는 것은 형식적 또는 구문적 과정을 갖는 것 이상을 의미하기 때문이다. 우리의 내적 정신 상태는 정의상 특정한 내용을 가진다. 내가 캔자스시티를 생각하거나 차가운 맥주를 마시고 싶어 하거나 이자율이 하락할지 궁금해하는 경우, 각 경우에서 내 정신 상태는 형식적 특징 외에도 특정한 정신적 내용을 가진다. 즉 내 생각이 기호의 문자열로 나타나더라도 그 문자열 자체만으로는 어떤 의미도 가질 수 없기 때문에 충분하지 않다. 내 생각이 어떤 것에 관한 것이라면 문자열은 의미를 가져야 하고, 의미는 생각이 특정 대상에 관한 것이 되게 한다. 한마디로 마음은 구문 이상의 것을 가지며 실제로 의미를 가진다. 컴퓨터 프로그램이 결코 마음이 될 수 없는 이유는 단순히 컴퓨터 프로그램은 구문적일 뿐이고 마음은 구문적 이상이기 때문이다. 마음은 형식적 구조를 넘어 내용을 가진다.[30]

서얼(1984)

---

30 서얼의 주장은 컴퓨터 프로그램이 결코 마음이 될 수 없는 이유를 설명하는 데 초점을 맞춘 것이다. 그는 컴퓨터 프로그램이 단순히 "구문적"이라는 점에 주목하며, 이것이 마음을 설명하기에 충분하지 않다고 주장한다. 여기서 구문적이란 컴퓨터가 기호나 숫자의 조작을 통해 작업을 처리한다는 것을 뜻한다. 즉 컴퓨터는 특정 규칙에 따라 기호를 다룰 뿐 그 기호들이 무엇을 의미하는지를 이해하지 못한다는 것이다. 반면에 인간의 마음은 일차원적인 기호나 형식적인 구조를 넘어서서 "의미"를 가진다고 서얼은 말한다. 우리의 생각에는 항상 어떤 내용이 담겨 있고 특정한 대상을 지향하거나 그에 대한 의미를 가진다. 우리가 캔자스시티를 생각한다거나 차가운 맥주를 마시고 싶다고 할 때, 일의적으로 기호를 다루는 것이 아니라 실제로 그 대상에 대한 의미를 가지고 생각하는 것이다. 서얼은 마음은 형식적인 구문 과정이 아니라 의미 과정을 포함하고 있으므로 컴퓨터 프로그램이 구문 과정만을 처리하는 한 절대 마음을 가질 수 없다고 결론을 내린다. 마음은 형식(구문) 이상의 의미(내용)를 가지고 있으며, 컴퓨터는 이 의미를 이해하거나 다룰 수 없다는 것이다. ─옮긴이

질문: 서얼의 주장을 전제-결론 형태로 논리적으로 분석할 수 있을까?

서얼의 주장을 전제-결론 형태로 표현하면 다음과 같다.

서얼의 논증

1. 컴퓨터 프로그램은 전적으로 구문 구조에 의해 정의된다.
2. 컴퓨터 프로그램이 전적으로 구문 구조에 의해 정의된다면, 컴퓨터 프로그램은 의미 내용을 가질 수 없다.
3. 그러므로 컴퓨터 프로그램은 의미 내용을 가질 수 없다.
4. 마음은 의미 내용을 가질 수 있다.
5. 컴퓨터 프로그램이 의미 내용을 가질 수 없고, 마음이 의미 내용을 가질 수 있다면, 컴퓨터 프로그램은 마음이 될 수 없다.
6. 그러므로 컴퓨터 프로그램은 마음이 될 수 없다.

이렇게 제시된 논증은 타당하다. 하지만 전제1이 참이라고 믿을 이유는 무엇인가? 또 전제2에 담긴 추론이 타당하다고 생각할 이유는 무엇인가? 이 전제들에 대한 직관적인 설득력을 더하기 위해 서얼은 다음과 같은 '중국어 방 논증'을 제시했다.

당신이 방 안에 있다고 상상해보라. 방 안에 중국어 기호들이 가득 담긴 여러 바구니가 있다. 당신은 나처럼 중국어를 한마디도 모른다. 대신에 중국어 기호를 다루는 규칙이 적힌 영어로 된 규칙서가 있다. 이 규칙들은 순전히 구문적인 방식으로 기호를 조작하는 방법을 제시한다. '1번 바구니에서 모양이 복잡한 기호를 꺼내 2번 바구니의 다른 복잡한 기호 옆에 놓으라.' 이런 식이다. 이번에는 방 밖에서 어떤 중국어 기호가 전달되고 당신은 또 다른 규칙에 따라 중국어 기호를 방 밖으로 전달한다고 가정하자. 방 밖의 사람들은 전달된 기호를 '질문'이라 부르고 당신이 내보낸 기호를 '질문에 대한 답'이라고 부른다. 프로그래머들은 프로그램을 설계하는 데 뛰어나고 당신은 기호를 조작하는 능력이 매우 뛰어나다. 그 결과로 당신의 답변은 원어민의 답변과 크게 차이나지 않는다. 그러나 당신은 중국어 기호를 이리저리 이동시키고 들어온 기호에 대해 기호를 내보낼 뿐이다. 이런 상황에서 형식적 기호 조작만으로는 당신이 중국어를 배울 방법은 전혀 없다. 이야기의 핵심은 이것이다. 형식적인 컴퓨터 프로그램을 실행함으로써 외부 관찰자의 관점에서 볼 때 당신은 마치 중국어를 이해하는 것처럼 행동하지만 실제로는 단 한마디 중국어도 이해하지 못한다는 것이다.

서얼(1984)

물론 당신이 중국어를 잘 알고 있다면 이 사고실험은 효과적이지 않을 것이다. 하지만 간단한 해결책이 있다. 중국어를 당신이 전혀 모르는 다른 언어로 바꾸면 된다. 스와힐리어, 베트남어, 힌디어 같은 언어로 바꾸는 것이다. 그러면 이 사고실험은 당신에게 '스와힐리어 방 사고실험'이라고 불리는 게 더 맞을 것이다.

이 사고실험의 핵심은 방 안에 있는 사람이 컴퓨터가 프로그램을 실행할 때 하는 모든 일을 하고 있다는 점이다. 컴퓨터는 자신이 무슨 일을 하고 있는지 실제로 이해하지 못한다. 그저 정해진 규칙에 따라 기호를 적절한 전기 신호로 변환하고 다시 기호를 출력할 뿐이다. 하지만 확실한 것은 방 안에 있는 사람이 원어민의 언어 행동을 완벽하게 흉내 내더라도 그 언어를 이해한 게 아니라는 점이다. 아무리 기호를 잘 조합했다 해도 언어를 이해하는 데에는 전혀 진전이 없다. 서얼은 이러한 아이디어를 다음과 같이 요약했다.

> 방 안에 있는 사람이 중국어를 이해하지 못한다면 다른 어떤 컴퓨터도 중국어를 이해할 수 없을 것이다. 컴퓨터는 당신이 가지고 있지 않은 무언가를 가지고 있는 것이 아니기 때문이다. 당신처럼 컴퓨터가 가지고 있는 것은 해석되지 않은 중국어 기호를 조작하기 위한 형식적 프로그램일 뿐이다. 즉 컴퓨터는 구문은 가지고 있지만, 의미는 가지고 있지 않다.
>
> 서얼(1984)

서얼의 주장이 옳다면, 기능주의적 마음 이론이 옳을 수 없는 이유를 제공하는 셈이다. 강한 AI의 가능성이 기능주의로부터 자연스럽게 도출된다면, 서얼의 논증이 강한 AI가 불가능하다는 것을 보여 준다면, 기능주의는 틀렸다고 봐야 할 것이다.

토론하기: 서얼의 논증을 이렇게 재구성한 것에 대해 어떻게 생각하는가? 서얼의 논리를 충실하게 재구성했다고 생각하는가? 이 논증에 어떤 약점이 있다고 생각하는가?

9장. 마음

서얼의 논증에 대한 대표적 반론 중 하나는 이른바 '시스템 반론'이다. 이 반론을 지지하는 사람들은 중국어 방 안에 있는 사람이 중국어를 이해하지 못한다는 서얼의 주장에는 동의하지만, 서얼이 던진 질문 자체가 잘못되었다고 본다. 우리는 방 안의 사람이 중국어를 이해하는지 물어서는 안 된다. 오히려 이렇게 물어야 한다. "방 전체가 중국어를 이해하는가?" 그렇지 않으면 컴퓨터의 특정 부품, 예컨대 CPU가 중국어를 이해하는지를 묻는 것과 다를 바 없다. 하지만 우리는 CPU가 중국어를 이해한다고 말하고 싶지는 않을 것이다. 우리는 컴퓨터를 더 거시적인 관점에서 말하고 싶은 것일 뿐이다. 비슷하게 나의 일부, 예컨대 측두엽 피질이 중국어를 이해한다고 말하지는 않는다. 오히려 "나"라는 전 인격이 중국어를 이해한다고 본다. 마찬가지로 CPU, 메모리, 마더보드 회로, 프로그램 등이 함께 작동하여 중국어를 이해한다고 볼 수 있다. 따라서 방 안의 사람이 중국어를 이해한다고 말할 수는 없다. 하지만 방 안의 사람, 중국어 기호가 담긴 바구니들, 기호를 다루는 규칙들 등으로 이루어진 복잡한 시스템 전체가 중국어를 이해한다고 보는 것이 더 적절할 수 있다.

중국어 방에 대한 논의는 아직 끝나지 않았고 여전히 활발하게 진행 중이다. 과연 컴퓨터가 생각할 수 있거나 마음을 가질 수 있을까? 미래를 예측하는 것은 어렵지만 최근 몇 년간 컴퓨팅 성능의 놀라운 발전과 기계 학습 기술의 급속한 진화로 인해 컴퓨터가 언어에서 어쩌면 행동에서 인간과 동등해질 날을 상상하기란 그리 어렵지 않게 되었다. 그럼에도 서얼의 주장처럼 구문만으로는 결코 의미를 충분히 설명할 수 없고, 기술이 아무리 발전하더라도 컴퓨터가 진정으로 생각하거나 마음을 가질 수 없을지도 모른다. 반면에 튜링의 주장처럼 언어적으로 인간과 동등한 컴퓨터와 충분히 상호작용하다 보면 우리가 '생각'과 같은 정신적 용어를 분석하는 방식이 변할 수도 있을 것이다.

핵심 요점

- 이원론은 인간이 비물리적 마음과 물리적 몸이라는 두 가지 상이한 실재로 구성되어 있다고 주장한다.
- 동일성 이론은 마음이 뇌와 동일하다는 주장을 기반으로 하는 물리적 일원론의 한 형태이다.
- 기능주의는 마음의 본질을 특정 물리적 구성이 아닌 역할이나 기능에 두며 마음의 다중 실현 가능성을 강조하는 물리주의 이론이다.
- 튜링 테스트는 "기계가 사고할 수 있는가?"라는 철학적 질문을 실험 가능한 방식으로 구체화하려는 시도였다.
- 중국어 방 논증은 형식적 규칙만으로는 의미적 내용을 생성할 수 없다는 점을 통해 강한 AI의 가능성을 부정하는 논증이다.

10장

라이프 게임

이번 장에서는 생명의 진화를 시뮬레이션하는 프로그램을 작성해보기로 하자. 이를 위해서는 지금까지 학습한 파이썬과 계산적 사고의 모든 도구를 활용해야 한다. 이 프로그램은 다음 장에서 다룰 결정론 및 자유의지와 관련된 철학적 문제를 탐구하는 데 유용한 기반이 될 것이다.

셀룰러 오토마타

셀룰러 오토마타(세포 자동자) 개념은 폴란드 수학자이자 물리학자 스타니슬라프 울람이 처음 발견한 것으로 알려졌다(Bialynicki-Birula & Bialynicki-Birula, 2004). 이후 영국 수학자 존 콘웨이는 특정한 셀룰러 오토마타를 고안하여 이를 대중적으로 널리 알렸다(Gardner, 1970).

콘웨이의 '라이프 게임'은 2차원 격자에서 작동하는 셀룰러 오토마타로 각
셀은 두 가지 상태(생존 또는 사망) 중 하나를 가진다. 각 셀은 수평, 수직, 대
각선 방향으로 최대 8개의 인접한 셀(이웃)을 가진다. 격자의 가장자리에는
8개의 이웃이 없는 셀도 존재하며, 예를 들어 격자 모서리에 있는 셀은 3개
의 이웃만 가진다.

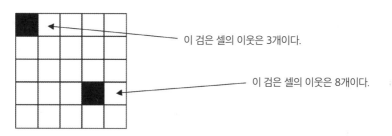

[그림 10.1] 5×5 2차원 셀룰러 오토마타

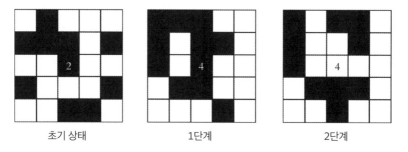

| 초기 상태 | 1단계 | 2단계 |

[그림 10.2] 초기 상태가 주어지면 5×5 2차원 셀룰러 오토마타를 진화시킨다.

콘웨이의 셀룰러 오토마타는 네 가지 간단한 규칙에 따라 진화하며, 이를
이해하는 데 고급 수학 지식은 필요하지 않다.

1. 주변에 살아 있는 이웃이 2개보다 적으면, 살아 있는 셀도 다음 단계에
   서 죽는다.

10장. 라이프 게임

2. 주변에 살아 있는 이웃이 2개 또는 3개면, 살아 있는 셀은 다음 단계에서도 계속 살아남는다.

3. 주변에 살아 있는 이웃이 3개를 초과하면, 살아 있는 셀도 다음 단계에서 죽는다.

4. 주변에 살아 있는 이웃이 정확히 3개라면, 죽은 셀도 다음 단계에서 살아난다.

이 규칙을 바탕으로 [그림 10.2]에 표시된 초기 상태를 기준으로 5×5 격자의 다음 두 단계 진화를 확인해보자.

다음 진화 단계에서 특정 셀이 살거나 죽는지는 **현재** 해당 셀의 이웃 상태에 따라 결정된다. 초기 상태에서 중앙에 있는 셀(숫자 2로 표시됨)을 살펴보자. 이 셀은 현재 살아 있는 이웃이 2개이기 때문에 다음 단계에서도 계속 살아 있게 된다. 1단계의 같은 중앙 셀을 다시 확인해보면 살아 있는 이웃이 4개로 늘어난 것을 알 수 있다. 이 경우 규칙에 따라 다음 단계(2단계)에서는 죽게 된다.

컴퓨팅 사고

라이프 게임을 파이썬으로 구현하는 방법을 고민해보자. 이번 프로그램은 우리가 작성하는 첫 번째 대규모 프로그램이다. 규모가 큰 만큼 함수의 생성과 활용을 통해 작업을 더 작고 관리하기 쉬운 부분으로 나누는 것이 중요하다. 이는 컴퓨팅 사고의 핵심 요소 중 하나인 **분해**에 해당한다.

코드를 작성하기 전에 먼저 콘웨이의 셀룰러 오토마타를 파이썬에서 어떻게 표현할지 결정해야 한다. 이는 컴퓨팅 사고에서 **데이터 표현**에 해당한다. 6장에서 논의한 내용을 바탕으로 라이프 게임의 격자를 표현하기 위해 2차원 리스트를 자연스럽게 선택했을 것이라 예상된다. 그렇다면 2차원 리스트에 어떤 객체를 저장해야 할까? 사실 어떤 객체를 저장하든 상관없다. 중요한 것은 2차원 리스트의 각 위치에 두 가지 상태 중 하나를 일관되게 저장하는 것이다. 라이프 게임에서는 각 셀이 '살아 있음'과 '죽어 있음' 두 가지 상태 중 하나에 속하면 된다. 숫자 0들과 숫자 1들로 2차원 리스트를 채우고 숫자 0들을 죽은 셀, 숫자 1들을 살아 있는 셀로 간주할 수도 있다. 또는 ' '과 '*'들로 리스트를 채워 ' '들은 죽은 셀로, '*'들은 살아 있는 셀로 간주할 수도 있다. 어떤 객체를 선택하든 순전히 임의적이며 두 가지 상태를 구별할 수 있기만 하면 된다.

아래는 위에 나온 초기 상태의 5×5 격자를 공백과 별표로 표현한 2차원 리스트다.

```
grid = [[' ','*',' ',' ',' '],
        ['*','*','*',' ','*'],
        [' ',' ','*',' ',' '],
        ['*',' ',' ',' ','*'],
        [' ',' ','*','*',' ']]
```

연습문제 10.1: [그림 10.2]에 있는 1단계에서 5×5 격자를 어떻게 표현해야 할까?

[그림 10.2]의 5×5 격자의 모든 요소 값을 일일이 작성하는 것은 매우 번거로울 것이다. 50×50 격자를 사용한다면 어떨까? 이 경우 2,500개의 값을 작성해야 하므로 결코 쉬운 일이 아니다. 2차원 리스트를 자동으로 생성해주는 함수가 있다면 매우 유용할 것이다. 더 일반적으로, 주어진 크기의 2차원 리스트를 생성해주는 함수가 있다면 좋을 것이다.

연습문제 10.2: 정수 n을 입력받아 n개의 공백 문자로 이루어진 리스트를 반환하는 create_row라는 함수를 작성하라.

연습문제 10.3: 2개의 정수 rows와 cols를 입력받아, 주어진 크기(행과 열)에 맞는 공백 문자로 이루어진 2차원 리스트를 반환하는 create_grid라는 함수를 작성하라. 이 함수는 앞서 정의한 create_row 함수를 사용해야 한다. 여기서 rows는 행의 개수, cols는 열의 개수를 나타낸다.

라이프 게임의 초기 상태로 모든 셀이 죽어 있는 격자는 매우 단조롭다. 이러한 세계에서는 아무 일도 일어나지 않을 것이다. 우리가 원하는 것은 살아 있는 셀과 죽어 있는 셀이 적절히 분포된 격자다. 5×5 크기의 격자라면 셀의 값을 수작업으로 설정하는 것도 가능하다. 하지만 격자가 50×50 크기라면 어떨까? 이럴 경우 최대 2,500개의 셀 값을 수작업으로 입력해야 한다. 특정한 초기 상태에 구애받지 않는다면 격자를 임의로 채우는 방법도 하나의 대안이 될 수 있다. 즉 셀을 무작위로 살아 있는 상태와 죽어 있는 상태로 채워 초기 상태를 설정하는 것이다.

랜덤 라이브러리

랜덤 라이브러리는 중요한 함수들을 제공한다. 이름에서 알 수 있듯이 다양한 난수를 생성하는 함수뿐 아니라 리스트에서 무작위로 요소를 추출하는 함수도 포함한다. 이 장에서는 난수 생성에 집중해보겠다.

라이브러리를 사용하려면 먼저 임포트해야 한다.

```
>>> import random
```

라이브러리를 임포트한 후에는 라이브러리 이름을 함수 앞에 붙여 해당 라이브러리의 함수를 사용할 수 있다. 예를 들어 랜덤 라이브러리의 random 함수를 사용하려면 이렇게 입력하면 된다.[31]

```
>>> random.random()
0.5717435612218142
```

숫자가 여기 적힌 것과 다르더라도 걱정할 필요 없다. random 함수는 0과 1 사이의 난수를 반환하므로 숫자가 일치할 확률은 거의 없기 때문이다.

이 함수를 이용하면 매우 정확하게 확률을 모델링할 수 있다. 예를 들어 어떤 사건이 34.125%의 확률로 발생한다고 가정해보자. random 함수를 사용하면 이를 쉽게 모델링할 수 있다. 다음의 부울 표현식을 참고해보자.

---

[31]   랜덤 숫자를 생성하는 또 다른 방법으로 randint 함수를 사용하는 방법은 부록에서 확인할 수 있다

```
>>> random.random() <= 0.34125
```

이 표현식이 True로 평가될까 아니면 False로 평가될까? 이는 random 함수가 어떤 숫자를 생성하느냐에 달려 있다. 생성된 숫자가 0.34125 이 하이면 표현식은 True로 평가된다. 숫자가 0.34125보다 크다면 표현식 은 False로 평가된다. 그렇다면 이 표현식이 True로 평가될 확률에 대해 말할 수 있을까? 물론이다! random 함수가 0과 1 사이에서 균등하게 난수 를 생성한다는 점을 고려하면 이 표현식이 True로 평가될 확률은 정확히 34.125%이다. 다음 코드를 실행하여 이 사실을 대략적으로 확인할 수 있다.

```
num_true = 0
num_total = 1000
probability = 0.34125


for i in range(num_total):
    if random.random() <= probability:
        num_true += 1
print(num_true / num_total)
```

이 코드는 무엇을 할까? random 함수를 1,000번 실행하고 그중에서 난수 가 0.34125 이하인 경우의 수를 센다. 필자가 처음 세 번 실행했을 때 결 과는 다음과 같았다.

```
0.36, 0.326, 0.34
```

우리가 목표로 했던 0.34125의 확률에 꽤 근접한 결과다. 물론 random 함수를 실행하는 횟수가 많아질수록 원하는 확률에 더 가까워진다. 필자가 1,000,000번 실행했을 때는 다음과 같은 결과가 나왔다.

```
0.341162, 0.341386, 0.340946
```

확률이 0.34125에 더욱 가까워진 것을 알 수 있을 것이다.

연습문제 10.4: 입력이나 출력값 없이 실행될 때마다 'heads' 또는 'tails'를 출력하는 flip이라는 함수를 작성하라. 각각의 결과는 50% 확률로 출력되어야 한다.

연습문제 10.5: 입력값 없이 육면체 주사위를 굴리는 것을 모델링하는 roll 함수를 작성하라. 이 함수는 주사위가 1부터 6까지의 숫자에 각각 16.66% 확률로 나올 수 있도록 해야 하며, 1에서 6 사이의 숫자 중 하나를 반환해야 한다.

라이프 게임의 격자로 돌아가서 격자를 무작위로 살아 있는 셀로 채우고 싶다면 어떻게 해야 할까? 각 셀이 50% 확률로 살아 있을지 결정하고 싶다면 동전 던지기를 통해 셀의 상태를 결정하는 방식을 생각할 수 있다. 이를 위해 중첩 반복문을 사용해 격자의 각 셀을 순회하고 random 함수를

10장. 라이프 게임

사용해 동전 던지기를 시뮬레이션하면 된다.

```
>>> random.random() <= 0.50:
```

이 표현식은 약 50%의 확률로 True가 된다. 0.50을 0과 1 사이의 다른 숫자로 바꾸면 원하는 확률로 격자를 살아 있는 셀로 채울 수 있다.

연습문제 10.6: populate라는 함수를 작성하라. 이 함수는 2차원 리스트인 grid와 (셀이 살아 있을 확률을 나타내는) 숫자 prob을 입력받아 grid를 업데이트하여 각 셀이 해당 확률에 따라 살아 있는 상태로 설정되도록 한다. grid의 값이 직접 수정되기 때문에 반환값은 필요 없다. (힌트: 먼저 len 함수를 사용해 격자의 크기를 파악하는 것이 유용할 수 있다.)

다음 단계로 넘어가기 전에 작성한 두 함수를 테스트하여 제대로 작동하는지 확인하는 것이 좋다. 아래 코드는 공백으로 채워진 5×5 2차원 리스트를 생성하고 이를 변수 grid에 할당한다.

```
>>> grid = create_grid(5,5)
>>> grid
[[' ',' ',' ',' ',' '],
 [' ',' ',' ',' ',' '],
 [' ',' ',' ',' ',' '],
 [' ',' ',' ',' ',' '],
```

```
[' ',' ',' ',' ',' ']]
```

```
>>> len(grid)
```

```
5
```

```
>>> len(grid[0])
```

```
5
```

입력값이 달라져도 이 코드가 제대로 작동하는지 확인하여 원하는 행과 열의 개수로 2차원 공백 리스트를 생성할 수 있다고 확신해야 한다.

이제 populate 함수가 제대로 작동하는지 확인해보자. 아래 코드는 기존의 격자를 채워 약 50%의 셀이 살아 있는 상태로 만든다.

```
>>> populate(grid,0.5)
```

```
>>> grid
```

```
[['*',' ','*',' ',' '],
 [' ','*',' ','*','*'],
 [' ','*','*',' ',' '],
 [' ',' ','*','*',' '],
 ['*','*',' ',' ','*']]
```

이 두 명령문을 다시 실행할 때마다 격자 속 ' '와 '*'의 분포가 달라지며, 각각 전체 공간의 약 50%를 차지할 것이다.

10장. 라이프 게임

격자 진화시키기

이제 라이프 게임 격자를 만들고 무작위로 셀을 채우는 방법을 마련했으니 각 셀의 상태를 한 단계씩 변화시키는 방법을 고민해보자. 격자의 진화를 위해서는 무엇보다 각 셀의 살아 있는 이웃 셀 수를 계산하는 과정이 필요하다. 이를 처리하기 위해 전용 함수를 만드는 것이 효과적인 접근법으로 보인다. 이는 라이프 게임을 구현하는 문제를 더 작고 관리 가능한 하위 문제들로 **분해**하는 과정에서 중요한 단계로 볼 수 있다.

이제 이웃 셀 수를 계산하는 함수를 작성하기 위해 입력과 출력이 무엇인지 명확히 정의해보자. 잠시 생각해보고 스스로 정의해보자.

이 함수의 주요 입력 중 하나는 해당 셀의 행과 열 인덱스를 나타내는 값일 것이다. 또 다른 중요한 입력은 격자 자체, 즉 게임의 현재 상태를 나타내는 2차원 리스트이다. 따라서 함수는 격자, 셀의 행 인덱스, 셀의 열 인덱스를 입력으로 받도록 설계할 수 있다. 이 함수는 무엇을 출력해야 할까? 해당 셀의 살아 있는 이웃 셀의 개수를 나타내는 0에서 8 사이(8 포함)의 정수를 출력해야 한다.

이렇게 입력과 출력이 명확히 정의되면, 우리는 본질적으로 특정 셀의 이웃 상태를 계산하는 과정을 추상화한 셈이다. 예를 들어 [그림 10.2]의 초기 상태를 나타내는 격자와, 행과 열 인덱스 1과 2를 함수의 입력으로 제공한다고 가정해보자.

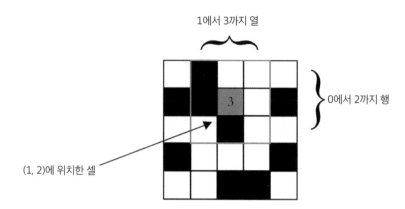

1에서 3까지 열

3

0에서 2까지 행

(1, 2)에 위치한 셀

[그림 10.3] 1행, 2열에 있는 셀의 살아 있는 이웃 셀은 3개이다.

관심을 가진 특정 셀(회색으로 표시된 셀)을 지정했으니, 이제는 인접해 있는 주변 8개의 셀을 확인해 살아 있는 이웃 셀의 개수를 계산해야 한다. 이를 [그림 10.3]에서 확인할 수 있다. 회색 박스로 둘러싸인 8개의 인접 셀은 3×3 형태의 2차원 리스트로 구성되어 있다. 이 인접 셀의 행은 0에서 2까지의 인덱스를 포함하고, 열은 1에서 3까지의 인덱스를 포함한다. 이러한 인덱스들은 지정된 셀의 행과 열 인덱스를 기준으로 계산할 수 있다. 이 문제를 해결하는 한 가지 방법은 이 3×3 2차원 리스트의 모든 셀을 반복해서 (1행, 2열에 있는 셀은 제외하고) 살아 있는 셀의 개수를 세는 것이다. 이 경우 살아 있는 이웃 셀은 3개이므로 3이 출력되어야 한다. 하지만 격자 모서리에 있는 셀은 모든 이웃을 가지지 않는다는 점에 유의해야 한다. 예를 들어 0행과 1열에 있는 셀의 이웃은 5개뿐이다.

연습문제 10.7: neighbors라는 함수를 작성하라. 이 함수는 2차원 리스트 grid, 행 인덱스를 나타내는 정수 row, 열 인덱스를 나타내는 정수 col-

10장. 라이프 게임

umn을 입력받아 해당 셀이 가진 살아 있는 이웃의 수를 반환해야 한다.

함수가 제대로 작동하는지 꼭 확인해보자. grid 속 다양한 셀에서 테스트를 진행하여 살아 있는 이웃 개수를 맞게 반환하는지 확인해보라. 모서리 셀과 구석 셀에서도 테스트하는 것을 잊지 말아야 한다.

다음으로 넘어가기 전에 라이프 게임의 격자를 간단히 시각화할 방법이 있다면 좋을 것이다. 젤레의 graphics 라이브러리를 사용하여 다각형을 그리는 방법은 아직 배우지 않았으므로 격자를 텍스트와 print 문으로 시각화할 수 있다. 다음은 이를 구현하는 한 가지 방법이다.

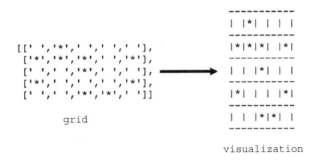

연습문제 10.8: visualize라는 함수를 작성하라. 이 함수는 2차원 리스트 grid를 입력받아 격자를 형식화된 텍스트로 시각화해야 한다.

neighbors와 visualize 함수를 성공적으로 작성했다면 이제 라이프 게임 로직의 핵심에 도달한 것이다. 이제 격자에 저장된 정보를 한 단계씩 진화시키는 방법을 생각해야 한다. 이는 앞서 설명한 네 가지 규칙을 격자의 모든 셀에 적용하는 작업이다. neighbors 함수를 사용하면 관련 규칙을 구현하는 것은 비교적 간단할 것이다. 하지만 중요한 점은 각 셀에 규칙을 적용할 때는 격자의 현재 상태, 즉 변경되지 않은 상태를 기준으로 해야 한다는 것이다. 규칙을 모든 셀에 '한꺼번에' 적용해야 한다는 점을 기억하라.

이 점이 왜 중요한지 이해하기 위해 [그림 10.4]의 3×3 격자를 살펴보자.

0행, 0열에 있는 셀(회색으로 표시됨)은 현재 죽어 있는 상태다. 하지만 이 셀은 정확히 3개의 살아 있는 이웃을 가지고 있기 때문에 규칙에 따라 다음 단계에서 살아나야 한다.

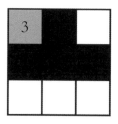

[그림 10.4] 격자의 왼쪽 상단 모서리에 있는 죽은 셀은 3개의 살아 있는 이웃을 가지고 있다.

이제 격자를 업데이트한 후 0행, 1열에 있는 셀(회색 테두리로 강조됨)에 규칙을 적용한다고 가정하자. 이 셀은 4개 이상의 살아 있는 이웃을 가지고 있기 때문에 죽어야 한다. 그림 10.5에서 확인할 수 있듯이 0행, 1열에 있는 셀은 4개의 살아 있는 이웃을 가지고 있다.

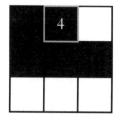

[그림 10.5] 격자 상단 중앙에 있는 살아 있는 셀은 4개의 살아 있는 이웃을 가지고 있다.

10장. 라이프 게임

하지만 동일한 셀에 원래 수정되지 않은 격자를 기준으로 규칙을 적용했다면 결과는 달라진다. [그림 10.6]에서 볼 수 있듯이 원래 격자에서는 0행, 1열에 있는 셀이 3개의 살아 있는 이웃을 가지고 있다.

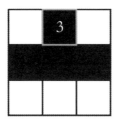

[그림 10.6] 격자 상단 중앙에 있는 살아 있는 셀은 3개의 살아 있는 이웃을 가지고 있다.

이 경우 셀은 정확히 3개의 이웃을 가지고 있으므로 살아 있는 상태를 유지해야 한다. 이렇게 되면 두 가지 서로 다른 결과가 나타나게 된다. 이것이 규칙을 모든 셀에 '한꺼번에' 적용하는 것이 매우 중요한 이유다.

규칙을 모든 셀에 한꺼번에 적용하려면, 셀의 상태 변화를 기존 격자에 바로 반영하지 않고 동일한 크기의 임시 격자에 적용해야 한다. 이렇게 하면 셀의 상태가 바뀌더라도 규칙이 적용되는 동안 기존 grid에는 영향을 주지 않게 된다.[32] 모든 셀의 새로운 상태를 임시 격자에 기록한 후 그 임시 격자를 기존 grid로 대체할 수 있다.

연습문제 10.9: evolve라는 함수를 작성하라. 이 함수는 2차원 리스트 grid를 입력받아 라이프 게임의 네 가지 규칙에 따라 다음 단계로 진화한 상태를 반영한 새로운 2차원 리스트를 반환해야 한다. 이 리스트의 크기는

---

32   이미 create_grid 함수를 작성했으니 임시 격자를 만드는 건 어렵지 않다. 이미 해결한 문제를 다시 해결하려고 하지 말자.

원래 격자와 같아야 한다.

이제 코드를 테스트하는 것이 더 어려워질 수 있다. 추천하는 방법은 5×5 크기의 작은 격자를 만들고 50%의 확률로 살아 있는 셀을 채우는 것이다. visualize 함수를 사용해 격자가 어떻게 생겼는지 확인한 후 evolve 함수를 실행해보고 다시 visualize 함수를 사용해 결과를 확인하라. 라이프 게임 규칙이 제대로 적용되었는지 꼼꼼하게 살펴야 한다. 만약 격자가 제대로 진화하지 않는다면 코드를 자세히 살펴보며 논리적인 오류가 없는지 확인해야 한다. neighbors 함수가 제대로 작동하는가? 라이프 게임의 규칙이 올바르게 적용되고 있는가?

이제 원래 문제를 여러 부분으로 나누었으니 각 부분의 해결책을 하나로 모아야 한다. 모든 함수가 제대로 작동한다면 다음 코드는 5×5 격자의 첫 두 단계 진화를 텍스트 기반으로 시각화해줄 것이다.

```
grid = [[' ','*',' ',' ',' '],
        ['*','*','*',' ','*'],
        [' ',' ','*',' ',' '],
        ['*',' ',' ',' ','*'],
        [' ',' ','*','*',' ']]
visualize(grid)        # 초기 상태[33]
```

---

33 파이썬에서 문자 #은 인터프리테이터에게 그 이후의 문자를 처리하지 말라고 알려주는 역할을 한다. 즉 파이썬은 이 문자를 포함한 그 뒤의 내용을 무시한다. 그래서 문자 #은 프로그래머가 코드에 주석을 추가할 때 사용된다. 주석은 보통 코

```
evolve(grid)
visualize(grid)          # 1단계
evolve(grid)
visualize(grid)          # 2단계
```

텍스트 기반으로 시각화한 첫 두 단계의 진화가 이 장의 처음에 나온 격자와 정확히 일치하는지 확인하라. 모든 것이 제대로 작동하는지 확인한 후 다음으로 넘어가야 한다.

　이 코드가 반복되기 때문에 루프를 사용하는 것이 좋다. 사실 라이프 게임은 끝이 없으므로 무한 루프로 작성할 수도 있다. 이를 위해 다음 코드를 사용할 수 있다.

```
while True:
    visualize(grid)
    evolve(grid)
```

라이프 게임을 실행하는 코드가 얼마나 간단한지 주목해보자. 이미 문제를 더 작은 부분으로 나누었기 때문에 이제 할 일은 grid를 시각화하고 진화시키는 이 두 가지 작업을 반복하는 것이다. 모든 구현의 세부 사항이 추상화되어 있으므로 당신의 코드를 이해하는 사람도 쉽게 목적을 파악할 수 있을 것이다.

드가 무엇을 하는지 설명하는 간단한 문구로, 코드의 동작을 개념적인 수준에서 설명하는 데 도움을 준다.

라이프 게임을 실행하려면 다음과 같이 모든 것을 하나로 결합할 수 있다.

```
grid = create_grid(50,50)
populate(grid,0.5)

while True:
    visualize(grid)
    evolve(grid)
```

여기까지 성공적으로 완료했다면 정말 큰 성과를 이룬 것이다! 당신은 콘웨이의 라이프 게임을 시뮬레이션하는 첫 대형 프로그램을 완성한 것이다.

그래픽

아쉽지만 텍스트를 사용해 격자의 진화를 시각화하는 것은 라이프 게임을 구현하기에 다소 불편한 방식이다. 이번에는 이전에 소개한 젤레의 **graphics** 라이브러리를 활용해 이미 작성한 코드를 기반으로 그래픽을 이용한 라이프 게임의 시각화를 개발할 것이다.

　graphics.py 파일이 올바른 위치에 있다고 가정하고, 다음 코드를 시작점으로 사용할 수 있다.

```
from graphics import *
```

```
window = GraphWin('Game of Life',500,500,autoflush=
False)
```

이 부분은 이미 익숙할 것이다. GraphWin 명령은 'Game of Life' 제목의 500×500 픽셀 크기의 새 창을 생성한다. 여기서 새로운 점은 autoflush 입력값인데, 이 속성을 False로 설정하면 tkinter GUI가 이미지를 지속적으로 업데이트하는 것을 막을 수 있다. 이는 창을 계속 업데이트하는 데 시간이 걸릴 수 있고 우리가 목표로 하는 애니메이션의 부드러움에 영향을 줄 수 있기에 중요하다(이 부분은 나중에 더 설명할 것이다).

우리에게 중요한 것은 이 창에 사각형을 그리는 기능이다. Rectangle 함수를 사용하면 이를 쉽게 구현할 수 있다.

```
rect = Rectangle(Point(0,0),Point(100,25))
rect.draw(window)
```

Rectangle 함수는 2개의 Point 객체를 입력받는다. Point 함수는 2개의 정수를 입력받아 창에서 x‒y 좌표를 지정한다. 좌표계는 x축은 오른쪽으로 갈수록 숫자가 커지고, y축은 반대로 아래로 갈수록 숫자가 커진다. 또한 원점(0,0)은 window의 중앙이 아니라 왼쪽 상단에 위치한다.

Point 객체 2개는 Rectangle 객체의 좌상단과 오른쪽 하단 모서리를 나타낸다. 따라서 위 명령은 창의 왼쪽 상단 모서리와 일치하는 왼쪽 상단과 (100, 25)에 위치한 오른쪽 하단을 가진 Rectangle 객체를 생성한다. 이 사각형을 window에 표시하려면 draw 함수를 실행해야 한다.

주의할 점은 한 번 draw 함수로 표시된 객체에 대해 다시 이 함수를 호출하면 안 된다는 것이다. 같은 객체에 대해 draw 함수를 여러 번 호출하면 오류가 발생한다. window에서 객체의 시각적 변화를 처리할 때는 draw가 아니라 update 함수를 사용해야 한다.

사각형의 색상은 두 가지 함수로 변경할 수 있다. setFill 함수는 RGB 색상 값을 입력받아 사각형 내부 색을 설정하고, setOutline 함수는 RGB 색상 값을 입력받아 테두리 색을 설정한다. 직접 실험하면서 사용해보자.

```
rect.setFill(color_rgb(255,0,255))
rect.setOutline(color_rgb(0,255,0))
```

연습문제 10.10: 500×500 크기의 GraphWin 객체를 생성하는 코드를 작성하라. 제목은 'Face'로 설정한다. 그런 다음 사람의 얼굴을 표현하는 눈, 코, 입을 각각 나타내는 4개의 서로 다른 색상의 Rectangle 객체를 생성하라. 마지막으로 draw 함수를 사용해 Rectangle 객체들을 GraphWin 창에 표시하라.

이제 2차원 셀 격자를 시각화할 수 있는 도구를 갖추었다. 앞서 설명한 초기 상태의 5×5 격자를 시각화해보자. 먼저 window의 적절한 위치에 Rectangle 객체들을 배치한 2차원 리스트를 만들어야 한다. 시작은 grid_visual 변수에 빈 리스트를 할당하는 것으로 하자.

```
grid_visual = []
```

window의 너비를 5개의 Rectangle 객체로 나눠야 하므로 각 객체는 너비가 100픽셀이어야 한다. 마찬가지로 창의 높이도 5개의 Rectangle 객체로 나눠야 하므로 각 객체의 높이도 100픽셀이 되어야 한다. grid_visual의 첫 번째 하위 리스트(즉 격자의 첫 번째 행)를 생성하려면 다음과 같이 작성할 수 있다.

```
row1 = [Rectangle(Point(0,0),Point(100,100)), Rectangle(Point(100,0),Point(200,100)), Rectangle(Point(200,0),Point(300,100)), Rectangle(Point(300,0),Point(400,100)), Rectangle(Point(400,0),Point(500,100))]
grid_visual.append(row1)
```

이 과정을 나머지 4개의 행에도 적용하면서 각 Rectangle 객체의 좌표만 적절히 변경해주면 된다. 이렇게 해서 grid_visual이 완성되면 5×5 2차원 Rectangle 리스트가 만들어지며, 이는 우리가 grid에 할당할 5×5 크기의 2차원 문자열 리스트와 구조적으로 동일하다.

문제는 현재 모든 Rectangle 객체가 같은 색이라는 점이다. 격자의 정보를 제대로 표현하려면 ' '와 '*'를 각각 다른 두 가지 색으로 나타내야 한다. 이렇게 하면 '살아 있는' Rectangle 객체는 하나의 색으로, '죽어 있는' 객체는 다른 색으로 표시될 수 있다.

grid	grid_visual
[[' ','*',' ',' ',' '], [' ','*',' ',' ','*'], [' ',' ','*','*',' '], ['*',' ',' ','*',' '], ['*','*',' ',' ','*']]	[[Rec,Rec,Rec,Rec,Rec], [Rec,Rec,Rec,Rec,Rec], [Rec,Rec,Rec,Rec,Rec], [Rec,Rec,Rec,Rec,Rec], [Rec,Rec,Rec,Rec,Rec]]

각 Rectangle 객체에 적절한 색을 할당하는 과정은 중첩 루프를 사용하면 깔끔하게 처리할 수 있다.

마지막으로 앞에서 생성한 Rectangle 객체들에 대해 draw 함수를 명시적으로 실행하지 않으면 그 객체들은 창에 표시되지 않는다.

연습문제 10.11: create_grid_visual이라는 함수를 작성하라. 이 함수는 2개의 정수 rows와 cols 그리고 GraphWin 객체인 window를 입력으로 받는다. rows와 cols는 각각 행과 열에 들어갈 Rectangle 객체의 개수를 지정한다. 이 함수는 Rectangle 객체의 2차원 리스트를 반환해야 하며, 각 객체를 window에 표시하기 위해 draw 함수를 사용해야 한다. create_grid 함수를 활용하면 임의의 크기로 2차원 리스트를 생성할 수 있다는 점도 기억하라. (힌트: window의 크기는 getWidth와 getHeight 함수를 사용하여 접근할 수 있다.)

이제 거의 완성된 프로그램에 다가섰다! 우리는 2개의 구조적으로 동일한 2차원 리스트를 가지고 있다. 하나는 라이프 게임 격자의 텍스트 기반 표현이고, 다른 하나는 그래픽 기반 표현이다. 이제 마지막으로 필요한 것은 텍스트 기반 grid의 정보를 이용해 그래픽 기반 grid_visual에 반영하는 방법이다. 예를 들어 grid의 '*'는 grid_visual의 검은색 Rectangle 로, ' '는 흰색 Rectangle로 표시해도 좋다.

다음 명령문을 통해 grid의 0행, 1열에 있는 셀에 접근할 수 있다는 점을 기억하라.

```
grid[0][1]
```

grid	grid_visual	window
[[' ','*',' '], ['*','*','*'], [' ',' ','*']]	[[Rec,Rec,Rec], [Rec,Rec,Rec], [Rec,Rec,Rec]]	

grid_visual에서 해당하는 Rectangle 객체는 같은 인덱스로 접근할 수 있다. 접근한 후 grid에서 해당 셀이 '*'이면 Rectangle의 색상을 검 은색으로 바꿀 수 있다. 마찬가지로 grid의 행 0, 열 2 셀이 ' '이므로 해 당하는 Rectangle은 흰색으로 설정할 수 있다.

```
grid_visual[0][1].setFill(color_rgb(0,0,0))
grid_visual[0][2].setFill(color_rgb(255,255,255))
```

이와 같은 방식으로 grid_visual의 Rectangle 객체들이 grid의 살아 있는 셀과 죽은 셀을 정확히 반영하도록 할 수 있다.

연습문제 10.12: mirror 함수를 작성해보라. 이 함수는 구조적으로 동일한 2개의 2차원 리스트, grid와 grid_visual을 입력으로 받아 grid에서 '*'는 grid_visual에서 검은색 Rectangle로, ' '는 grid_visual에서 녹색 Rectangle로 정확히 반영되도록 한다.

여기까지 잘 따라왔다면 라이프 게임 구현이 완성된 것이다. 이제 라이프 게임을 실행하는 데 필요한 코드를 다음과 같이 작성할 수 있다.

```
window = GraphWin('Game of Life',500,500,autoflush=
False)
grid = create_grid(50,50)
grid_visual = create_grid_visual(50,50,window)
populate(grid,0.5)

while True:
    mirror(grid,grid_visual)
    window.update()
    grid = evolve(grid)
```

이 마지막 코드에서 새롭게 등장하는 함수는 update이다. 이 함수는 window에서 호출되며 Rectangle 객체들의 색상 변경 사항을 GUI에 반영한다. 이는 window를 처음 생성할 때 autoflush를 False로 설정했기 때문에 필요하다. autoflush를 False로 설정하면 window는 자동으로 화면을 업데이트하지 않고 명령이 있어야만 시각적으로 갱신된다. 따라서 mirror 함수가 grid_visual의 Rectangle 객체 색상을 변경해도 이 변화는 window에 즉시 반영되지 않는다. update 함수를 실행해야 window에서 변경 사항이 시각적으로 반영된다.

이제 파이썬으로 라이프 게임 프로그램을 개발하면서 우리가 해낸 것들을 정리해보자. 먼저 라이프 게임에서 사용할 구조를 어떻게 표현할지 결정했다. 우리는 살아 있는 셀과 죽은 셀을 표현하기 위해 ' '(공백)들과 '*'들로 이루어진 2차원 리스트를 사용했다.

그다음 라이프 게임 실행 작업을 더 작은 문제들로 나눴다. 주어진 셀 주변의 살아 있는 셀 수를 세는 역할을 하는 neighbors 함수를 설계했고, 이 함수를 이용해 라이프 게임의 규칙을 각 셀에 적용하는 evolve 함수를 작성했다. 그래픽 없이 이를 시각화하기 위해서는 대표적인 텍스트를 화면에 출력하는 visualize 함수를 작성했다. 마지막 단계는 그래픽을 추가하는 것이었다. 이를 위해 젤레의 graphics 라이브러리를 사용해 문자열 2차원 리스트의 각 셀에 대응하는 Rectangle 객체로 이루어진 2차원 리스트를 만들었다. 이후 mirror 함수를 작성해 Rectangle 객체의 색상이 2차원 리스트의 살아 있는 셀과 죽은 셀을 반영하도록 했다.

핵심 요점

- random 라이브러리는 예측 불가능성을 구현하는 도구로 우연과 필연의 상호작용을 탐구하는 데 활용할 수 있다.
- 라이프 게임은 2차원 리스트라는 체계 안에서 삶과 죽음의 규칙을 모사하는 셀룰러 오토마타로 표현된다.
- 라이프 게임은 개별적인 기능으로 분해하여 다룰 수 있으며, 이를 통해 복잡한 전체를 구성하는 요소들의 상호작용을 체계적으로 이해할 수 있다.

11장

자유의지

이번 장에서는 서양 철학의 고전적 주제 중 하나인 자유의지를 다룬다. 이를 위해 먼저 '자유의지'와 '결정론'이라는 용어를 개념적으로 분석한다. 이후 자유의지와 결정론이 서로 양립 가능하다는 주장에 대한 찬반 이유를 살펴본다. 마지막으로 앞 장에서 구현한 콘웨이의 라이프 게임을 활용해 자유의지와 결정론의 관계를 탐구하는 대니얼 데닛의 접근법을 검토한다.

자유의지

우리는 자신을 의지적으로 행동할 수 있는 행위자라고 믿는다. 그리고 우리는 자신의 의지적 행동에 대해 도덕적으로 책임을 질 수 있는 행위자라고 믿는다. 모세스가 한 노인의 장보기를 도울 때 많은 사람은 이를 칭찬받을 만한 행동으로 여길 것이다. 반대로 모제스가 한 노인의 식료품을 훔친다면 이는 비난받을 만한 행동으로 간주될 것이다. 서로와 자신에 대해 도덕적 책임을 묻는 것은 우리의 사회적 관습에서 핵심적인 특징이다.

그렇다면 우리가 도덕적으로 책임 있는 행위자가 될 수 있는 이유는 무엇일까? 이는 우리가 자신의 행동에 대해 특정한 통제력을 가지고 있다는 점에서 가능해보인다. 일반적으로 이러한 통제력은 **자유의지**에서 비롯된다고 여겨진다. 자유의지는 행위자가 자신이 실제로 한 행동과 다르게 행동할 수 있는 능력으로 종종 정의된다. 예를 들어 모제스가 한 노인의 장보기를 도왔다고 할 때 그는 다른 선택을 할 수 있었다. 도움을 주는 대신 자신의 쇼핑 우선순위를 챙기며 노인을 지나칠 수도 있었다. 그는 최소한 두 가지 **대안 가능성**을 마주했으며 어느 쪽이든 자유롭게 선택할 수 있었다. 즉 모제스는 자신이 선택한 가능성에 도덕적 책임을 져야 한다. 노인의 장보기에 도움을 주고 안 주고는 행위자 모제스의 선택이다.

이를 자유의지에 대한 다음과 같은 요구사항으로 요약할 수 있다.

대안 가능성: 우주는 적어도 어떤 경우에는 두 가지 이상의 가능한 미래를 허용해야 한다.[34]

$$FW \rightarrow AP^{35}$$

34　특정 순간에 행위자가 선택할 수 있는 여러 대안적 경로가 존재해야 함을 전제한다는 의미이다.―옮긴이

35　FW → AP는 자유의지가 대안 가능성을 요구한다로 해석되는데, 이 조건은 자유의지가 존재하기 위해 대안 가능성이 꼭 필요하다는 주장이다. 즉 행위자가 실제로 자유롭게 선택할 수 있으려면, 적어도 두 가지 이상의 선택지가 있어야 한다는 것이다. 예컨대 모제스가 한 노인을 도울지 그냥 지나칠지 선택할 수 있었다면,

'FW(Free Will)'를 자유의지가 존재한다는 주장으로, 'AP(Alternate Possibility)'를 대안 가능성이 존재한다는 주장으로 가정할 때 조건문 FW → AP는 대안 가능성이 자유의지의 필요조건이라는 주장을 표현한다.

토론하기: 이 조건에 동의하는가? 대안 가능성이 자유의지에 필수적인 요소인가? 대안 가능성만으로 자유의지가 충분한가?

하지만 자유의지 개념을 조금 더 깊이 생각해보면 과학 이해가 발전하면서 난제가 등장한다. 〈애틀랜틱〉의 한 기사는 다음과 같이 기술한다.

> 신경과학이 제기하는 문제는 훨씬 더 근본적이다. 신경과학은 뇌를 다른 모든 물리적 시스템처럼 설명하며 우리가 심장을 마음대로 조절할 수 없는 것처럼 뇌도 특정한 방식으로 작동하게 할 수 없다고 주장한다. 현대 과학이 그리는 인간 행동의 모습은 뉴런이 발화하고 그로 인해 다른 뉴런이 발화하며 우리의 생각과 행동이 끊임없이 이어지는 과정이다. 이 연쇄 과정은 출생 이전까지 거슬러 올라가며 이론적으로 우리는 완전히 예측 가능한 존재가 된다. 만약 개인의 뇌 구조와 화학적 상태를 충분히 이해할 수 있다면 그 사람이 특정 자극에 어떻게 반응할지 100% 정확하게 예측할 수 있을 것이다.
>
> 케이브(2016)

이는 두 가지 대안 가능성이 존재했음을 뜻한다. 이런 상황이 자유의지의 필수 조건으로 제시되는 것이다. 따라서 FW → AP는 "대안 가능성이 없으면 자유의지는 존재할 수 없다"라는 논리를 나타낸다.―옮긴이

우리의 모든 행동이 뇌 속 뉴런의 발화로부터 비롯되며 뇌가 하나의 물리적 시스템이라면 자유의지는 과연 어떻게 존재할 수 있는가? 뇌 속 뉴런의 복합체와 심장 근육 세포의 복합체가 본질적으로 다르지 않다면 왜 하나의 물리적 시스템은 자유의지를 만들어 내고 다른 하나는 그렇지 않다고 생각해야 하는가? 심장이 스스로 박동 여부를 선택할 수 없는 것처럼 뇌 또한 자신이 실제로 하는 일 이외의 다른 일을 할 수 없다고 보는 것이 타당하지 않은가? 그렇다면 자유의지를 가능하게 하는 기본 조건인 대안 가능성은 충족되지 않으며 결국 자유의지는 존재할 수 없게 된다.

이 논리의 중심에는 "원칙적으로 우리는 완전히 예측 가능한 존재이다"라는 주장이 자리 잡고 있다. 무엇이 뉴런의 발화에서 시작해 우리의 행동으로 이어지는 끊임없는 인과적 연쇄를 우리의 모든 행동을 '완전히 예측 가능'하게 만든다고 주장하게 하는가? 이는 이 연쇄 속의 각 인과적 연결이 이전 연결로 완전히 결정된다는 가정을 전제한다. 원인이 동일하다면 결과 또한 동일해야 한다는 논리이다. 따라서 이러한 결정론적 연쇄 속에서는 실제로 일어난 일과는 다른 방식으로 사건이 전개될 여지가 전혀 없다.

결정론적 세계관은 우리가 속한 세계를 사건들이 단 하나의 경로를 따라 전개되는 것으로 묘사한다. 그렇다면 **결정론**이 참이라면 자유의지는 어떻게 가능한가? 결정론적 세계에서 어떤 것이 실제로 일어난 방식과 다른 방식으로 일어날 가능성이 있다는 주장을 어떻게 정당화할 수 있는가? 이 관점에 따르면 결정론이 참일 경우, 사건이 전개되는 방식은 오직 하나일 뿐이며 다른 대안 가능성은 존재하지 않는다.

결정론

케이브의 인용문은 18세기 프랑스 수학자 피에르시몽 라플라스에게 영감을 받은 것으로 보인다. 라플라스는 결정론에 대한 가장 널리 알려지고 오래 지속된 설명 중 하나를 제시한 인물이다.

> 현재 우주의 상태는 이전 상태의 결과이자 이후 상태의 원인으로 간주되어야 한다. 특정 순간에 자연을 움직이는 모든 힘과 그것을 구성하는 존재들의 상대적 위치를 모두 이해할 수 있는 지성이 있다고 가정해보자. 만약 이 지성이 방대한 데이터를 분석할 수 있는 능력까지 갖추고 있다면, 우주의 가장 거대한 천체의 운동부터 가장 가벼운 원자의 운동까지 하나의 공식 안에서 모두 포괄할 수 있을 것이다. 이런 지성에게는 아무것도 불확실하지 않으며, 미래는 과거처럼 그 앞에 명백히 드러나게 될 것이다.
>
> 라플라스(1995)

이 구절에서 언급된 '지성'은 초인적 능력을 기르는 **'라플라스의 악마'**라고 종종 불린다. 라플라스의 악마는 현재 우주의 상태에 대한 완전한 정보를 바탕으로 자연법칙에 대한 지식을 활용해 우주의 모든 미래 상태를 완벽한 정확도로 예측할 수 있다. 여기에는 지구상의 모든 인간 행동도 포함된다. 라플라스의 악마가 이러한 계산을 수행하기 위해 무엇이 필요할지 상상해볼 수 있다. 초인적 기억력과 처리 속도는 최소한의 요구 조건일 것이다. 이런 관점에서 보면 라플라스의 악마는 현대 슈퍼컴퓨터의 미래 후손으로 간주될 수도 있다.

앞 장에서 논의된 라이프 게임과 셀룰러 오토마타는 라플라스의 결정론을 이해하는 데 유용한 사례를 제공한다. 라이프 게임의 2차원 격자를 하나의 '우주'로 간주할 수 있다. 이 격자에서 살아 있는 셀과 죽어 있는 셀이 이루는 배열은 특정 시점에서 우주의 정확한 상태에 대한 완전한 정보를 나타낸다. 이 우주는 특정 규칙 집합에 따라 셀이 살고 죽는지를 결정하며, 이러한 규칙은 해당 우주의 '자연법칙'으로 볼 수 있다. 중요한 점은 이 법칙들이 결정론적으로 작동한다는 것이다. 따라서 초기 상태가 주어졌을 때, 2차원 격자가 진화하는 방식에는 단 하나의 가능한 미래만 존재한다고 확신할 수 있다.

그러나 주의가 필요하다. 결정론이 단 하나의 가능한 미래를 함의한다고 해서 단 하나의 가능한 과거를 의미하는 것은 아니다. 실제로 결정론적 시스템의 특정 상태는 여러 가지 가능한 과거 역사를 가질 수 있다. 이를 라이프 게임의 특정 상태로 설명해보자. 이 상태를 상태0이라고 부르자.

이는 최소한 다음 세 가지 과거 상태와 양립할 수 있다. 실제로 무한한 2차원 격자를 가정하면 상태0과 양립 가능한 과거 상태는 무한히 많다. 예를 들어 과거 상태1에 있는 5개의 살아 있는 셀과 상호작용하지 않을 만큼 충분히 멀리 떨어진 격자 위치에 단 하나의 살아 있는 셀을 추가하여 과거 상태1을 무한히 많은 변형으로 확장할 수 있다. 이 경우, 추가된 셀은 기존의 5개의 살아 있는 셀에 영향을 주지도 영향을 받지도 않아야 한다. 따라서 상태0과 양립 가능한 과거 상태는 무한히 많지만, 상태0과 양립 가능한 미래는 하나뿐임을 확신할 수 있다. 이를 통해 우리는 결정론적 시스템이 '열린 과거'와 '닫힌 미래'를 가진다고 표현할 수 있다.[36]

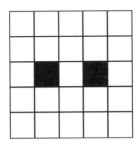

[그림 11.1] 상태0

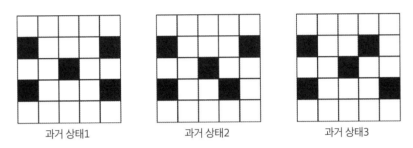

| 과거 상태1 | 과거 상태2 | 과거 상태3 |

[그림 11.2] 상태0과 호환 가능한 세 가지 과거 상태

   이는 충분한 메모리와 처리 속도가 있다면 컴퓨터가 라이프 게임 우주의 모든 미래 상태를 계산할 수 있다는 것을 뜻한다. 이 우주의 미래에 대해 불확실한 것은 아무것도 없게 된다. 그리고 이 우주의 역사를 되감아 재생하면 역사는 매번 정확히 동일한 방식으로 전개될 것이다. 이런 의미에서 라이프 게임은 결정론적 우주를 대표한다고 할 수 있다.

   우리가 살아가는 우주가 이와 같은 방식으로 결정론적이라면, 많은 사람이 대안 가능성 조건과 일치하게 자유의지가 존재할 수 없다고 설득될

---

36.   이는 실제로 여러 과거 역사가 존재한다는 뜻은 아니다. 과거 역사는 단 하나뿐이지만, 격자의 특정 상태만 알고서는 가능한 여러 과거 중 어떤 것이 실제 과거인지 알 수 없다.

것이다. 결국, 우주의 이전 상태가 주어졌을 때 모제스가 실제로 한 행동 외에 다른 행동을 할 수 있었을까? 모제스가 한 노인의 장보기를 도왔다면 우주의 이전 상태와 자연법칙은 모제스가 돕도록 결정했을 것이다. 실제로 우주의 이전 상태는 모제스가 다른 선택을 할 가능성을 원천적으로 차단한 것이다. 이 우주의 역사를 되감아 재생한다면, 모제스는 매번 동일하게 노인을 돕게 될 것이다. 다시 말해 우주의 이전 상태가 주어진 상황에서 모제스가 할 수 있는 유일한 행동은 노인을 돕는 것이었다. 모제스는 자신이 선택할 수 있다고 생각했더라도 실제로는 선택의 여지가 없던 것이다.

이를 바탕으로 다음과 같은 조건문이 참임이 명백하다.

$$D \rightarrow \sim AP$$

여기서 'D(determinism)'는 결정론이 참이라는 주장을 의미하며 조건문 $D \rightarrow \sim AP$는 대안 가능성이 없다는 것이 결정론의 필요조건임을 나타낸다. 이를 자유의지에 대한 요구 조건과 함께 놓으면 우리는 하나의 모순적인 긴장 상태에 직면하게 된다.

$$FW \rightarrow AP$$
$$D \rightarrow \sim AP$$

자유의지는 대안 가능성을 전제로 하지만 결정론은 대안 가능성의 부재를 요구한다. 따라서 자유의지와 결정론은 서로 양립할 수 없다는 결론에 이르게 된다.

11장. 자유의지

그렇다면 자유의지가 존재하지 않는다는 뜻인가? 이는 우리 우주가 결정론적 성격 유무에 달려 있다. 하지만 우리 우주가 결정론적인지 아닌지는 현재로서는 열려 있는 질문이다. 최근 양자 물리학의 발전을 고려하면 우리의 우주가 결정론적일 수 없다는 주장이 설득력을 가질 수 있다. 그러나 일부 철학자들은 이것이 자유의지 문제에 본질적인 차이를 만들지 않는다고 본다. 우주가 비결정론적이라 하더라도 양자 수준의 무작위성이 인간 수준에서 자유의지에 필요한 통제력을 어떻게 제공할 수 있는지는 여전히 불명확하기 때문이다. 그럼에도 우리의 논의는 자유의지와 결정론 사이의 관계에 초점을 맞추고 결정론이 참인지 여부에 대한 문제는 제외하도록 한다. 따라서 우리는 다음 조건문에 대한 성찰로 논의를 제한한다. "우리의 우주가 결정론적이라면, 이것은 자유의지의 존재에 대해 어떤 의미가 있는가?"

이 논쟁에는 두 가지 주요 입장이 존재한다. 하나는 자유의지와 결정론이 서로 양립할 수 없다는 주장으로, 이를 **양립불가능론**이라고 한다. 우리가 방금 논의한 입장이 바로 이것이다. 다른 하나는 자유의지와 결정론이 양립할 수 있다는 주장으로, 이를 **양립가능론**이라고 부른다.

양립불가능론과 양립가능론

현대 철학자 칼 지넷은 양립불가능론을 옹호하며 다음과 같은 논증을 제시한다.

자유롭고 도덕적으로 책임 있는 행위는 결정론과 양립할 수 없다. 그이유는 두 가지이다. 하나는, 주어진 시점에서 대안 행동의 가능성이열려 있다는 것은 그 시점과 장소에서 비결정론을 전제하기 때문이다. 즉 이는 인과법칙과 세계의 선행 상태가 그 대안 가능성 중 어느 것이실제로 발생할지를 결정하지 않는다는 것을 함의한다. 다른 하나는, [자유의지]란 대안 가능성이 열려 있음을 요구한다는 사실이다. 즉 행위자가 도덕적 책임을 지기 위해서는 해당 행위를 피할 수 있는 대안가능성이 열려 있어야 한다.[37]

(지넷, 2003)

질문: 지넷의 주장을 논리적으로 분석하여 전제-결론 형식으로 재구성할수 있는가?

지금까지의 논의를 바탕으로 위에서 제공된 두 가지 조건문을 사용하여지넷의 주장을 간단하게 해석할 수 있다.

---

[37]   지넷은 자유롭고 도덕적으로 책임 있는 행동이 결정론과 양립할 수 없다는 주장을 두 가지 요점으로 나누어 설명하고 있다. 첫째, 특정 시점에서 행위자가 여러가지 대안 행동(또는 무행동)의 가능성을 열어 두고 있다는 것은 그 시점과 장소에서 비결정론을 전제한다. 인과 법칙이나 세계의 선행 상태가 그 대안 중 어느 하나를 필연적으로 결정하지 않는다는 뜻이다. 결정론에서는 과거의 모든 사건과자연법칙에 의해 현재의 행위가 필연적으로 결정되지만, 비결정론에서는 여러 대안 가능성이 열려 있고 그 중 하나가 우연히 발생할 수 있다. 둘째, 자유의지는 대안 가능성이 열려 있음을 요구한다. 즉, 행위자가 도덕적 책임을 지기 위해서는해당 행동을 피할 수 있는 선택지가 열려 있어야 한다는 것이다. 만약 어떤 행위에 대해 선택의 여지가 전혀 없었다면, 그 행위에 대한 도덕적 책임을 묻는 것이부당하다는 뜻이다. 따라서 도덕적 책임은 행위자가 해당 행동을 피할 수 있는 대안 가능성을 가질 때에만 성립한다.—옮긴이

비호환주의 논증

1. D → ~AP

   결정론이 참이라면 대안 가능성이 존재하지 않는다.

2. ~AP → ~FW (즉 FW → AP)

   대안 가능성이 존재하지 않으면 자유의지도 존재하지 않는다(자유의지가 존재한다면 대안적 가능성이 존재해야 하기 때문이다).

3. 그러므로 D → ~FW

결론적으로 말해, 결정론이 참이라면 자유의지는 존재하지 않는다.

토론하기: 이것은 지넷의 논증을 공정하게 재구성한 것인가? 여기에는 약한 전제가 있는가?

논리에 대한 양립가능론자의 대응은 크게 두 가지 범주로 나눌 수 있다. 첫 번째는, 대안 가능성이 결정론과 양립할 수 있다는 것을 보여 주려는 시도이다. 두 번째는, 대안 가능성이 실제로 자유의지의 필수 조건이 아니라는 것을 증명하려는 시도이다.

먼저 첫 번째 범주에 속하는 반론을 살펴보자. 이른바 **'조건부 분석'**은 양립불가능론 논증의 전제1에 대한 반박으로 이해할 수 있다. 이 주장은 결정론이 대안 가능성을 배제하지 않는다는 것이다. G. E. 무어는 이러한 양립가능론적 입장을 지지한 것으로 보인다. 다음은 그의 주장을 시사하는 인용문이다.

'할 수 있었다'라는 말의 의미는 무엇인가? 특히 우리가 실제로 하지 않은 일을 종종 "할 수 있었다"라고 확신하는 그 맥락에서 말이다. 오늘 아침, 내가 20분 안에 1마일을 걸을 수 있었다고 하면서 실제로는 걷지 않았을 때 그 의미는 무엇인가? 여기에는 매우 명백한 하나의 제안이 있다. 내가 말하려는 것은 단지 "내가 선택했더라면 할 수 있었다"라는 뜻이다. 또는 잠재적인 복잡성을 피하기 위해 "내가 선택했더라면 그렇게 했을 것이다"라는 표현으로 바꿔 말할 수도 있다. 즉 이 제안은 우리가 "할 수 있었다"라는 표현을 자주 사용하는 방식이 단순히 "내가 선택했더라면 그렇게 했을 것이다"를 짧게 줄여 말하는 것에 지나지 않는다는 것이다.

무어(2005)

즉 우리가 "모제스가 다른 선택을 할 수도 있었다(노인을 돕지 않을 수도 있었다)"라고 말할 때, 그 진정한 의미는 "모제스가 노인을 돕지 않기로 선택했더라면 모제스는 노인을 돕지 않았을 것이다"라는 것이다. 이러한 방식으로 '다르게 행동할 수 있었다'라는 표현을 해석하면, 이는 명백히 결정론과 양립가능하다. 이 해석은 대안적인 과거 역사를 가정하기 때문이다. 실제로 일어난 일은 모제스가 노인을 돕기로 선택했고, 이 선택이 모제스를 노인을 돕도록 했다는 것이다. 반대로 모제스가 노인을 돕지 않기로 선택했더라면, 이 선택은 모제스가 노인을 돕지 않게 만들었을 것이다.

이 조건부 분석을 라이프 게임에 어떻게 적용할 수 있을까? 현재 상태가 상태0이라고 가정하고, 이 상태에 바로 앞선 상태가 과거 상태1이었다고 하자.

11장. 자유의지

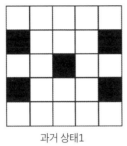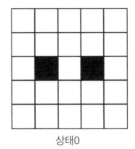

과거 상태1   상태0

[그림 11.3] 과거상태1은 라이프 게임의 규칙에 따라 상태0으로 변해야 한다.

    현재 상태가 상태0과 다를 수도 있었다는 말의 의미를 물을 수 있다. 이는 "과거 상태1이 적절히 달랐다면 현재 상태는 상태0과 달랐을 것이다"라는 의미로 해석된다. 이 분석이 옳다면 이는 라이프 게임 우주의 결정론적 규칙을 위반하지 않는다. 따라서 우리는 라이프 게임 우주의 결정론적 규칙과 양립하는 방식으로 현재 상태가 실제 상태와 달랐을 수도 있다고 말할 수 있다.

토론하기: 이러한 조건부 분석은 얼마나 설득력이 있는가? '나는 ~할 수 있었다'라는 표현을 일축해서 '내가 선택했더라면 ~했을 것이다'라로 번역할 수 있다는 것이 정말 맞는가?

자연스러운 양립불가적 반응은 이것이 과연 무슨 도움이 되는지 의문을 제기하는 것이다. 만약 모제스가 노인을 돕지 않을 유일한 방법이 모제스가 돕지 않기로 선택하는 것, 즉 과거가 달라지는 것이라면 이것이 자유의지의 문제를 어떻게 해결하는지 분명하지 않다. 결정론에 따르면 우주의 초기 상태가 주어진 상황에서 과거조차도 실제와 다를 수 없었기 때문이다. 우주의 초기 상태가 고정되어 있는 한 모세스는 노인을 돕지 않기로 선택할 수 없었다.

따라서 조건부 분석은 결정론적 맥락에서 '다르게 행동할 수 있었다'라는 자유의지의 개념을 설명하려 하지만, 이는 근본적인 비판을 피하지 못한다. 초기 상태가 절대적으로 고정되어 있다면 결국 모든 선택과 행동은 필연적일 뿐 대안 가능성은 존재하지 않는다.

나아가 이러한 조건부 분석에 대한 반례를 제시할 수도 있다. 피터 반 인와겐은 그러한 반례를 구성하는 '방법'을 다음과 같이 제공한다.

> 어떤 사람이 '무언가를 할 수 있었지만 선택할 수 없었던' 논리적으로 가능한 사례를 상상하라. 이때 그의 선택이 효과적일 수 있도록 사례를 구성하라. 이렇게 하면 상상 속 인물이 특정 행동을 할 수 없었음에도 불구하고, 제안된 정의에 따르면 실제로는 그 행동을 할 수 있었던 경우가 될 것이다.[38]
>
> 반 인와겐(1983)

가령, 소라는 심리적으로 머스터드를 맛보고 싶어 하지 않는다. 이런 조건

---

[38] 조건부 분석은 "모세스가 선택했다면, 그렇게 할 수 있었다" 같은 방식으로 대안 가능성을 설명한다. 하지만 반 인와겐은 특정 상황에서는 비록 조건부 분석이 그 사람이 어떤 행동을 "할 수 있었다"라고 말하더라도, 실제로는 그 행동을 할 수 없는 경우가 있을 수 있다고 주장한다. 그의 논리에 따르면 어떤 사람이 특정한 행동을 논리적으로 할 수 있었던 상황을 상정할 수 있지만, 실제로는 그 상황에서 선택의 여지가 전혀 없었을 수 있다. 즉 조건부 분석이 주장하는 '선택 가능성'이 실제로는 불가능한 상황에서도 그 논리는 여전히 적용된다고 말하는 것이 문제임을 지적하고 있다.─옮긴이

을 알지 못한 채 그녀에게 핫도그 2개를 주고 선택하라고 한다. 하나는 케첩만 뿌려 있고 다른 하나는 케첩과 머스터드가 모두 뿌려 있다. 그녀는 기쁘게 케첩만 있는 핫도그를 선택한다. 이때 질문은 다음과 같다. 소라가 케첩만 있는 핫도그를 집어 들었을 때 그녀가 다른 선택, 즉 케첩과 머스터드가 모두 있는 핫도그를 선택할 수도 있었을까? 그녀의 독특한 심리 조건을 고려하면 답은 분명 '아니오'이다. 그녀에게는 머스터드를 맛보고 싶어 하지 않는다. 그럼에도 조건부 분석에 따르면 답은 '그렇다'여야 한다. 조건부 분석에 따르면, 소라가 케첩과 머스터드가 들어 있는 핫도그를 먹고 싶어 했다면 그녀는 그것을 선택했을 것이다. 그러나 그녀가 케첩과 머스터드가 뿌려 있는 핫도그를 먹고 싶어 했다면, 이는 그녀가 더 이상 독특한 심리 조건을 가지고 있지 않았음을 뜻한다. 따라서 조건부 분석은 소라의 실제 능력에 관해 잘못된 결론을 도출한다는 점이 나타난다.

토론하기: 이러한 조건부 분석에 대한 반응을 어떻게 생각하는가? 설득력이 있는가? 조건부 분석을 옹호하는 양립론자는 자기 입장을 방어하기 위해 무엇을 주장할 수 있을까?

이제 두 번째 범주에 속하는 반응을 고려해보자. 여기에서의 핵심은 자유의지가 대안 가능성을 필요로 하지 않는다는 점을 보여주려는 데 있다. 적어도 우리에게 진정으로 중요한 자유의지는 대안 가능성을 필요로 하지 않는다는 것이다. 우리에게 중요한 자유의지란 도덕적 책임을 가능하게 하는 자유의지이다. 이 반응을 옹호하는 사람은, 한 사람이 대안 가능성이 없더라도(즉 다르게 행동할 수 없더라도) 특정 행동에 대해 도덕적 책임을 질 수 있음을 보여주려고 한다. 이는 양립불가능론적 논증의 전제2에 대한 반박으로 볼 수 있다. 이 주장은 도덕적 책임을 위한 자유의지가 대안 가능성을 필요로 하지 않는다는 점을 논증하려는 것이다.

해리 프랑크푸르트는 이러한 방향의 반응을 발전시켰으며 대안 가능성이 존재하지 않더라도 사람들이 도덕적 책임을 질 수 있음을 보여주는 사례를 만드는 일종의 '방법'을 제시했다. 프랑크푸르트는 다음과 같이 말한다.

> 밥이 존스가 특정 행동을 하기를 원한다고 가정해보자. 밥은 자신의 뜻을 이루기 위해 상당한 노력을 기울일 준비가 되어 있지만 불필요하게 개입하고 싶지는 않다. 그래서 밥은 존스가 무엇을 할지 결정할 때까지, 즉 존스가 자신이 원하는 것과 다른 행동을 하려는 것이 명확해질 때까지 어떤 행동도 하지 않는다. 만약 존스가 다른 결정을 하려는 것이 분명해지면, 밥은 존스가 자기 뜻대로 결정하고 행동하도록 확실히 개입한다. 존스의 초기 생각이나 선호가 어떻든 밥은 자기 뜻을 이루게 된다.…이번에는 밥이 전혀 개입할 필요가 없다고 가정해보자. 존스가 자기만의 이유로 밥이 원하는 행동을 하도록 결심하고 실제로 행동을 한다.
>
> 프랑크푸르트(1969)

이를 좀 더 구체적으로 설명해보자. 밥이 월트에게 배신당해서 월트를 죽이기를 원한다고 가정하자. 처벌을 피하기 위해 밥은 존스에게 월트를 죽여달라고 요청하려 한다. 존스가 월트를 확실하게 죽일 수 있는 어떤 힘을 밥이 가지고 있다. 가령 밥은 존스에게 끔찍한 위협을 가하거나 그를 최면에 걸리게 하거나 뇌를 조작하는 방법을 사용할 수도 있다. 존스가 자신이 원하는 것과는 다른 행동을 하려고 한다면, 밥은 그런 힘을 발휘해 존스로 하여금 월트를 죽게 할 것이다. 결과적으로 존스로 하여금 월트를 죽게 하는 데 다른 대안 가능성은 전혀 존재하지 않는다. 즉 밥의 개입으로 존스가 월트를 죽이거나 밥의 개입 없이도 존스가 월트를 죽게 할 수 있다. 어떤 식으로든 존스는 월트를 죽일 것이다. 밥이 개입할 필요 없이 말이다. 밥은 침묵하는 방관자로서 상황을 지켜본다. 존스는 자신의 숙고와 결정에 따라 월트를 죽인다. 밥의 존재로 인해 존스가 다른 행동을 할 수 없수 없음에도 불구하고, 존스가 살인에 대한 도덕적 책임이 있다는 것은 분명하다.

이는 양립불가능론 논증의 전제2에 대한 간단한 반론을 제시하는 예처럼 보인다. 만약 자유의지를 도덕적 책임에 필요한 자유의지로 해석한다면, 프랑크푸르트의 시나리오는 자유의지가 대안 가능성을 필요로 하지 않는다는 것을 보여준다.

토론하기: 프랑크푸르트의 반례는 얼마나 설득력 있는가?

프랑크푸르트의 반례는 20세기 후반 자유의지 논쟁의 전개 방식을 근본적으로 변화시켰으며 영향은 지금도 이어지고 있다. 그럼에도 일부 양립불가능론자는 이 반례에 만족하지 않았다. 예를 들어, 지넷은 프랑크푸르트의 반례에 더 구체적인 세부 사항을 추가하면 존스가 실제로 대안 가능성을 가지고 있었음이 드러난다고 주장한다. 밥의 의도를 다시 살펴보자. 밥은 그저 존스가 월트를 죽이기를 바라는 것이 아니라 특정한 시점, 예컨대 t_3까지 월트를 죽이기를 원한다. 죽이는 시점에 제한이 없다면 시간이 충분히 흐르면 월트가 자연사할 수도 있기 때문이다. 밥은 만약 존스가 t_2까지 월트를 죽이지 않으면 개입해 t_3까지 살인이 이루어지도록 설정한다. 하지만 실제로 존스는 t_1에 월트를 죽였기 때문에 밥이 개입할 필요는 없었다. 따라서 존스는 t_3까지 월트를 죽이지 않을 수 없었던 것처럼 보인다. 만약 존스가 t_1에 월트를 죽이지 않았다면 밥은 t_2에 개입해 존스가 t_3까지 월트를 죽이도록 만들었을 것이다.

이러한 시간의 관점에서 우리는 더 세밀한 대안 가능성을 발견할 수 있다. 존스는 실제로 t_1에 월트를 죽였으며, t_3까지 월트를 죽이지 않을 수 없었다. 하지만 분명한 점은 존스가 t_1에서 월트를 죽이는 것에 대해 다른 선택을 할 수 있었던 것처럼 보인다는 것이다. 결국, 이것이야말로 밥이 t_3까지 월트의 살인을 보장하기 위해 주의 깊게 관찰했던 바로 그 대안 가능성이 아니겠는가? 그리고 이것이 존스가 t_1에 월트를 암살한 것에 대한 도덕적 책임의 근거가 되는 것이 아니겠는가?

회피 기계

앞서 간단히 논의한 것처럼 자유의지와 결정론, 도덕적 책임에 대한 양립불가능론과 양립가능론 간의 철학적 논쟁은 오랜 시간에 걸쳐 진행되었으며 그 복잡한 관계를 밝혀내고 있다. 이러한 논쟁을 깊이 탐구하는 것도 의미가 있지만 다른 관점에서 이 문제를 살펴볼 수도 있다. 대니얼 데닛(2003)을 따라 라이프 게임에 대한 성찰이 새로운 가능성을 제시할 수 있다.

라이프 게임은 보통 인간이 시각적으로 이해할 수 있는 작은 격자에서 실행된다. 100×100 셀 정도의 크기가 일반적이다. 초기 상태에서 무작위로 배치된 살아 있는 셀과 죽은 셀로부터 고차원적인 패턴이 나타나는데, 처음에는 흥미롭지만 금방 그 패턴들이 무질서하게 보일 수 있다. 초기 상태가 거의 다르기 때문에 패턴도 다르게 보이며, 그 패턴들은 복잡하고 예측하기도 어렵다. 이로 인해 결국 혼돈처럼 보이게 된다.

그러나 이러한 혼돈 속에서도 몇 가지 안정적인 구조가 나타난다. 방해받지 않는다면 영원히 지속될 수 있는 구조들이 있다. 예를 들어 스퀘어 (square) 고정 패턴을 생각해보자. [그림 11.4]에서 볼 수 있다.

라이프 게임의 규칙을 고려하면 이 2×2 셀 구조가 어떻게 안정성을 유지하는지 알 수 있다. 비록 지루해 보일 수 있지만 이 구조는 영원히 존재할 수 있다는 장점이 있다.

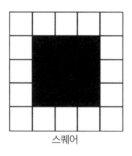

스퀘어

[그림 11.4] 스퀘어

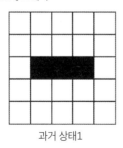

과거 상태1

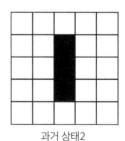

과거 상태2

[그림 11.5] 플래셔

다른 구조들은 변화를 조금 더 보여준다. 이들도 마찬가지로 안정적이고 방해받지 않으면 영원히 지속될 수 있지만 주기적인 변화를 겪는다. [그림 11.5]의 플래셔(flasher)를 생각해보자.

이 구조는 3개의 가로 셀로 이루어진 막대(1단계)와 3개의 세로 셀로 이루어진 막대(2단계)를 끝없이 교차하는 2단계의 주기를 가진다.

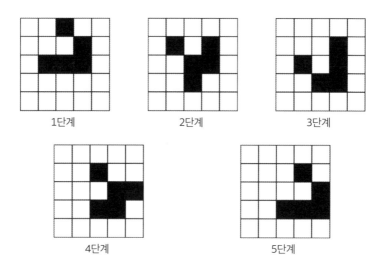

1단계   2단계   3단계

4단계   5단계

[그림 11.6] 글라이더

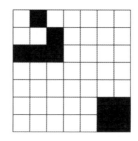

[그림 11.7] 글라이더와 스퀘어

[그림 11.6]의 글라이더(glider)처럼 '움직이는' 구조도 있다. 글라이더 는 4단계 주기를 통해 격자의 오른쪽 아래로 대각선 방향으로 이동할 수 있다. 1단계와 5단계를 보면 구조는 동일하지만, 위치는 오른쪽으로 한 칸, 아래로 한 칸 이동한 것을 알 수 있다.

라이프 게임의 가능성 공간을 주의 깊게 탐구하다 보면 이런 흥미로운 구조들을 발견할 수 있다. 이러한 고차원적 구조들을 실험하다 보면, 점진적으로 예측을 하고 흥미로운 결과를 만들어 내는 초기 상태들을 설계할 수 있다. 데닛이 제안한 것처럼, 우리가 이른바 '설계' 수준으로 올라가면 개별 셀의 복잡한 설명을 간단히 표현할 수 있는 새로운 언어를 도입할 수 있다. [그림 11.7]의 초기 구성을 살펴보자.

이 구조의 변화를 다음과 같이 설명할 수 있다. 격자의 왼쪽 상단에는 글라이더가 있고 오른쪽 하단에는 스퀘어 고정 패턴이 있다. 글라이더는 대각선으로 이동해 스퀘어 고정 패턴과 충돌하고 두 구조는 결국 서로를 파괴하게 된다. 데닛은 이렇게 설명한다.

> 우리가 서로 다른 수준을 오갈 때 우리의 '존재론', 즉 존재하는 것들의 목록에 흥미로운 변화가 일어난다는 점을 주목해야 한다. 개별 셀의 수준에서는 움직임이 없고 그저 **살아 있는** 셀과 **죽어 있는** 셀만 있으며, 존재하는 것은 고정된 공간 좌표 (x, y)로 정의되는 **셀**뿐이다. 그러나 설계 수준으로 올라가면 지속되는 객체의 움직임이 나타난다. 각각의 세대마다 다른 **셀**로 구성되지만 같은 글라이더가 오른쪽 아래로 대각선 방향으로 이동하는 것이다.[39]
>
> 데닛(2003)

앞서 글라이더가 스퀘어 고정 패턴과 충돌하여 서로 파괴되는 예시는 라이프 게임에서 많은 충돌이 '죽음'으로 끝난다는 사실을 상기시켜 준다. 스퀘어 같은 구조는 영원히 존재할 수 있지만, 이는 방해받지 않는다는 조건에서만 그렇다. 그렇다면 라이프 게임에서 다른 물체와의 충돌 위협이 있어도 구조가 계속해서 살 수 있는 방법이 있을까? 나아가 그런 구조들이 생존하고 번식할 수 있을까?

이제 라이프 게임의 기원으로 돌아가 보자. 라이프 게임은 1950년대에 시작된 논의의 결과물이었다. 이 논의는 20세기 위대한 수학자 중 한 명인 존 폰 노이만에게서 비롯되었다. 폰 노이만은 가능한 기계 설계에 관심이 있었고, 우리가 자기복제 기계를 만들 수 있을지 궁금해했다. 즉 자신을 복제하는 기계를 자신이 만들 수 있을까? 나아가 그는 자신보다 더 복잡한 기계를 만들 수 있는 기계를 만들 수 있는지에 대해서도 의문을 가졌다.

그러나 폰 노이만이 활동하던 당시의 기술은 이러한 질문에 대해 실험적으로 답을 구하기에는 충분히 발달하지 않았다. 맨해튼 프로젝트에서 함께 일했던 수학자 스타니슬라프 울람이 폰 노이만에게 컴퓨터 시뮬레이션을 통한 실험을 제안하며 영감을 주었다. 울람은 폰 노이만에게 컴퓨터에서 가상의 세계를 만들어 단순화된 물리 법칙을 모방하는 규칙을 적용해 보라고 권했다. 그러면 그 안에서 '기계'를 만들어 가상 실험을 할 수 있다고 조언한 것이다. 결국, 폰 노이만은 29개의 가능한 상태를 가진 셀들과

---

39 개별 셀 수준에서는 정적인 셀들이 존재하지만, 설계 수준에서는 그 셀들이 모여 지속적으로 이동하는 객체(글라이더 등)로 나타난다. 동일한 시스템을 다른 관점에서 보면 존재하는 것들에 대한 우리의 이해가 달라질 수 있음을 설명한다. -옮긴이

그 셀들이 어떻게 진화할지를 결정하는 규칙을 가진 세계를 설계했다. 그리고 이 가상의 세계에서 자기복제 패턴을 포함하는 초기 구성이 존재할 수 있음을 증명하기에 이르렀다.

많은 놀라운 발견들이 그렇듯이 폰 노이만의 발견 역시 거의 알려지지 않았다는 문제가 있었다. 특히 일반 대중에게는 말이다. 수년 후 콘웨이는 울람의 패턴 게임에 익숙해졌고 오늘날 우리가 알고 있는 라이프 게임을 고안해냈다. 폰 노이만의 29개 상태 대신 두 가지 상태만 가진 셀로 이루어진 이 세계는 단순함과 〈사이언티픽 아메리칸〉에 마틴 가드너가 쓴 인기 있는 '수학 게임' 칼럼을 통해 대중적으로 알려졌고, 1970년대에 콘웨이의 셀룰러 오토마타가 일종의 컬트적인 인기를 얻은 이후, 수많은 사람의 상상력을 사로잡았다.[40]

라이프 게임에서 주목할 만한 두 가지 발견을 살펴보자. 2010년 앤드루 웨이드는 '제미니'라는 자기복제 구조를 고안했다. 제미니는 3,400만 단계에 걸쳐 자신을 복제하며 대각선이나 직선이 아닌 경로로 움직일 수 있다는 점에서 주목받았다. 이것 때문에 제미니는 최초의 사선 우주선(oblique spaceship)으로 여겨진다. 그로부터 몇 년 후 2013년에 데이브 그린은 자신을 완전히 복제할 뿐 아니라 그 복제를 수행하는 데 필요한 명령어도 함께 복제하는 최초의 구조를 고안했다.

그렇다면 이러한 자기복제가 어떻게 가능한 것일까? 이를 이해하기 위해서는 추상적인 개념을 도입해보면 도움이 된다. 만약 글라이더의 존재 여부를 컴퓨터의 0과 1처럼 정보의 '비트'로 간주한다면 라이프 게임 안에

---

40   라이프 게임 애호가들의 온라인 커뮤니티(https://www.conwaylife.com/)를 참조하기 바란다.

서 어떤 구조들이 가능할까? 실제로 우리는 라이프 게임 안에서 보편 튜링 기계를 구성할 수 있다. 즉 컴퓨터가 할 수 있는 모든 작업을 수행할 수 있는 가상 기계를 만들 수 있다는 것이다. 이러한 가상 기계들을 통해 자기복제에 필요한 계산이 가능해진다. 튜링 기계를 깊이 탐구하지는 않겠지만, 라이프 게임에서 이러한 기계들을 가능하게 만드는 몇 가지 구조를 간단히 살펴보도록 한다.

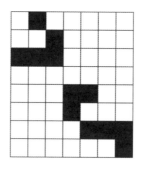

[그림 11.8] 글라이더와 포식자

자기복제를 실현하기 위해서는 몇 가지 추가적인 구조가 필요하다. 포식자(eaters)와 글라이더 총(glider guns) 같은 구조들이다. 이 구조들은 '정보'를 탐지하고 제어하는 데 필수적이다. [그림 11.8]은 왼쪽 상단에 글라이더, 오른쪽 하단에 포식자가 있는 다이어그램이다.

포식자는 매우 독특한 구조로 그 이름처럼 다른 구조를 파괴하거나 '먹어치우면서'도 스스로는 손상되지 않고 유지된다. 이 예에서는 글라이더가 포식자 쪽으로 이동하고 둘이 만나면 4단계에 걸쳐 글라이더가 파괴되고 포식자는 원래 상태로 복원된다. 윌리엄 파운드스톤은 이 상호작용을 다음과 같이 설명한다.

11장. 자유의지

포식자는 글라이더를 4세대에 걸쳐 '먹어치울' 수 있다. 먹히는 것이 무엇이든 기본적인 과정은 동일하다. 포식자와 먹잇감 사이에 다리가 형성되고, 다음 세대에서는 그 다리 부분이 과밀로 인해 소멸하면서 포식자와 일부 먹잇감을 없앤다. 포식자는 스스로 복구되지만, 먹잇감은 보통 복구되지 않는다. 글라이더처럼 먹잇감의 나머지가 사라지면, 먹잇감은 완전히 잡아먹힌 것이다.[41]

파운드스톤(2013)

연습문제: 위에 보인 초기 상태를 포함한 설정으로 라이프 게임 시뮬레이션을 실행해보고, 글라이더와 포식자가 어떻게 상호작용하는지 직접 확인해보자.

이제 더 복잡한 구조인 글라이더 총을 살펴보자. [그림 11.9]에서 볼 수 있듯이 글라이더 총은 2개의 셔틀과 2개의 스퀘어 고정 패턴으로 구성되어 있다.

---

[41] 추가 설명하면, 라이프 게임에서 포식자가 먹잇감(주로 글라이더 같은 구조)을 어떻게 파괴하는지를 다루고 있다. 기본적인 과정은 다음과 같다. ①포식자와 먹잇감 사이에 일종의 연결 부위, 즉 "다리"가 형성된다. 이 다리는 두 구조를 이어주는 역할을 한다. ②다리 영역은 다음 세대에서 과밀 현상으로 인해 소멸한다. 이과정에서 포식자와 먹잇감 양쪽 모두 일부가 손상되는데, 이를 비유적으로 "한 입베어 먹는다"라고 표현한다. ③포식자는 손상된 부분을 스스로 복구하여 원래의 상태로 돌아간다. ④반면 먹잇감은 보통 스스로 복구하지 못하며, 남은 부분이 모두 소멸되면 먹잇감은 완전히 파괴된다. 글라이더와 같은 구조는 복구되지 못하고 끝내 포식자의 공격으로 파괴된다. 이 과정은 포식자가 자신을 유지하면서 먹잇감을 파괴하는 방식을 설명하는데, 포식자는 매번 복구되지만, 먹잇감은 대개 파괴되는 특징이 있다.-옮긴이

셔틀이 충돌하면 그 충돌로 인해 글라이더가 생성되어 격자의 오른쪽 아래 방향으로 발사된다. 그런 다음 셔틀은 두 스퀘어 고정 패턴을 향해 수평으로 방향을 바꿔 이동한다. 셔틀이 고정 패턴과 접촉하면 다시 방향을 바꾸어 이동하지만, 고정 패턴은 그대로 남고 이 과정이 반복된다. 이 복잡한 복합 구조는 30단계 주기로 끝없이 글라이더를 생성한다. 화면이 충분히 크다면, 이 구조에서 일정한 간격(대략 5개의 대각선 셀 간격)으로 계속해서 글라이더가 발사되는 모습을 볼 수 있을 것이다.

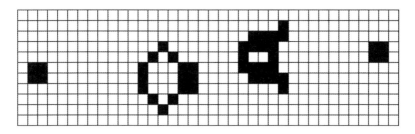

[그림 11.9] 글라이더 총

실습: 위에서 본 구성을 포함한 초기 상태로 라이프 게임 시뮬레이션을 실행해보고, 글라이더 총이 어떻게 끊임없이 글라이더를 생성하는지 직접 확인해보자.

이제 이러한 구조들을 이용해 글라이더를 정보의 비트로 다룰 수 있게 된다. 글라이더가 있으면 1로, 없으면 0으로 간주하여 컴퓨터의 기본적인 구성 요소를 만들 수 있다. 글라이더 총과 글라이더, 포식자를 사용해 간단한 연산이 어떻게 실행될 수 있는지 추상적으로 살펴보자.

컴퓨터의 기본 구성 요소 중 하나는 AND 연산이다. AND 연산은 1과 0

11장. 자유의지

을 입력받아 1 또는 0을 출력한다. 두 입력값이 모두 1일 때만 1을 출력하고, 하나라도 0이면 0을 출력한다. 1을 참(True), 0을 거짓(False)으로 해석하면 파이썬의 AND 연산자가 작동하는 방식과 같아진다.

[그림 11.10]은 라이프 게임에서 AND 연산자가 어떻게 구현될 수 있는지를 보여준다. G는 글라이더 총을, E는 포식자를 나타낸다. 화살표는 글라이더가 이동하는 경로를 나타낸다. G에서 E로 이어지는 화살표는 G에서 생성된 글라이더가 E에 의해 포식되는 일정한 흐름을 뜻한다. 입력A와 입력B는 각각 1 또는 0을 나타내며, 1일 때는 글라이더가 있고 0일 때는 글라이더가 없다. G에서 E로 향하는 화살표에 있는 'X'는 글라이더 간의 치명적인 충돌 지점을 나타낸다. 입력A가 글라이더(즉 1)를 보내면, 그 글라이더는 G에서 E로 가는 글라이더 흐름 중 하나와 충돌하여 두 글라이더 모두 파괴된다. 입력A에서 보내진 글라이더가 G에서 생성된 글라이더와 충돌해 사라진다는 것이 핵심이다.

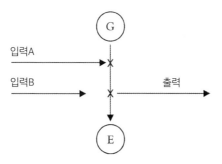

[그림 11.10] 라이프 게임에서 AND 연산자를 구현한 도식

입력A를 나타내는 화살표가 입력B의 화살표보다 더 긴 것을 주목하라. 이는 입력B의 글라이더가 G에서 글라이더가 생성되는 시간만큼 입력A보

다 뒤에 발사되어야 한다는 의미다. 즉 두 글라이더는 일정한 간격을 두고 출발해야 한다. 입력A와 입력B에서 글라이더가 동시에 발사되면, 둘 다 G에서 E로 가는 글라이더 흐름에 의해 파괴된다.

이 구성에서는 입력A와 입력B가 서로 시간차를 두고 글라이더를 발사할 경우, 입력A의 글라이더가 입력B의 글라이더와 충돌할 예정이었던 G에서 생성된 글라이더와 먼저 충돌한다. 그러면 입력B의 글라이더는 방해받지 않고 계속 진행할 수 있다. 입력A에서 글라이더가 발사되지 않으면, 입력B의 글라이더는 G에서 생성된 글라이더와 충돌하게 된다. 이렇게 해서 두 입력 모두에서 글라이더가 발사될 때만 출력에 글라이더가 나타난다. 즉 이 구조는 두 입력이 모두 1일 때만 출력에서 1(즉 글라이더)이 생성된다.

이것은 놀라운 성과이다. 우리는 포식자, 글라이더, 글라이더 총을 사용해 회로 설계에서 AND 연산을 시뮬레이션하는 메커니즘을 만들었다. 비록 보편 튜링 기계가 어떻게 구성될 수 있는지에 대해 약간의 단서를 얻은 정도에 불과하지만, 이는 매우 흥미로운 가능성을 보여준다. 라이프 게임에서 보편 튜링 기계를 실제로 구현하는 방법을 탐구하고 싶다면 렌델(Rendell, 2000)의 저서를 참고하라.

이 논의에서 중요한 점은, 여러분이 사용하는 컴퓨터처럼 복잡한 것이 라이프 게임 내에서도 존재할 수 있다는 사실이다! 오늘날 컴퓨터로 하는 놀라운 일들을 잠시 생각해보자. 워드 프로세서를 사용해 논문을 작성하고 인터넷을 통해 화상 회의를 하고 영화를 본다. 나아가 기계 학습의 최근 발전으로 인해 한때 해결이 불가능했던 문제들이 해결 가능해지고 있다. 우리는 컴퓨터를 통해 얼굴을 인식하고 음성을 합성하며 언어를 번역한다. 놀라운 것은 이러한 혁신을 가능하게 하는 모든 계산이 이 간단한 시스템,

즉 두 가지 상태를 가진 2차원 격자와 몇 가지 결정론적 규칙 안에서 실행 될 수 있다는 것이다.[42]

데닛은 이를 다음과 같이 요약한다.

거대한 생명 구조가 정보를 처리하는 능력은 실제 3차원 컴퓨터가 정 보를 처리하는 능력과 똑같다. "칩에 구현"하여 3차원 장치에 내장할 수 있는 어떤 기능이라도 2차원에서 더 큰 생명 구조로 표현된 유사한 생명 배열을 통해 완벽히 모방할 수 있다. 이러한 가능성이 원리적으 로 존재한다는 것은 이미 알려져 있다.[43]

데닛(2003)

이 장의 서두에서 제기된 문제로 돌아가 보자. 이러한 가능성들이 자유의 지를 생각하는 데 어떤 도움을 줄 수 있을까? 우리가 아는 것은 라이프 게

---

42 일부 사람들은 라이프 게임이라는 피상적인 결정론적 세계 안에서도 생물학적 진 화와 유사한 과정이 일어날 수 있으며, 궁극적으로 자기복제 구조를 만들어낼 수 도 있다고 믿는다. 이러한 구조들은 꼭 렌델 같은 프로그래머-신이 만들어내야 만 하는 것은 아니다. 이러한 가능성을 이해하려면, 글라이더들의 충돌만으로 만 들어질 수 있는 구조들을 다룬 마크 니미에츠(Mark Niemiec, 2010)의 논문을 참고 해볼 수 있다. 그는 예를 들어, 7개의 글라이더 충돌을 통해 글라이더 총을 구성할 수 있는 방법을 보여준다.

43 우리가 3차원 컴퓨터 칩에 넣어 실행할 수 있는 모든 기능은 라이프 게임의 2차 원 세계에서도 동일하게 구현될 수 있다는 의미이다. 데닛은 이론적으로 3차원 컴퓨터에서 가능한 모든 정보 처리 기능을 2차원 라이프 게임에서도 재현할 수 있다는 것을 강조한다. 여기서 중요한 점은 라이프 게임의 규칙이 매우 단순함에 도 불구하고, 그 단순한 규칙 속에서도 복잡한 컴퓨터 시스템과 같은 정보 처리 능력이 가능하다는 것이다. 이를 통해 2차원 구조 안에서도 우리가 일반적으로 생각하는 컴퓨터의 기능을 완전히 모방할 수 있다는 가능성을 제시한다.-옮긴이

임 안에 글라이더 식별과 자기복제를 포함한 복잡한 작업을 수행할 수 있는 구조의 진화에 필요한 모든 요소가 이미 존재한다는 것이다.

이러한 구조들은 다양한 '능력'을 가질 것이다. 그렇다면 어떤 구조가 가장 잘 지속되고 생존할 수 있을까? 살펴본 바와 같이 일부 구조는 이동할 수 있는 능력을 가지며, 일부는 심지어 '소비'할 수 있는 능력을 갖는다. 분명히 이러한 추가적인 능력을 가진 구조들은 더 나은 생존 방식을 가지게 될 것이다. 그러나 환경을 '관찰'할 수 있는 능력을 가진 더 정교한 구조들을 쉽게 상상할 수 있다. 라이프 게임 내 튜링 기계는 바로 이러한 능력을 가지고 있다. 이들은 글라이더의 존재 여부를 구별할 수 있다.

여기서 데닛의 도전적인 아이디어로 나아갈 수 있다. 관찰이 환경에 대한 정보를 수집하는 능력이라고 가정하고, 글라이더가 라이프 게임 안에서 빛의 광자, 즉 정보가 이동할 수 있는 절대 한계를 설정하는 존재라고 가정한다면 글라이더를 감지하는 능력은 일종의 '시각'으로 해석될 수 있다. 그리고 이러한 능력은 위협을 피할 수 있는 잠재력을 제공한다. 데닛은 이에 대해 다음과 같이 말한다.

> 이것이 회피의 탄생이다. 이것은 예방, 보호, 안내, 향상, 그리고 그보다 더 정교하고 더 많은 자원을 요구하는 행동들의 탄생이다. 그리고 바로 이 탄생의 순간에 우리는 이후에 필요하게 될 중요한 구분을 감지할 수 있다. 어떤 종류의 피해는 원칙적으로 회피할 수 있지만, 어떤 종류의 피해는 불가피하다.
>
> 데닛(2003)

       11장. 자유의지

회피자의 존재는 결정론과 필연성을 얽매는 인지적 착각을 깨뜨리는
데 필요한 것이다.[44]

데닛(2003)

데닛은 자유의지와 결정론의 양립불가능성을 걱정하는 많은 사람들이 결
정론 속에 있는 불가피성 때문에 우려한다고 생각한다. 모든 것이 결정되
어 있다면 모든 일은 불가피한 것이 된다. 모든 일이 불가피하다면 우리가
어떻게 선택할 수 있는 능력을 발휘할 수 있겠는가? 하지만 필연적, 즉 '불
가피한'이라는 말을 '회피할 수 없는'으로 번역할 수 있다면 어떨까? 이 번
역이 옳다면 라이프 게임 같은 결정론 세계 안에서는 가능한 일들 사이에
긴장감이 존재하는 것으로 보인다. 모든 것이 회피할 수 없는 것은 아니다.
관찰을 수행하고 이를 바탕으로 반응할 수 있는 복잡한 구조가 발전함에
따라 회피는 명확한 가능성이 된다. 데닛은 이렇게 말한다.

> 라이프 게임 세계 같은 결정론 세계에서는 다른 것들보다 더 효과적으
> 로 피해를 회피할 수 있는 것들을 설계할 수 있으며, 이들은 이러한 능
> 력 덕분에 지속적으로 존재할 수 있다.[45]

44   결정론 세계에서 모든 것이 정해져 있다면, 모든 결과가 불가피하다는 인식이 생
길 수 있다. 하지만 데닛은 "회피자, 즉 회피하는 존재"의 등장이 이러한 불가피성
과 결정론을 연결하는 인지적 착각을 깨뜨릴 수 있다고 주장한다. 즉 결정론이 참
일지라도 일부 행동이나 해악은 피할 가능성이 있다는 점을 강조하고 있다. 이로
인해 데닛은 결정론과 불가피성의 관계를 재검토하면서 자유의지의 가능성을 열
어두려는 철학적 논지를 펼친다.-옮긴이

45   결정론 세계라고 해서 모든 것이 불가피하게 고정된 것은 아니며, 일부 구조들은
회피 능력 덕분에 더 오래 살아남을 수 있다는 것이다. 예를 들어, 라이프 게임 내

따라서 결정론적 세계에서도 모든 것이 '불가피'하지는 않은 것처럼 보인다.

질문: 데닛의 논증을 논리적으로 분석하고 전제-결론 형식으로 정리할 수 있는가?

그의 논증을 다음과 같이 재구성할 수 있다.

데닛의 논증

1. 어떤 결정론적 세계에서는 피해를 회피하는 회피자가 존재한다.

2. 그러므로 어떤 결정론적 세계에서는 특정한 피해가 회피된다.

3. 무언가가 회피된다면, 그것은 회피 가능하며 불가피하지 않다.

4. 그러므로 어떤 결정론적 세계에서는 불가피하지 않은 것이 존재한다.

5. 그러므로 결정론은 불가피함을 반드시 함축하지 않는다.

토론하기: 이것이 데닛의 논증을 공정하게 재구성한 것인가? 약한 전제는 없는가? 데닛이 라이프 게임을 사용해 충돌을 피할 수 있는 구조를 도입한

에서 글라이더나 포식자 같은 구조들은 특정한 규칙과 상호작용에 따라 생존하거나 소멸할 수 있는데, 이런 구조들이 더 잘 살아남기 위해서는 환경 속에서 해악을 회피하는 능력이 중요하다. 데닛은 이러한 능력이 바로 그 구조들이 지속적으로 존재할 수 있는 이유라고 말하고 있다. 즉 결정론적인 법칙이 작동하는 세계에서도 단순한 구조에서부터 복잡한 구조까지 다양한 존재들이 해악을 피하면서 지속적으로 존재할 수 있다는 점을 강조한다.-옮긴이

것이 어떻게 보이는가? 이것이 양립가능론을 방어하는 데 도움이 되는가?

데닛의 논증에 대한 자연스러운 반론은 라이프 게임에서 나타나는 회피가 '진정한' 회피가 아니라는 점을 지적하는 것이다. 자유의지에 필요한 진정한 회피란 일어날 예정이었던 일을 일어나지 않게 바꿀 수 있는 능력을 요구한다.

하지만 이 맥락에서 '일어날 예정이었던 일'은 무엇을 의미할까? 실제 세계에서 우리는 다양한 회피 반응을 관찰할 수 있으며, 이러한 반응들은 틀에 박힌 '자동화된' 반응에서 매우 복잡한 반응에 이르기까지 다양한 형태로 나타난다. 단순한 '자동화된' 반응의 한 예로 많은 사람이 가진 각막반사를 생각할 수 있다. 우리의 눈은 빠르게 움직이는 물체나 작은 이물질에 매우 민감하게 반응해 실제로 위험하지 않더라도 반사적으로 눈을 깜박인다. 매우 단순하고 무의식적인 회피 반응이지만, 이 반사작용은 이물질이 눈에 들어가는 것을 방지하여 '일어날 수 있던 일' 즉 이물질이 눈에 들어갈 수 있던 것을 '일어나지 않게' 바꾼다.

각막반사가 실제로 일어날 예정이었던 일을 바꾼 것은 아니라고 주장할 수도 있다. 각막반사와 이물질이 눈에 들어가지 않는 결과 역시 예측되어야 했다는 것이다. 그러니까 각막반사가 이물질이 눈에 들어가는 것을 막아 일이 바뀐 것이 아니라, 각막반사가 있었기에 애초에 이물질이 눈에 들어갈 일이 없던 것이다. 결국, 각막반사도 우주가 전개되는 과정의 한 부분으로 반드시 고려되어야 할 요소라는 말이다.

하지만 더 복잡한 예를 생각해보자. 피구 경기에서 공이 당신을 향해 던져졌고 당신은 능숙하게 피했다. 공이 당신에게 맞을 예정이었다는 것은 어떤 의미일까? 어쩌면 당신의 생리적 회피 시스템이 각막반사처럼 본능적으로 반응했기 때문에 애초에 공이 당신에게 맞지 않을 수도 있었다. 모든 것이 결정론적으로 전개되었기 때문에 공이 당신에게 맞을 일은 없던 것이다! 그러나 여기서 주목할 점은 당신이 추가적인 정보에 따라 반응할 수 있다는 것이다. 가령 당신이 공에 맞아 그 시점에서 아웃되면 오히려 팀이 이길 가능성이 높아진다는 것을 알고 있다고 하자. 그래서 당신은 본능적인 회피 행동을 억제하기로 결심할 수 있다. 나아가 피하려는 행동을 억제하려던 결심조차 저항할 수도 있다. 피구 경기에서 살아남는 것이 팀에게 더 유리하다는 숨은 전략이 있다면 말이다. 이것은 매우 복잡하고 정교한 회피의 형태다!

우리는 회피 행동의 전체 범위를 '진짜' 회피가 아니라고 여겨야 할까? 아마도 복잡한 회피 행동은 '진짜' 회피로 간주될 수 있다는 주장을 할 것이다. 물론 데닛은 그의 책 《자유는 진화한다》에서 훨씬 더 많은 반론을 다룬다. 이 개요는 라이프 게임이 결정론적 세계에서 잠재적인 가능성들을 생각할 수 있는 개념적 공간을 어떻게 열어주는지, 그리고 복잡한 행동을 이해하는 새로운 방식을 어떻게 만드는지를 엿볼 수 있게 한다.

핵심 요점

- 양립불가능론자와 양립가능론자는 자유의지와 결정론의 양립 가능성에 대해 의견이 대립한다.
- 일부 양립불가능론자는 자유의지에 대안 가능성이 필요하다고 주장

11장. 자유의지

한다.

- 일부는 조건부 분석을 발전시켜 양립가능론을 방어하려 했다.
- 도덕적 책임이 대안 가능성을 요구하지 않는다는 예를 통해 양립가
능론을 방어하려는 시도도 있다.
- 콘웨이의 라이프 게임은 문제를 생각하는 데 실질적인 도움을 준다.

12장

재귀

우리는 앞선 장들에서 함수에 대해 배우고 직접 정의해봤다. 함수는 여러 모로 매우 유용하다. 좋은 함수를 작성하면 추상화를 통해 문제를 더 높은 개념적 수준에서 생각할 수 있다. 지금까지는 다른 함수를 호출하는 함수만 살펴보았는데, 함수가 자기를 호출한다면 어떻게 될까?

프로그래밍 기법인 **재귀**는 동일한 문제의 더 간단한 버전을 해결하는 방식으로 문제를 해결하는 방법이다. 이론적으로 매우 중요한 개념으로 수학에서 유도 증명을 만들 때도 사용된다. 예를 들어 다음은 합산 공식이다.

$$1 + 2 + 3 + \ldots + n = \frac{n(n+1)}{2}$$

이 공식이 모든 n에 대해 성립한다는 것을 어떻게 증명할 수 있을까?

이를 재귀적으로 증명할 수 있다. 우선 자명한 경우인 n=1에서 이 공식이 성립하는지 확인한다. 이 경우 답은 이미 알고 있는 1이다. n=1을 공식에 대입하면 1(1+1)/2가 되고, 이는 1로 계산된다. 따라서 이 공식이 가장 단순한 경우에도 성립한다는 것을 알 수 있다.

그다음 이 공식을 인접한 값들에 적용했을 때도 일관성이 있는지 확인해보자. 예를 들어 n의 합(원래 문제)은 n-1의 합(조금 더 간단한 문제)과 n을 더한 값이어야 한다. 이를 다음과 같이 표현할 수 있다.

$$1 + 2 + 3 + \ldots + n = (1 + 2 + 3 + \ldots + n - 1) + n$$

합산 공식을 사용하여 n-1의 합계를 계산할 수 있다.

$$1 + 2 + 3 + \ldots + n - 1 = \frac{(n-1)n}{2}$$

여기에 n을 더하면 마침내 원래의 공식이 만들어진다.

$$1 + 2 + 3 + \ldots + n = \frac{n^2 - n}{2} + n$$

$$1 + 2 + 3 + \ldots + n = \frac{n^2 - n + 2n}{2}$$

$$1 + 2 + 3 + \ldots + n = \frac{n^2 + n}{2}$$

$$1 + 2 + 3 + \ldots + n = \frac{n(n+1)}{2}$$

이는 모든 양의 정수에 대한 합산 공식이 성립함을 증명한다. 언어도 재귀 구조를 가질 수 있다. 예를 들어 다음 문장을 보자.

컴퓨터과학은 재미있다.

이 문장은 주어와 동사의 간단한 구조로 되어 있다. 이제 이 문장 구조 규칙을 사용하여 주어-'생각하다' 문장 같은 또 다른 문장 구조를 정의할 수 있다. 이 두 번째 규칙은 문장 자체를 포함한다. 따라서 이전 문장을 포함하는 새로운 문장을 다음과 같이 만들 수 있다.

라일라는 컴퓨터과학이 재미있다고 생각한다.

이 문장은 다시 또 다른 문장에 포함될 수 있다.

다나는 라일라가 컴퓨터과학은 재미있다고 생각한다.

이런 식으로 우리는 문장을 무한히 이어갈 수 있다.

토론하기: 재귀가 사용되는 또 다른 예는 어디에서 찾을 수 있는가?

재귀 프로그래밍

재귀를 이해하기 위해 재귀 구조를 가진 간단한 함수를 생각해보자. 2개의 정수 곱셈, 즉 x*y를 어떻게 하면 동일한 구조의 조금 더 간단한 문제로 생각할 수 있을까? 다음과 같이 생각할 수 있다.

```
x * y = x * (y-1) + x
```

이제 x*y라는 원래 문제를 동일한 구조이면서 조금 더 단순한 문제인 x*(y-1)을 사용해 풀려고 한다. 이 단순한 문제의 답을 알고 있다면, 그 결과에 x를 더하는 것만으로 원래 문제를 해결할 수 있다. 즉 곱셈 문제를 더 간단한 곱셈 문제로 해결하는 방식이다. 이 단순화 과정이 충분히 쉬운 수준에 도달하면 원래 문제도 해결될 것이다. 첫 번째 시도로 우리는 곱셈을 재귀적으로 해결하는 다음과 같은 함수를 작성해볼 수 있다.

```
def multiply(x,y):
    return x + multiply(x,y-1)
```

이 함수의 반환 값은 이전 문단에서 설명한 것과 정확히 일치한다. x는 x와 y-1을 곱한 결과에 더해진다. 다음 명령문을 실행하면 어떤 결과가 나올까?

```
multiply(5,4)
```

안타깝게도 이는 오류를 발생시킬 것이다.

```
RecursionError: maximum recursion depth exceeded
```

이는 재귀적으로 곱셈 함수를 호출하는 과정에서 무한 루프에 빠졌다는 뜻이다. 컴퓨터가 처리할 수 있는 재귀 호출의 수에는 한계가 있으며 결국 메모리는 부족해진다. 이제 왜 이런 일이 발생했는지 원래 함수 호출 과정을 추적하며 자세히 살펴보자.

```
multiply(5,4)
5 + multiply(5,3)
5 + 5 + multiply(5,2)
...
5 + 5 + 5 + 5 + 5 + multiply(5,-1)
...
```

재귀 호출이 일어날 때마다 y 변수의 입력값이 1씩 감소하는 것을 볼 수 있다. 하지만 문제는 y가 특정한 단순한 값에 도달했을 때 재귀 호출을 멈추라는 지시가 함수에 없다는 점이다.

질문: 재귀 호출은 어느 시점에서 종료되어야 하는가?

재귀 호출은 y가 1이 되었을 때 끝나야 한다. 이는 두 정수를 곱하는 문제에서 가장 '단순한' 경우로 볼 수 있다. 계산이 매우 간단해서 결과를 즉시 알 수 있는데, 그 값은 x와 같다. 이 점을 반영하기 위해 원래 함수를 다음과 같이 수정할 수 있다.

```
def multiply(x,y):
    if y == 1:
        return x
    return x + multiply(x,y-1)
```

y == 1 조건은 프로그래머들이 흔히 **종료 조건**(base case)이라고 부르는 것을 지정한다. 이는 재귀 호출을 멈추는 조건이며 해결하려는 문제의 가장 간단한 버전에 대한 해결책을 포함해야 한다. 이 예시를 통해 좋은 재귀 함수를 작성하기 위해서는 두 가지 중요한 요소가 있음을 알 수 있다. (1) 종료 조건과 (2)재귀 조건이 그것이다. 더 복잡한 재귀 함수에서는 여러 개의 종료 조건과 재귀 조건이 필요할 수도 있다. 하지만 지금은 그 문제는 잠시 제쳐 두자.

이제 재귀 함수를 소개할 때 자주 사용되는 팩토리얼 같은 고전적인 문제를 생각해보자. 양의 정수 n의 팩토리얼, 즉 n!은 n 이하의 모든 양의 정수의 곱이다. 이 정의에 따르면 5!은 5*4*3*2*1로 이는 120이다. 팩토리얼의 재귀적 성질은 쉽게 확인할 수 있다. 5!은 사실 5*4!과 같다. 더 일반적으로 n!은 n*(n-1)!이다.

이로 인해 재귀 조건은 무엇인지 알 수 있다. 하지만 종료 조건은 무엇일까? 또 다른 방식으로 질문하자면 팩토리얼을 계산할 때 가장 단순한 사례는 무엇일까? 생각할 것도 없이 바로 계산 가능한 사례는 n이 1일 때이다. 1!은 단순히 1이다. 이 두 가지 아이디어를 결합하여 팩토리얼을 계산하는 재귀 함수를 작성할 수 있다.

```
def factorial(n):
    if n == 1:                     # 종료 조건
        return 1
    return n * factorial(n-1)      # 재귀 조건
```

이것이 앞서 작성한 `multiply` 함수와 구조적으로 매우 유사하다는 점을 주목하라.

연습문제 12.1: summation 재귀 함수를 작성해보라. 이 함수는 하나의 정수 n을 입력으로 받아 n 이하의 모든 정수의 합을 반환해야 한다.

연습문제 12.2: exponent 재귀 함수를 작성해보라. 이 함수는 2개의 0 이상의 정수 x와 y를 입력으로 받아 x^y, 즉 x의 y제곱을 반환해야 한다.

지금까지 우리는 숫자를 입력으로 받는 재귀 함수를 작성했다. 그렇다면 리스트나 문자열 같은 구조화된 객체를 입력으로 받는 재귀 함수는 어떻게 작성할 수 있을까? 예를 들어 다음과 같은 리스트의 모든 숫자를 더하는 문제를 생각해보자.

```
[24, 55, 19, 92, 1, 42]
```

이 문제를 조금 더 단순한 버전으로 해결하려면 어떻게 해야 할까? 리스트에서 첫 번째 숫자를 제외한 상태로 같은 문제를 해결하면 더 단순하게 문제를 풀 수 있다.

```
[55, 19, 92, 1, 42]
```

조금 더 단순한 이 리스트의 모든 숫자의 합을 계산할 수 있다면, 원래 문제를 해결하기 위해서 해야 할 일은 첫 번째 숫자인 24를 그 합에 더하는 것 뿐이다. 이것이 바로 재귀 호출이다. 그렇다면 종료 조건은 어떻게 설정해야 할까? 가장 간단하게 해결할 수 있는 리스트는 무엇일까? 가장 쉬운 경우는 빈 리스트이다. 이 경우의 답은 바로 0이다. 더할 숫자가 없으니 계산할 필요가 없기 때문이다! 이를 다음과 같이 구현할 수 있다.

```python
def sum_list(L):
    if len(L) == 0:                 # 종료 조건
        return 0
    return L[0] + sum_list(L[1:])        # 재귀 조건
```

빈 리스트를 확인하는 방법 중 하나는 L의 길이가 0인지 확인하는 것이다. 또 다른 방법은 L == []로 확인하는 것이다. 리스트의 첫 번째 숫자는 L[0]으로 접근할 수 있고, 첫 번째 숫자를 제외한 리스트는 L[1:]으로 슬

라이싱해서 만들 수 있다. 이 슬라이싱은 리스트의 두 번째 숫자부터 마지막 숫자까지 자르는 것이다. 리스트나 문자열 혹은 인덱싱과 슬라이싱이 가능한 다른 구조화된 타입을 재귀적으로 처리할 때 이 방법을 떠올리면 유용할 것이다.

연습문제 12.3: sum_list 함수를 수정하여 숫자와 다른 타입의 객체가 섞인 리스트를 입력받아 숫자만 더하는 함수를 작성하라. 예를 들어 [5, 'Hi', 8, True, 1]는 14를 반환해야 한다. (힌트: type 함수를 사용하여 int나 float 타입의 값만 더하도록 해야 한다. 이 문제는 반드시 재귀적으로 해결해야 한다.)

이제 리스트를 입력으로 받고 출력하는 재귀 함수를 생각해보자. 주어진 정수 리스트에서 짝수를 모두 제거하고 홀수만 남긴 리스트를 만들고 싶다면 어떻게 해야 할까? 다음과 같은 리스트를 예로 들어보자.

[1,2,3,4,5]

이 함수는 다음과 같은 값을 반환해야 한다.

[1,3,5]

이 문제를 해결하기 위해 먼저 종료 조건이 무엇인지 생각해보자. 가장 간단한 리스트는 빈 리스트일 것이다. 처음부터 숫자가 없으니 필터링할 것도 없고 그냥 빈 리스트를 반환하면 된다. 이것이 종료 조건이다.

그렇다면 재귀 조건은 어떨까? 주어진 입력 리스트에서 조금 더 단순한 문제는 첫 번째 숫자를 제외한 같은 리스트를 사용하는 것이다.

[2,3,4,5]

이 문제의 해결책, 즉 [3,5]라는 리스트가 있다고 가정했을 때 첫 번째 숫자인 1을 어떻게 처리해야 할까? 그 숫자가 짝수인지 홀수인지에 따라 달라진다. 만약 짝수라면 아무것도 할 필요가 없다. 더 단순한 문제의 해결책이 원래 문제의 해결책이 될 것이기 때문이다. 하지만 홀수라면 그 숫자를 더 단순한 문제의 해결책 앞에 추가해야 한다. 첫 번째 숫자가 1이고 홀수이므로 [3,5] 앞에 1을 추가하면 된다. 이게 전부다.

이 아이디어를 다음과 같이 구현할 수 있다.

```python
def filter_odd(L):
    if len(L) == 0:      # 종료 조건
        return []
    if L[0] % 2 == 0:    # 첫 번째 숫자가 짝수이면,
                         # 아무것도 하지 않는다
        return filter_odd(L[1:])
    else:                # 첫 번째 숫자가 홀수이면, 더한다
    return [L[0]] + filter_odd(L[1:])
```

코드의 각 줄이 앞에서 설명한 논리에 어떻게 대응하는지 확실히 이해해야 한다. 이 방식이 마치 마법처럼 작동하는 것처럼 보일 수 있다. 하지만 적절한 종료 조건이 주어졌다면, 함수 내에서 자신을 재귀적으로 호출하는 부분(`filter_odd`)이 항상 올바른 결과를 반환한다고 가정할 수 있다. 이 가정을 바탕으로 우리는 재귀 조건은 L의 첫 번째 숫자만 처리하면 된다.

`filter_odd` 코드의 이해가 어렵다면, `filter_odd`가 반환하는 객체의 타입을 명확히 하는 것이 도움이 된다. `filter_odd` 함수가 성공적으로 호출되면 반환하는 객체는 항상 리스트이다. 이 점을 염두에 두면 L이 `[1,2,3,4,5]`일 때 `filter_odd(L[1:])`은 단순히 `[3,5]` 리스트로 볼 수 있다. 따라서 원래 문제에 대한 답을 구하려면 1을 이 리스트의 앞에 추가하기만 하면 된다.

재귀 프로그래밍이 아직 어렵게 느껴지더라도 걱정할 필요가 없다. 처음에는 자연스럽지 않게 느껴질 수 있으며 익숙해지기 위해서는 약간의 연습이 필요하다. 중요한 것은 연습문제를 많이 풀어보는 것이다.

연습문제 12.4: count 재귀 함수를 작성해보라. 이 함수는 숫자 리스트 L과 숫자 n을 입력받아 L에 있는 숫자 중 n보다 작은 숫자의 개수를 반환해야 한다.

연습문제 12.5: palindrome 재귀 함수를 작성해보라. 이 함수는 문자열 S를 입력받아 S가 회문일 경우 True를 반환하고, 그렇지 않으면 False를 반환해야 한다. 회문이란 앞뒤가 같은 단어를 뜻한다. 예를 들어 'pop'이나 'racecar' 등이다. (힌트: 종료 조건은 S의 길이가 1 이하일 때이다. 이 경우 모든 문자열은 자동으로 회문이다. 그리고 이전 함수들과 달리, 이 함수의 반환값은 숫자나 리스트, 문자열이 아닌 부울값이라는 점을 잊지 말자.)

하노이 탑

재귀 프로그래밍이 꽤 어렵다고 생각할지도 모르겠다! 위의 문제들은 for 나 while 반복문을 사용해서도 해결할 수 있었다. 즉 반복적 방법으로 해결할 수 있었다. 사실 위 문제들은 반복적으로 풀었을 때 더 쉽게 해결되었을 수도 있다(참고로 위 함수들을 반복적으로 다시 작성해보는 것도 좋은 연습이 될 것이다).

　하지만 항상 그런 것은 아니다. 하노이 탑 문제를 생각해보자. 3개의 기둥이 있고 A, B, C로 표시되어 있다. 여러 개의 원반이 1, 2, 3으로 구분되어 있으며 서로 위에 쌓여 있다. 예를 들면 원반1이 원반2 위에, 원반2는 원반3 위에 쌓여 있다. 각 기둥에서 맨 위에 있는 원반만 다른 기둥으로 옮길 수 있다. 예를 들어 [그림 12.1]에서처럼 원반1만 이동 가능하며, 이는 기둥B나 기둥C로 옮길 수 있다. 원반2와 원반3은 이 상태에서는 움직일 수 없다. 또 다른 중요한 제한은 큰 원반을 작은 원반 위에 쌓을 수 없다는 것이다. 예를 들어 원반2와 원반3은 절대로 원반1 위에 쌓을 수 없고, 원반3도 원반2 위에 쌓을 수 없다.

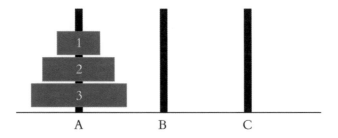

[그림 12.1] 하노이 탑

    이 과제는 특정 기둥에 쌓인 원반을 목표 기둥으로 단계별로 이동하는 지침을 만드는 것이다. 예를 들어 기둥A에 쌓인 원반을 기둥C로 옮기고 싶을 수 있다. 원반이 3개뿐이라면 컴퓨터의 도움 없이도 방법을 찾을 수 있다. 아래에 그 지침이 있다.

```
Move the disk from peg A to peg C.

Move the disk from peg A to peg B.

Move the disk from peg C to peg B.

Move the disk from peg A to peg C.

Move the disk from peg B to peg A.

Move the disk from peg B to peg C.

Move the disk from peg A to peg C.
```

위의 단계들이 문제를 제대로 해결하는지 확인할 수 있겠는가?

    그런데 처음에 쌓인 원반이 5개라면 어떻게 될까? 아니면 10개라면? 어디서부터 시작해야 할지조차 모르겠고 컴퓨터로 문제를 해결하는 방법도 떠오르지 않을 것이다. 이 문제는 매우 복잡해질 수 있다. 하지만 여기서 우리는 재귀적 방법으로 꽤 우아하게 해결할 수 있다. 핵심은 종료 조건과 재귀 조건을 찾아내는 것이다.

우선 종료 조건부터 생각해보자. 가장 간단한 경우는 무엇일까? 바로 원반이 하나만 있는 경우이다. 이 경우의 해결책은 매우 쉽다. 그 원반을 시작 기둥에서 목표 기둥으로 옮기기만 하면 된다. 정말 간단하다!

이제 종료 조건을 해결했으니 재귀 조건을 생각해보자. 기둥A에 n개의 원반이 쌓여 있고 이 스택(stack)을 기둥C로 옮기려 한다고 가정하자. 이 문제를 해결하는데 무엇이 조금 더 쉬운 문제일까? 바로 n-1개의 원반을 옮기는 문제이다. 첫 번째 n-1개의 원반을 기둥A에서 기둥B로 옮길 수 있다면, 여기서 기둥B는 시작 기둥이나 목표 기둥이 아니므로 남은 큰 원반 하나를 기둥A에서 기둥C로 쉽게 옮길 수 있다. 그런 다음에는 n-1개의 원반을 다시 기둥B에서 기둥C로 옮기면 된다. 이러면 문제가 해결된다!

그렇다면 이것을 어떻게 구현할 수 있을까? 재귀적 논리가 비교적 단순하므로 가장 중요한 단계는 우리가 작성하려는 함수의 입력값을 신중하게 설정하는 것이다. 입력값에는 초기 스택에 있는 원반의 개수를 나타내는 정수 n, 시작 기둥을 나타내는 s, 목표 기둥을 나타내는 d, 그리고 시작 기둥도 목표 기둥도 아닌 남은 기둥을 나타내는 l의 이름이 포함되어야 한다.

다음은 이 알고리즘을 구현하는 한 가지 방법이다.

```
def hanoi(n, s, d, l):
    if n == 1:
```

```
      print('Move the disk from peg ' + s + ' to peg '
+ d + '.')
  else:
      hanoi(n-1, s, l, d)  # n-1개의 디스크를 s에서 l로 옮긴다
      hanoi(1, s, d, l)    # 1개의 디스크를 s에서 d로 옮긴다
      hanoi(n-1, l, d, s)  # n-1개의 디스크를 l에서 d로 옮긴다
```

코드가 얼마나 간결한지 주목하자. 3개의 원반을 사용해 이 코드를 실행하여 제대로 작동하는지 확인해보자. 이전에 설명한 단계들과 동일한 지침을 생성하는가?

```
>>> hanoi(3,'A','C','B')
```

이것을 5개의 디스크(또는 10개의 디스크)로 실행해보자. 올바른 명령을 생성하는가? 하노이 탑 문제에 대한 재귀적 해법의 우아함은 항상 놀랍다. 동일한 문제의 더 단순한 버전으로 문제를 개념화함으로써 그 해결책은 비교적 쉽게 구현할 수 있었다.

재귀 프로그래밍과 반복 프로그래밍

재귀 프로그래밍은 매우 유용하다. 많은 경우 문제를 해결하는 코드는 단순하고 아름답다. 더 중요한 것은 재귀 프로그램이 매우 이해하기 쉽고 다

른 사람에게 설명하기도 수월하다는 점이다. 개념적인 논리를 종종 그대로 코드로 옮길 수 있기 때문이다. 프로그래밍을 더 많이 하게 되면 재귀 프로그래밍이 문법, 트리, 그래프를 처리하는 데 있어 우아한 코드를 작성하는 데 도움이 된다는 것을 발견할 수 있을 것이다. 필자가 좋아하는 정렬 알고리즘인 병합 정렬도 그중 하나다. 하지만 이는 이 책의 범위를 넘어선다. 중요한 메시지는 재귀를 사용할 때 직관적으로 더 쉽게 해결할 수 있는 문제가 있다는 점이다.

재귀 프로그래밍의 주요 단점 중 하나는 반복 프로그래밍보다 훨씬 더 많은 메모리가 필요하다는 점이다. 재귀적 곱셈을 구현하면 `multiply(5,4)`는 결국 `5 + multiply(5,3)`을 실행하게 된다. 하지만 + 연산자는 `multiply(5,3)`의 값이 무엇인지 아직 알 수 없으므로 실행할 수 없다. `multiply(5,3)`을 평가하려면 `5 + multiply(5,2)`가 실행되는데, 이 경우에도 + 연산자는 `multiply(5,2)`의 값이 무엇인지 알 수 없기 때문에 실행할 수 없다. 이 과정은 종료 조건에 도달할 때까지 계속되며 이후 대기 중인 + 연산들이 역순으로 실행된다.

왜 더 많은 메모리가 필요할까? 함수가 호출될 때마다 각 함수는 자신만의 지역 변수를 관리해야 한다. 이는 특히 변수 이름이 중복될 때 혼란을 방지하는 데 도움이 된다. 예를 들어 함수 정의 밖에 변수 x가 있고 함수 정의 안에도 x라는 변수가 있을 때, 이 두 변수는 반드시 명확하게 구분되어야 한다. 이러한 변수를 저장하고 구분하기 위해서는 메모리가 필요하다. 파이썬은 함수 밖에 있는 x와 함수 안에 있는 x를 각각 기억해야 하며, 이 두 변수는 서로 다른 변수로 취급된다.

재귀 함수에서는 함수가 재귀적으로 호출될 때마다 각 호출마다 새로운 지역 변수를 관리해야 하며, 이는 이전이나 이후의 호출과 구분되어야 한다. 재귀 호출의 횟수가 증가할수록 각 재귀 호출에서 사용된 모든 변수를 기억하기 위해 필요한 메모리도 증가한다. 그래서 종료 조건 없이 재귀 함수를 정의했을 때 무한 루프가 발생하고, 결국 재귀를 수행하기 위한 메모리가 금방 소진되는 것이다.

결론적으로 재귀 프로그래밍은 우아하고 이해하기 쉬운 코드를 만드는 경우가 많지만, 그 대가로 메모리를 과도하게 사용할 수 있는 위험이 있다. 그럼에도 재귀는 강력한 프로그래밍 도구이며 흥미로운 응용 분야가 많다. 그래서 어떤 이들은 이를 컴퓨터과학의 핵심이라고도 주장한다.

핵심 요점

- 재귀는 수학이나 언어학 같은 다른 분야에서도 발견된다.
- 컴퓨터과학에서 재귀는 종료 조건과 재귀 조건이 필요하다.
- 재귀는 우아하고 이해하기 쉬운 방식으로 구현될 수 있다.
- 재귀는 반복과 중요한 차이점을 가진다.

13장

신

종교 철학은 철학의 한 분과로 종교적 전통과 관련된 개념과 문제를 다룬다. 종교 철학의 중심 주제 중 하나는 신의 존재 여부이다.[46] 역사적으로 신의 존재를 증명하려는 다양한 논증이 발전해왔다. 가장 오래된 논증들은 크게 세 가지 범주로 나뉜다. 존재론적 논증, 목적론적 논증, 우주론적 논증이 그것이다.

토론하기: 신에 대한 당신의 생각은 무엇인가? 신이 존재한다고 혹은 존재하지 않는다고 생각할 만한 좋은 이유가 있다고 생각하는가?

가장 유명한 존재론적 논증은 11세기 베네딕토회 수도사였던 성 안셀무

---

[46]　철학자들의 신 개념은 기독교, 유대교 또는 특정 종교 전통의 신 개념과 같지는 않다. 철학적 개념은 일반적으로 전지전능 같은 특정 속성을 포함한다.

스의 작품으로 거슬러 올라간다.[47] 그는 신 개념에 대한 성찰이 신은 반드시 존재함을 보여 준다고 주장했다. 안셀무스는 신을 "더 위대한 존재를 생각할 수 없는 어떤 존재"로 이해했다.[48] 그런 존재는 반드시 존재해야 한다. 무신론자들처럼 그런 존재가 존재하지 않는다고 가정해보자. 신이 존재하지 않는다면 우리는 신(더 위대한 존재를 생각할 수 없는 어떤 존재)을 생각할 수는 있지만, 신은 존재하지 않을 것이다. 즉 신은 실재가 아닌 우리 마음속의 관념으로만 존재할 것이다. 하지만 우리는 더 위대한 존재, 즉 실제로 존재하는 신을 생각할 수 있다. 실제로 존재하는 신이 존재하지 않는 신보다 더 위대한 것은 명백하다. 하지만 이는 논리적으로 모순이다. "더 위대한 존재를 생각할 수 없는 어떤 존재"보다 더 위대한 존재를 우리는 생각할 수 없다. 그래서 안셀무스는 이 모순을 피하기 위해 신이 실제로 존재하지 않고 마음속에만 존재한다는 처음 가정을 거부해야 한다고 주장했다. 즉 신은 반드시 실제로 존재해야 한다는 것이다.

목적론 논증은 세상에 존재하는 사물들(혹은 세상 자체)이 설계의 결과를 암시한다는 특징에 초점을 맞춘다. 목적론 논증의 잘 알려진 사례는 18세기 철학자 윌리엄 페일리로 거슬러 올라간다.[49] 페일리는 땅에 떨어져 있는 시계를 발견한다면, 우리는 시계가 그 자체로 우연의 결과가 아니라 설계자의 작품이라는 결론을 내릴 것이라고 주장한다. 나아가 페일리는 식

---

47 그의 저서《프로슬로기온》(*Proslogion*, 1965)을 참고하라.

48 이러한 방식의 신 개념에 대한 철학적 분석은 유대교, 이슬람교, 기독교 같은 유일신 종교 전통에서 통상적으로 나타나는 신 개념적 분석과 반드시 일치하는 것은 아니다. 즉 신을 전능하고 전지하며 전적으로 선한 존재로 이해하는 일신론 개념과는 다를 수 있다.

49 그의 저서《자연 신학》(*Natural Theology*, 1963)을 참고하라.

13장. 신

물, 동물, 특히 생물학적 눈을 통해 동일한 설계 추론을 자연스럽게 도출할 수 있다고 보았다. 즉 이러한 존재들은 설계자의 작품이어야 한다는 것이다. 페일리에 따르면 이 설계자가 바로 신이다.[50]

우주론 논증은 우주 내 특정 존재나 사건은 그것의 존재를 위해서는 다른 것에 의존한다는 주장에 초점을 맞춘다. 실례로 우리라는 존재는 생물학적 부모에게 의존한다. 같은 논리를 부모에게 적용하면 부모의 존재는 또 다른 조상에 의존한다. 이 논리는 조상의 조상에게도 동일하게 적용된다. 이 관찰을 바탕으로 우리는 모든 인간 계보를 가능하게 한 첫 번째 부모의 존재를 추론할 수 있다. 가장 처음의 부모가 존재하지 않는다면 조상의 무한 반복만 있을 뿐이다. 이는 겉보기에 명확하지 않은 여러 이유로 문제가 된다.

다음은 토마스 아퀴나스가 이 문제를 설명한 방식이다.

> 원인을 제거하면 결과도 사라지므로 효율적 원인 중 첫 번째 원인이 없다면 마지막 원인이나 중간 원인도 존재하지 않게 된다. 그러나 효율적 원인들이 무한히 계속된다면 첫 번째 효율적 원인이 없을 것이고, 따라서 궁극적인 결과나 중간 효율적 원인들도 존재하지 않게 된다. 이는 명백히 거짓이다. 그러므로 첫 번째 효율적 원인이 반드시 존재해야 한다. 사람들은 이를 신이라고 부른다.

아퀴나스(2006)

---

50   이와 같은 방식으로 신을 개념적으로 분석하는 것은 신을 설계자, 즉 의도를 가진 행위자로 제한한다는 점에 유의해야 한다. 반드시 "더 위대한 존재를 생각할 수 없는 어떤 존재"와 일치하지 않을 수 있으며 전능하고 전지하며 전선한 존재와도 반드시 일치하지 않을 수도 있다.

이제 구체적인 예를 생각해보자. 조지 W. 부시(B_{10})는 내가 이 글을 쓰는 시점에서 실제로 존재하는 인물이며 미국의 43대 대통령이다. 그의 존재에 대한 부분적 원인은 41대 대통령 조지 H. W. 부시(B_9)이다. 그리고 조지 H. W. 부시의 존재에 대한 부분적 원인은 프레스콧 부시(B_8)이다. 더 과거로 거슬러 올라가면 우리는 결국 첫 번째 원인(B_1)에 도달하게 될 것이다. 그리고 그 첫 번째 원인은 아마도 최초의 호모 사피엔스일 것이다.

$$B_1 \rightarrow \cdots \rightarrow B_8 \rightarrow B_9 \rightarrow B_{10}$$

하지만 이 인과적 연쇄가 무한하다고 가정해보자. 아퀴나스가 지적한 것처럼 이것은 첫 번째 원인인 B_1이 존재하지 않는다는 뜻이 된다. 그리고 원인이 제거되면 그에 따른 결과도 사라진다는 아퀴나스의 주장과 함께 고려하면, 우리는 논리적 모순에 직면하게 된다. 만약 B_1이 제거된다면 그 결과인 B_2도 발생하지 않을 것이고, 이는 차례대로 B_3, B_4 등의 결과가 발생하지 않게 되어 결국 B_8에 이르게 된다. B_8이 제거되면 B_9도 사라지고 궁극적으로 B_{10} 즉 조지 W. 부시의 존재도 제거된다. 그러나 모두 알다시피 조지 W. 부시(B_{10})는 (이 글을 쓰고 있는 시점에서) 실제로 존재한다. 이 논리적 모순을 해결하는 가장 좋은 방법은 이 인과적 연쇄가 무한하다는 가정을 거부하는 것이다. 따라서 이 인과적 연쇄에는 반드시 첫 번째 원인이 존재해야 한다는 결론에 이르게 된다.

토론하기: 아퀴나스의 논증을 전제-결론 형식으로 재구성할 수 있는가?
다음은 아퀴나스의 논증을 전제-결론 형식으로 재구성한 예시이다.

아퀴나스의 논증

1. 가정: 인과적 연쇄 H는 무한한 수의 구성원을 가진다.

2. H가 무한한 수의 구성원을 가진다면 H에는 첫 번째 원인이 없다.

3. H에 첫 번째 원인이 없다면 현재 순간, 즉 H의 가장 최신 구성원은 존재 하지 않는다.

4. 현재 순간이 존재하지 않는다는 것은 거짓이다.

5. 그러므로 H에 첫 번째 원인이 없다는 것도 거짓이다.

6. 그러므로 H가 무한한 수의 구성원을 가진다는 것도 거짓이다.

이런 논증 방식은 종종 **귀류법**이라고 불린다. 라틴어에서 유래된 이 말은 문자 그대로 "모순으로의 환원"을 뜻한다. 이는 어떤 주장에 대해 그 주장이 거짓일 경우 모순에 도달함을 보여줌으로써 그 주장을 옹호하려는 시도이다. 아퀴나스의 경우, 그는 인과적 연연쇄 H의 구성원 수가 유한해야 한다는 주장을 옹호하려 했다. 이를 위해 그는 먼저 이 주장을 부정하는 것으로 시작했다. H의 구성원 수가 유한해야 한다는 것이 거짓이라는 가정, 즉 H의 구성원 수가 무한하다는 가정을 제시했다.

토론하기: 아퀴나스의 논증에 대해 어떻게 생각하는가? 이제 전제-결론 형식으로 명확하게 재구성되었으니 당신은 어떤 전제가 가장 약하다고 생각하는가? 왜 그렇게 생각하는가?

폴 에드워즈(2006)는 이 논증에 대한 명쾌한 반응을 보였다. 조지 W. 부시의 인과적 역사로 돌아가 보자. B_1이 존재하지 않았다면 B_2 역시 존재할 수 없었을 것이라고 합리적으로 주장할 수 있다. B_2가 존재하지 않았다면 B_3도 존재할 수 없었을 것이고, 이는 계속 이어진다. 실제로 B_1이 존재하지 않았다면, 이 인과적 연쇄의 모든 이후 구성원도 존재하지 않았을 것이다.

그러나 아퀴나스는 B_1이 존재하지 않는 것과 B_1이 원인에 의해 발생했다는 것을 구분하지 못한 것 같다. 이 연속체가 무한하다는 것은 B_1이 존재하지 않는다는 말이 아니다. 오히려 이는 B_1(그리고 이 연속체의 다른 모든 구성원)이 원인에 의해 발생했다는 뜻이다. 결과적으로 B_1은 B_0라는 원인을 가져야 하며, B_0도 B_{-1}이라는 원인을 가져야 하고, 이 과정은 무한히 계속된다. 에드워즈는 이를 명확히 하기 위해 다음과 같은 예를 제시했다.

> 스폴딩 선장이 "나는 역사상 가장 위대한 탐험가이다"라고 말했다 가정하자. 그리고 누군가 "그렇지 않다"라고 답한다면, 이 대답은 선장이 주장한 고귀한 속성을 부정하는 것이지, 그의 존재 자체를 부정하는 것은 아니다. 선장이라는 존재를 "부정하는" 것이 아니라는 뜻이다. 마찬가지로 무한한 인과적 연쇄를 믿는 사람은 B_1을 "부정하는" 것이 아니다. 그는 B_1의 특권적 지위, 즉 B_1이 첫 번째 원인이라는 지위를 부정하는 것이다. 그는 B_1이나 인과적 계열의 어느 구성원의 존재를 부정하는 것이 아니라, B_1을 포함한 어떤 것도 그 계열의 첫 번째 구성원이 될 수 없음을 부정하는 것이다.
>
> (에드워즈, 2006)

에드워즈가 아퀴나스의 논증에 대해 흥미로운 반박을 제시했다고 볼 수 있다. 특히 에드워즈가 아퀴나스 논증의 전제3을 비판하고 있다고 할 수

13장. 신

있다. H에 첫 번째 원인이 없다고 해서 H의 특정 구성원이 존재하지 않게 되는 것은 아니다. 단지 H에 첫 번째 원인이라는 지위를 가진 구성원이 없다는 것만을 의미할 뿐이다.

이를 컴퓨팅 관점에서 살펴보면 다음과 같은 팩토리얼의 재귀적 구현을 생각해볼 수 있다.

```python
def factorial_r(n):
    if n == 1:
        return 1
    return n * factorial_r(n-1)
```

이 정의를 사용해 factorial_r(99)을 실행해볼 수 있다. 처음에 n이 99이므로 결과적으로 다음과 같은 반환값이 나올 것이다.

```
99 * factorial_r(98)
```

이 곱셈은 factorial_r(98)이 실행될 때까지 계산되지 않는다. 이제 n이 98과 같으므로 다음과 같은 반환값이 나오게 될 것이다.

```
98 * factorial_r(97)
```

factorial_r(98)을 98 * factorial_r(97)로 대입하여 원래의 반환값에 다시 넣으면 다음과 같은 결과를 얻게 된다.

```
99 * 98 * factorial_r(97)
```

재귀 호출 계산을 계속하다 보면 n의 값은 1로 점점 줄어들게 된다. 그동안 원래의 반환값은 곱셈 연산자들이 점점 더 많이 쌓이면서 계속 확장될 것이다.

```
99 * 98 * 97 * ... * 32 * 31 * factorial_r(30)
```

아직 곱셈 연산이 하나도 계산되지 않았다는 점을 주목하라. 재귀 호출이 종료 조건에 도달해 n이 1이 되었을 때 비로소 재귀가 멈추고 곱셈 연산이 실제로 실행될 것이다.

그렇다면 이것이 에드워즈의 반박과 어떻게 관련이 있을까? 약간 수정된 factorial_r 함수 버전을 고려해보자.

```
def factorial_r(n):
    return n * factorial_r(n-1)
```

이제 더 이상 종료 조건은 존재하지 않는다. 어쩌면 '기본' 사례를 '첫 번째' 사례로 바꿔 불러야 할지도 모른다. 컴퓨터에 무한한 메모리가 있다고 가정하면 factorial_r(99)를 실행할 경우 끝없이 확장되는 곱셈 연산이 이어질 것이다.

```
99 * 98 * 97 * ... * 2 * 1 * 0 * -1 * -2 * ...
```

13장. 신

'첫 번째' 사례를 제거했음에도 불구하고 이 끝없는 곱셈 연산 자체는 사라지지 않는다. 주목할 점은 여전히 곱셈식 안에 1이 존재하지만, 1이 더 이상 곱셈 식에서 '첫 번째' 숫자로서의 특권적 지위를 갖지 않는다는 것이다. 즉 factorial_r 같은 재귀 함수가 평가되는 방식을 통해 에드워즈의 통찰을 확인할 방법을 찾을 수 있는 것이다.

칼람 우주론 논증

아퀴나스 이후 발전한 여러 우주론적 논증을 역사적으로 검토하는 대신에 윌리엄 레인 크레이그(1979)가 발전시킨 최근의 우주론적 논증을 고려해 보자. 이 논증은 에드워즈의 반론을 우회할 가능성을 제시한다. 크레이그는 다음과 같이 자신의 논증을 체계화했다.

칼람 논증

1. 존재를 시작한 모든 것은 그 존재의 원인이 있다.
2. 우주는 존재를 시작했다.
3. 그러므로 우주는 그 존재의 원인을 가진다.

이 논증의 요점은 시간과 공간을 초월하는 우주의 최초 원인에 대한 증거를 제공하는 것이다. 이 논증은 '칼람 우주론 논증'이라 불린다. 중세 이슬람 신학에서 유래된 칼람(Ilm al-Kalam, 아랍어로 '담론의 학문')이라는 아이디어에서 영감을 받았기 때문이다.

크레이그에 따르면 전제1은 '직관적으로 너무나 자명하기' 때문에[51] 이 논증에서 핵심적인 전제는 전제2이다. 전제2를 방어하기 위해 크레이그는 두 가지 철학적 논증과 두 가지 과학적 논증을 제시한다. 과학적 논증은 빅뱅 우주론과 열역학 제2법칙의 경험적 근거를 기반으로 한다. 빅뱅 우주론은 현재 우주의 기원에 대한 가장 잘 정립된 이론이며, 이는 우주가 시작이 있었다는 점을 강하게 시사한다. 열역학 제2법칙은 모든 시스템이 더 질서 있는 상태에서 덜 질서 있는 상태로 변하려는 경향이 있다는 법칙이다. 이것이 우리 우주에 시사하는 바는 결국 우주의 모든 에너지가 균일하게 분포되는 '열 죽음' 상태에 이를 것이라는 점이다. 우주가 무한한 시간 동안 존재해왔다면 이미 열 죽음에 도달했어야 한다는 점에서 의문이 생긴다. 우주의 에너지가 아직 균일하게 분포되지 않았다는 사실은, 우주가 무한한 시간 동안 존재해왔을 수 없다는 것을 보여 준다.

크레이그는 전제2를 방어하기 위한 첫 번째 철학적 논증으로 실제 무한은 존재할 수 없다는 주장을 제시한다. 그는 제르멜로-프렝켈 공리 집합론을 차용해 실제 무한대 집합을 다음과 같이 정의한다.

집합 R이 진부분집합을 가지며 그 진부분집합이 R과 동등한 경우, 진부분집합이란 원래 집합의 모든 원소를 포함하지 않는 부분집합을 의미하며, 적어도 하나의 원소는 원래 집합에 속하지만 그 부분집합에는 속하지 않는 경우를 말한다. 두 집합이 동등하다는 것은 한 집합의 원소와 다른 집합의 원소가 일대일 대응 관계를 가질 수 있음을 의미한

---

51   이 주장에 동의하지 않을 수도 있지만, 어떤 것이 원인 없이 존재하기 시작한 사례가 있다는 것이 완전히 명백한 것 같지는 않다.

다. 즉 한 집합의 각 원소가 다른 집합의 원소와 일대일로 대응되는 경우를 말한다.[52]

왜 실제 무한대가 존재할 수 없다고 생각해야 할까? 크레이그는 수학자 다비트 힐베르트가 제시한 유명한 예시인 "힐베르트의 호텔"을 통해 이를 설명한다. 먼저 유한한 개수의 방을 가진 보통의 호텔을 상상해보자. 이 호텔이 모든 방이 꽉 차 있으면 새로운 손님이 와도 매니저는 어쩔 수 없이 그 손님을 돌려보내야 한다.

이제 힐베르트의 호텔을 상상해보자. 이 호텔은 무한한 개수의 방을 가지고 있으며 모든 방이 꽉 차 있다. 그런데 새로운 손님이 와도 매니저는 기꺼이 그 손님을 받아들인다. 매니저는 단순히 기존 손님들을 한 방씩 옮기기만 하면 된다. 1번 방 손님을 2번 방으로, 2번 방 손님을 3번 방으로 옮기는 식으로 끝없이 방을 옮겨주면 1번 방이 비어 새로운 손님을 받을 수 있게 된다. 하지만 이는 모순이다! 이미 모든 방이 꽉 찼는데도 새로운 손

---

52 진부분집합이란 원래 집합의 일부만을 포함하는 집합을 말한다. 즉 원래 집합의 모든 구성원이 포함되지 않으며, 적어도 하나의 구성원은 원래 집합에 있지만 진부분집합에는 포함되지 않는 경우를 뜻한다. 집합 {1, 2, 3}의 진부분집합은 {1, 2} 또는 {2, 3}과 같이 원래 집합의 일부만을 포함하는 집합이다. 또한 두 집합이 동등하다고 할 때, 이는 두 집합의 원소들이 일대일 대응 관계에 있을 수 있다는 것을 뜻한다. 즉 한 집합의 각 원소가 다른 집합의 원소와 정확히 일대일로 대응되면, 두 집합은 동등하다고 한다. 집합 A와 집합 B가 있고 A의 각 원소가 B의 원소와 짝지어질 수 있다면, 두 집합은 동등하다. 이 정의에서 중요한 점은, 진부분집합이 원래 집합과 동등한 경우가 있을 때 그 집합을 실제 무한 집합이라고 한다는 것이다. 즉 원래 집합의 일부만을 포함하는 진부분집합이 원래 집합과 동일한 크기를 가진다면, 그 집합은 실제 무한으로 간주된다.─옮긴이

님을 받을 수 있다는 것은 말이 되지 않는다. 이는 실제 무한대를 받아들이면 힐베르트의 호텔 같은 터무니없는 상황이 발생할 수 있음을 보여 준다.

하지만 상황은 처음 생각했던 것보다 더 심각할 수 있다. 힐베르트의 호텔을 다시 한번 상상해보자. 이번에는 모든 방이 꽉 차 있는 상태에서 한 명이 아니라 실제로 무한한 수의 새로운 손님들이 온다. 매니저는 이들 모두를 기꺼이 받아들인다. 방법은 간단하다. 매니저는 현재 손님들을 그들의 방 번호의 두 배가 되는 방으로 옮긴다. 1번 방 손님은 2번 방으로, 2번 방 손님은 4번 방으로, 3번 방 손님은 6번 방으로 옮기는 식으로 계속된다. 그 결과 모든 짝수 번호 방은 차게 되고, 모든 홀수 번호 방은 비게 된다. 이제 힐베르트의 호텔은 실제로 무한한 수의 새로운 손님들을 맞이할 준비가 된 것이다. 비록 이미 모든 방이 꽉 차 있었지만 말이다. 이러한 모순된 결과는 실제 무한의 특성에서 비롯된다. 즉 실제 무한한 수의 구성원을 가진 집합의 진부분집합의 구성원 수가 원래 집합의 구성원 수와 동등할 수 있다는 점이다.[53]

토론하기: 크레이그의 전제2에 대한 첫 번째 철학적 반론을 어떻게 생각하는가? 설득력이 있는가? 반례를 생각할 수 있는가?

크레이그의 전제2에 대한 첫 번째 철학적 반론에 대해 논의할 부분은 많지만 이제 그의 두 번째 철학적 반론에 주목해보자. 이 반론은 연속적인 덧셈으로 실제 무한대를 형성하는 것은 불가능하다는 주장에 기반을 둔다. 크

---

[53]   이것이 집합에서는 문제가 되지 않을 수 있지만, 힐베르트의 호텔을 실제 물리적인 호텔로 상상하면 이는 분명히 모순이다.

레이그는 이를 전제-결론 형식으로 다음과 같이 정리한다.

P2의 반론 논증

4. 시간적 사건의 연쇄는 연속적인 덧셈에 의해 형성된 집합이다.

5. 연속적인 덧셈에 의해 형성된 집합은 실제 무한대가 될 수 없다.

6. 그러므로 시간적 사건의 연쇄는 실제 무한대가 될 수 없다.

크레이그는 '시간적 사건의 연쇄'라는 용어를 우주의 과거 역사에서 일어난 사건들을 가리키는 데 사용한다. 우주에 시작이 없다면 시간적 사건의 연쇄는 실제로 무한한 수의 사건을 포함해야 한다. 이는 우주가 시작이 없고 무한한 과거를 가졌다는 설명 방식이다. '연속적인 덧셈'은 단순히 1씩 더하는 것으로 생각할 수 있다. 우리 경험에 따르면 전제5는 진실인 것처럼 보인다. 1부터 시작해 1씩 더해가면 결코 무한에 도달할 수 없다. 도달하는 것은 결국 유한한 숫자일 뿐이다. 이 숫자에 1을 더해 또 다른 유한한 숫자를 만들 수는 있지만, 이 과정을 통해 무한에 도달하는 것은 불가능하다.

　첫 번째 전제2에 대한 철학적 반론과 달리 이 두 번째 반론은 실제 무한을 거부할 필요가 없다. 여기에서의 요점은 실제 무한대가 존재한다고 해도 그것이 연속적인 덧셈을 통해 형성될 수는 없다는 것이다. 어떤 의미에서 실제 무한대는 한 번에 모두 존재해야 한다. 점진적으로 실제 무한대를 만드는 것은 불가능해보인다. 크레이그는 이를 다음과 같이 설명한다.

　때때로 이것은 새로운 요소가 추가될 때마다 무한대까지 숫자를 세는 것이 불가능하다는 말로 설명되기도 한다. 연속적인 덧셈을 통해 실제 무한대를 형성하는 것이 불가능한 이유를 명확히 이해해야 한다. 어떤 요소를 추가할 때마다 항상 하나를 더 추가할 수 있기 때문이다. 따라서 무한에 도달할 수는 없다.

크레이그(1979)

과거 사건들의 시간적 연쇄가 실제로 무한한 수의 구성원을 가진 집합이라면, 이 연속의 모든 구성원은 셀 수 없을 것이다. 이는 0에서 음의 무한대로 숫자를 세려고 하는 것과 같다. 이를 다음과 같은 수열로 설명할 수 있다.

```
Present → Past
0, -1, -2, -3, ...
```

우리는 현재 시점에서부터 우주의 무한한 과거에 있었던 모든 사건을 세봐야 한다. 하지만 실제로 무한한 수의 과거 사건들을 모두 세는 것은 불가능하다. 이를 다음과 같은 함수로 시뮬레이션해볼 수 있다.

```python
from math import inf as infinity


def count(n):
    while n != -infinity:
        n = n - 1
        print('event',n)
```

첫 번째 줄의 코드는 파이썬의 `math` 라이브러리에서 무한대를 나타내는 `inf` 객체를 가져와 `infinity`라는 이름으로 사용한다. `count(1)`을 실행하면 다음과 같은 출력이 무한 루프로 반복될 것이다.

```
event 0
event -1
event -2
...
event -10000
event -10001
event -10002
...
```

이제 다음 두 문장을 실행하고자 할 때 어떤 일이 발생할지 생각해보자.

```
count(1)
print('reached -infinity!')
```

`count(1)`이 무한히 실행되므로 그 다음에 있는 `print` 문은 절대 실행되지 않을 것이다. 이와 마찬가지로 현재 순간에 도달하기 위해 무한한 수의 과거 사건들을 세어야 한다면, 현재 순간에 도달할 수 없을 것이다. 하지만 중요한 점은 우리가 이미 현재에 도달했다는 사실이다! 이는 과거 사건들이 실제로 무한할 수 없다는 강력한 증거이다.

이를 강조하기 위해 크레이그는 다음과 같은 생생한 이미지를 사용한다.

현재 사건이 일어나기 전에 바로 직전의 사건이 일어나야 하고 그 이
전에도 또 다른 직전의 사건이 일어나야 하며 이러한 과정이 무한히
계속된다. 그렇게 우리는 끝없이 과거로 밀려나게 되어 결국 어떤 사
건도 일어날 수 없게 된다.

크레이그, 싱클레어(2009)

여기서 중요한 결론은 시간적 사건의 연쇄가 실제로 무한하다면 "어떠한
사건도 일어날 수 없다"라는 것이다. 이는 아퀴나스가 자신의 논증에서 사
용한 논리와 매우 유사하다. 따라서 이 이미지가 크레이그를 잘못된 결론
으로 이끌었을 가능성도 있다.

이 결론을 설명하기 위해 앞서 정의한 재귀 팩토리얼 함수의 종료 조건
을 수정한 버전을 다시 생각해보자.

```
from math import inf as infinity


    def factorial_r(n):

        if n == -infinity:

            return 1

    return n * factorial_r(n-1)
```

factorial_r(99)을 실행하면 어떻게 될까? 이는 다음과 같은 곱셈 표

13장. 신

현식을 생성한다.

```
99 * 98 * 97 * ... * 2 * factorial_r(1)
```

하지만 종료 조건이 다르므로 재귀 호출은 n이 1이 될 때 멈추지 않는다. 재귀 호출은 n이 음의 무한대에 도달할 때까지 계속된다. 따라서 곱셈 표현식이 계속해서 이어지고 그 수는 끊임없이 늘어난다. 여기서 중요한 점은 종료 조건에 도달하지 않기 때문에 단 하나의 곱셈도 실제로 계산되지 않는다는 것이다. 곱셈 계산을 하나의 사건으로 본다면 크레이그의 논리를 따라 "어떠한 사건도 일어날 수 없게 된다"라고 할 수 있다.

이제 재귀적 팩토리얼 함수와 반복적 팩토리얼 함수를 비교해보자.

```
from math import inf as infinity

def factorial(n):
    total = 1
    while n > -infinity:
        total = total * n
        n = n - 1
    return total
```

재귀적 버전과 마찬가지로 반복적 factorial 함수도 무한 루프에 빠질 수 있다. 하지만 중요한 차이점은 반복적 버전은 무한 루프에 빠지더라도 그 과정에서 곱셈 연산을 수행할 수 있다는 것이다. while 반복문의 모든 반복마다 하나의 곱셈 연산이 처리된다. factorial(99)을 실행할 때 첫 번째 반복에서는 99 * 1이 성공적으로 계산된다.

따라서 크레이그의 결론이 팩토리얼 계산에 적용될 때, 이는 함수가 어떻게 정의되었느냐에 따라 달라진다는 점을 알 수 있다. 팩토리얼을 재귀적으로 계산할 경우(factorial_r을 사용하면) 크레이그의 결론을 잘 뒷받침하는 예가 된다. 그러나 반복적으로 계산할 경우에는 반례가 될 수 있다. 우주의 시간적 사건들이 재귀적으로 전개된다는 특별한 이유가 없다면 우리는 크레이그의 결론을 피할 수 있는 근거를 가질 수 있다.

핵심 요점

- 신의 존재를 주장하는 다양한 논증들이 있다.
- 신의 존재에 대한 우주론 논증은 무한 연쇄성에 의존한다.
- 크레이그는 우주가 반드시 시작이 있어야 한다고 주장하는 두 가지 이유를 제시한다.
- 재귀와 반복은 무한 연쇄성을 이해하는 데 통찰을 제공한다.

14장

데이터

파일

파이썬은 정보를 기억하는 두 가지 방법을 제공한다. 하나는 책 초반에서 다룬 변수를 사용하는 방법이고, 다른 하나는 **파일**을 이용하는 방법이다. 이 두 방법의 핵심 차이는 변수를 사용한 메모리는 파이썬 세션이 종료되면 사라지지만, 파일을 사용한 메모리는 지속성을 가진다는 점이다. 파일은 특정 파이썬 세션을 넘어 컴퓨터가 꺼진 후에도 유지된다. 이를 마치 단기 메모리와 장기 메모리로 생각할 수 있다.

파일은 서로 다른 프로그램과 컴퓨터, 궁극적으로 사람들 간에 정보를 공유하는 수단으로 작용하기 때문에 중요하다. 엄청 많은 양의 데이터가 파일을 통해 저장되고 공유된다. 데이터의 양이 너무 많을 경우, 이를 처리할 수 있는 유일한 방법은 컴퓨터를 사용하는 것이다.

예를 들어 `info.txt` 파일을 생각해보자. 이 파일을 텍스트 편집기로 열었을 때, 그 내용은 다음과 같이 보일 수 있다.

```
This is a test.
Line 2.

Line 4.
```

세 번째 줄이 빈 줄이라는 점에 주목하자.

`info.txt` 같은 파일은 open 함수로 접근할 수 있다. 이 함수는 보통 2개의 문자열을 입력으로 받는다. 첫 번째 문자열은 파일의 이름(및 위치)을 지정하고, 두 번째 문자열은 파일을 열 때 사용할 모드를 지정한다. 두 번째 입력은 선택 사항이며, 기본값은 `'r'`(읽기 모드)로 설정된다.

```
>>> f = open('info.txt','r')
```

파일 이름은 `'info.txt'`이고, 모드는 `'r'`이다. `'r'` 모드는 파일을 읽기 전용으로 열리게 하지만 파일을 수정하거나 쓸 수는 없다. 가능한 모드에는 여러 가지가 있지만 여기서 다룰 또 다른 모드는 `'w'`이다. `'w'` 모드는 파일을 생성하고 쓰기 가능한 상태로 만든다. 만약 지정된 이름의 파일이 이미 존재한다면, 해당 파일은 삭제되고 같은 이름의 새 파일이 생성된다.

파일 이름은 대문자와 소문자를 구분하므로, 이름을 잘못 입력하거나 대소문자가 정확하지 않으면 이 함수는 `FileNotFoundError`를 발생시킨다. 또한 편의를 위해 파일은 실행 중인 파이썬 파일과 동일한 디렉터리 (또는 폴더)에 있어야 한다. 그렇지 않으면 파일이 성공적으로 열리지 않을 수 있다. 파일 시스템에서 파일이 위치한 경로를 지정하려면 파일 이름에 경로 정보를 추가할 수 있다. 이에 대한 자세한 내용은 부록을 참조하라.

모든 것이 정상적으로 진행되면 open 함수는 파일 핸들을 반환한다. 이 파일 핸들은 변수 f에 할당된다. 이 파일 핸들이 어떤 유형의 객체인지 확인할 수도 있다.

```
>>> type(f)
<class 'io.TextIOWrapper'>
```

파일 핸들은 기본적으로 파일의 입출력 동작을 처리하는 방식이다. 중요한 점은 파일의 입출력이 텍스트로 처리된다는 것이다. 즉 파일 안의 정보는 사람이 읽을 수 있는 문자들로 다루어진다.

이제 파일을 열었으니 그 내용을 확인하고 싶을 것이다. 이를 할 수 있는 여러 방법이 있는데 read 함수는 파일 전체를 하나의 문자열로 반환해 준다.

```
>>> f.read()
'This is a test.\nLine 2.\n\nLine 4.'
```

info.txt의 내용이 네 줄로 나뉘어 있지만 하나의 줄로 압축된 문자열로 반환되는 이유는 <Enter>나 <Return> 키를 눌러서 생기는 줄바꿈이 파이썬에서는 하나의 문자로 표현되기 때문이다. 텍스트 편집기에서는 이 문자가 화면에서 줄을 바꿔 표시되지만, 파일 안에서는 단순히 또 하나의 문자일 뿐이다. 이 문자는 줄바꿈 문자라고 하며 다음과 같은 문자열로 표현된다.

```
'\n'
```

이 문자가 2개의 문자로 표시된다는 점에 주목하자. 바로 백슬래시(\)와 'n'이다. 백슬래시는 그 뒤에 오는 문자를 특별하게 처리하라는 신호로 'n'을 단순한 문자로 보지 않고 줄바꿈 문자로 인식하게 한다. 이로 인해 위의 문자열에 빈 줄이 포함된 이유를 알 수 있는데, 이는 두 번째 줄 뒤에 줄바꿈 문자가 '\n\n'같이 두 번 연속으로 들어갔기 때문이다.

하지만 파일의 전체 내용을 한꺼번에 추출하면 다루기가 다소 불편할 수 있다. 텍스트를 여러 부분으로 나눠서 처리해야 할 경우가 많기 때문이다. 파일 내용을 더 쉽게 처리하기 위해서는 readline 함수를 사용할 수 있는데, 이 함수는 파일에서 한 줄씩 정보를 추출해준다.

```
>>> f.readline()
''
```

하지만 이 함수를 실행했을 때 빈 문자열이 반환된다는 점을 눈치챘을 것이다. 우리가 예상했던 것처럼 파일의 첫 번째 줄을 반환하지 않는 이유는, 파일이 열릴 때 파일을 읽는 위치를 추적하는 포인터가 있기 때문이다.

14장. 데이터

read 함수가 파일의 모든 내용을 한 번에 읽어 들이면 이 포인터는 파일 끝까지 이동하게 된다. 그래서 그 이후에 파일을 읽으려 하면 더 이상 읽을 내용이 없기에 빈 문자열이 반환되는 것이다.

readline 함수를 사용하려면, seek 함수를 사용하거나 파일을 다시 열어 파일 포인터가 처음 위치로 돌아가게 해야 한다. seek 함수에 0을 입력하면 파일 포인터가 파일의 처음으로 이동하게 된다.

```
>>> f.seek(0)
>>> f.readline()
'This is a test.\n'
```

```
>>> f = open('info.txt','r')
>>> f.readline()
'This is a test.\n'
```

이렇게 하면 파일의 첫 번째 줄을 읽을 수 있다. 첫 번째 줄에 줄바꿈 문자가 포함된다는 점에 주목하자. 첫 번째 줄을 읽고 나면 포인터는 자동으로 두 번째 줄의 시작 위치로 이동한다. 이후 readline 함수를 다시 사용하면 두 번째 줄을 읽을 수 있다. 이 과정을 반복하면 빈 문자열이 반환될 때까지 파일의 내용을 한 줄씩 읽어 들일 수 있다. 빈 문자열이 반환되면 파일의 끝에 도달했다는 뜻이다. 따라서 아래와 같은 while 반복문을 사용해 파일의 내용을 한 줄씩 읽을 수 있다.

```
line = f.readline()
while line != '':
    print(line)
    line = f.readline()
```

각 줄을 출력할 때마다 빈 줄이 하나씩 더 출력되는 것을 볼 수 있다. 이는 print 함수가 출력할 때 자동으로 줄바꿈 문자를 추가하기 때문이다. 파일에서 읽어온 각 줄에도 이미 줄바꿈 문자가 포함되어 있어서 결과적으로 2개의 줄바꿈 문자가 추가되어 빈 줄이 생기는 것이다.

이와 같은 기능은 readline 함수를 사용하지 않고 for 루프를 통해서도 구현할 수 있다.

```
for line in f:
    print(line)
```

이 방법이 가능한 이유는 f가 각 줄이 줄바꿈 문자로 끝나는 문자열들의 시퀀스로 취급되기 때문이다. 그래서 이 루프의 각 반복에서 다음 줄의 텍스트가 line 변수에 할당된다.

마지막으로 readlines 함수를 사용하여 파일의 각 줄을 별도의 요소로 리스트에 추출할 수 있다. readlines와 readline을 혼동하지 않도록 주의해야 한다. 두 함수의 차이는 readlines의 끝에 있는 's'의 유무에 있다. info.txt의 파일 핸들에 readlines를 적용하면 4개의 문자열을 포함하는 리스트가 반환된다.

```
>>> lines = f.readlines()
>>> lines
['This is a test.\n', 'Line 2.\n', '\n', 'Line 4.\n']
>>> lines[1]
'Line 2.\n'
```

파일 핸들을 사용한 후에는 파일 조작 세션을 올바르게 종료하는 것이 중요하다. 이는 close 함수를 사용하여 수행할 수 있다. 파일 조작 작업이 완료되었을 때 반드시 이 함수를 실행해야 한다. 특정 경우에는 파일 핸들을 명시적으로 닫지 않으면 파일 핸들을 통해 수행된 변경 사항이 실제 파일에 제대로 반영되지 않을 수 있다.

```
>>> f.close()
```

연습문제 14.1: 텍스트 파일을 하나 생성하고 파이썬을 사용하여 해당 파일을 열고 모든 줄을 출력해보자. 이 과정에서 앞서 논의한 다양한 방법을 사용해봐야 한다. 여기서 중요한 점은 반드시 텍스트 파일(확장자가 .txt 인 파일)을 생성해야 한다는 것이다. 예를 들어 .doc 또는 .docx 확장자를 가진 Microsoft Word 파일을 사용해서는 안 된다. 텍스트 파일은 사람이 읽을 수 있는 문자만을 포함하기 때문이다. 반면에 많은 워드 프로세서 파일은 사람이 읽을 수 없는 형식 지정 정보(예: 글꼴, 스타일)를 포함할 수 있다. 그러나 대부분의 워드 프로세서는 파일을 텍스트 파일로 저장하거나 내보낼 수 있는 기능을 제공한다.

파일에서 정보를 읽는 방법을 다룬 후 새 파일을 생성하고 정보를 기록하는 방법을 알아보자. 이를 위해 파일을 'w' 모드로 열어야 한다. 이 모드는 파일에 문자를 쓸 수 있게 한다. 파일이 열리면 파일 핸들을 사용하여 write 함수를 호출할 수 있다. write 함수는 예상한 대로 동작한다. 문자열을 입력받아 이를 파일에 기록한다.

```
f = open('new.txt','w')
f.write('Hello World')
f.write('Does this work?')
f.close()
```

여기서는 'new.txt'라는 파일을 생성하고 2개의 문자열을 파일에 쓴 뒤 파일을 닫았다. 그런데 텍스트 편집기로 파일을 열어보면 예상과는 다르게 다음과 같이 한 줄로 된 내용을 볼 수 있을 것이다.

```
Hello WorldDoes this work?
```

두 문장이 같은 줄에 나타나는 이유는 write 함수가 제공된 문자열에 아무것도 추가하지 않기 때문이다. 입력 문자열에 줄바꿈 문자가 명시적으로 포함되지 않았기 때문에 파일에도 새로운 줄이 기록되지 않고 두 문자열이 이어진 것이다. 새로운 줄을 추가하려면 각 문자열 끝에 줄바꿈 문자를 명시적으로 포함해야 한다.

```
f.write('Hello World\n')

f.write('Does this work?\n')
```

이제 문제가 해결되었을 것이다. 직접 확인해보길 바란다. 하지만 주의해야 할 점은 기존 파일을 'w' 모드로 열면 파일의 내용이 모두 삭제된다는 것이다.

연습문제 14.2: 'test.txt' 파일을 만들어서 1부터 1000까지의 숫자를 각 줄에 하나씩 기록해보라.

연습문제 14.3: 방금 만든 'test.txt' 파일을 열어서 5번째 줄마다 출력해보라.

데이터 처리

이제 파일을 다루는 기본적인 능력을 갖췄으니 데이터를 다룰 수 있게 되었다. 필자는 FiveThirtyEight 웹사이트에서 다음 URL을 통해 몇 가지 파일을 내려받았다.[54] 그중 하나는 미국 NBA의 ELO 레이팅 데이터를 담고 있다.[55] ELO 레이팅은 경기 결과를 기반으로 각 팀의 강도를 수치화하는 방법

---

[54]   https://data.fivethirtyeight.com/

[55]   레이팅은 팀, 개인, 제품 등의 수준이나 실력을 수치로 평가한 것을 의미하며, 스포츠나 게임 분야에서는 팀이나 선수의 상대적 강도를 나타낸다. 특히 ELO 레이

이다. ELO 순위가 어떻게 계산되는지에 대한 설명은 다음 링크에서 확인할 수 있다.[56]

우리가 다룰 파일 이름은 nbaallelo.csv이다. 이 파일은 필자의 웹사이트에서 확인할 수 있다.[57] 파일 확장자가 .csv인 것은 이 파일이 쉼표로 구분된 값들(CSV)의 파일임을 나타낸다. 많은 데이터셋이 CSV 파일 형태로 제공되는데, 이는 데이터가 행으로 정리되어 있고 각 행의 항목들이 쉼표로 구분된다는 뜻이다. 이 파일을 텍스트 편집기로 열어보면 다음과 같은 형식으로 보일 것이다.

```
gameorder,game_id,lg_id,_iscopy,year_id,date_game, …
1,194611010TRH,NBA,0,1947,11/1/1946,1,0,TRH, ...
1,194611010TRH,NBA,1,1947,11/1/1946,1,0,NYK, ...
...
```

이 파일에는 1946년부터 2015년까지 NBA와 ABA에서 진행된 모든 경기 정보가 담겨 있다. 파일 크기는 17Mb가 넘으며 총 126,314개의 기록이 포함되어 있다.

이 데이터를 2차원 문자열 리스트로 생각할 수 있다. 각 행은 한 경기의 정보를 담고 있으며, 각 열은 그 경기의 특정 데이터를 나타낸다. CSV 파

팅은 경기 결과에 따라 점수가 변동되며 높은 점수는 강한 실력을, 낮은 점수는 약한 실력을 뜻한다. 이를 통해 경기 결과를 예측하거나 순위를 매기는 데 활용된다.

56   https://fivethirtyeight.com/features/how-we-calculate-nba-elo-ratings/

57   https://danielflim.org/phil-through-cs/resources/

일의 첫 번째 행은 종종 각 열의 내용을 설명하는 이름들로 구성된다. 예를 들어 여섯 번째 열에는 date_game이라는 이름이 붙어 있는데, 이는 경기가 열린 날짜를 뜻한다. 아홉 번째 열은 팀의 세 글자 코드가 담겨 있고, 열두 번째와 열세 번째 열은 경기 전후의 ELO 레이팅을 나타낸다.

사실 첫 번째 행의 정보는 필수적이지 않으며 데이터를 설명하는 메타데이터일 뿐이다. 각 열이 무엇을 의미하는지 알고 있다면 첫 번째 행은 없어도 된다.

데이터는 두 번째 행부터 시작된다. 이 행의 여섯 번째 열에는 '11/1/1946'이라는 날짜가, 아홉 번째 열에는 팀 코드 'TRH'(토론토 허스키스)가 기록되어 있다. 열두 번째와 열세 번째 열에는 경기 전후의 ELO 레이팅인 1300과 1293.277이 포함되어 있다.

이제 CSV 파일의 구조를 이해했으니 각 행을 순회하며 파일에 있는 모든 정보를 출력해보자.

```python
f = open('nbaallelo.csv','r')
for line in f:
    print(line[:-1])
```

이 코드는 파일의 모든 정보를 화면에 출력한다. 출력할 때 line을 [:-1]로 슬라이스하는데, 이는 마지막 문자를 제외한 나머지 부분을 반환하는 것이다. 이렇게 하는 이유는 마지막 문자가 줄바꿈 문자이기 때문이다. print 함수는 이미 줄바꿈을 자동으로 추가하므로 이 슬라이스를 사용해 중복된 줄바꿈을 제거하는 것이다.

그렇다면 특정 열의 데이터만 보고 싶을 때는 어떻게 해야 할까? 각 행에서 특정 데이터를 인덱스로 바로 접근할 수 있다면 편리할 것이다. 각 행은 쉼표로 구분되어 있으니 이를 이용해 데이터를 나눌 수 있다. split 함수를 사용하면 구분자를 기준으로 문자열을 나눌 수 있다. 우리가 다루는 데이터는 쉼표로 구분되어 있으니 구분을 쉼표 ','로 설정하면 된다. 예를 들어 'hello,12345,world,!'라는 문자열을 쉼표로 나눠보자.

```
>>> 'hello,12345,world,!'.split(',')
['hello', '12345', 'world', '!']
```

split 함수는 4개의 문자열로 이루어진 리스트를 반환한다. 이를 통해 각 문자열에 인덱스를 사용하면 쉽게 접근할 수 있다.

```
>>> parts = 'hello,12345,world,!'.split(',')
>>> parts[1]
'12345'
>>> parts[3]
'!'
```

연습문제 14.4: 문자열 sentence와 정수 n을 입력으로 받아 sentence에서 n번째 단어를 반환하는 word라는 함수를 작성하라.

이제 ELO 레이팅 파일로 돌아가서 split 함수를 사용해 각 경기에서 팀 이름과 경기 후 ELO 레이팅만 추출할 수 있다.

```
f = open('nbaallelo.csv','r')
lines = f.readlines()
for line in lines[1:]:
    data = line.split(',')
    print(data[8],data[12])
```

여기에서 중요한 몇 가지를 짚어보자. 먼저 `readlines` 함수를 사용해 파일의 모든 줄을 개별 요소로 나눠 리스트에 저장하고 이를 `lines`라는 변수에 담았다. 그런 후에 첫 번째 줄(메타데이터)을 제외하고 나머지 줄들을 `for` 반복문으로 처리했는데, 이를 위해 `[1:]` 슬라이스를 사용해 첫 번째 줄을 제외했다. 루프 안에서 각 줄을 쉼표로 나눠 필요한 정보만 추출한 후에 그 중 아홉 번째(팀 이름)와 열세 번째(경기 후 ELO 레이팅) 데이터를 출력했다.

연습문제 14.5: `team_ELO`라는 함수를 작성해보자. 예를 들어 LAL(Los Angeles Lakers) 같은 팀 코드와 연도를 입력받아 해당 팀의 해당 연도 모든 ELO 레이팅(`elo_n`)을 리스트로 반환한다. 여기서 팀 코드는 9번째 열에, 연도는 5번째 열에 들어 있다.

지금까지 배운 함수들을 활용해 실험하면서 CSV 파일 데이터를 다양한 방식으로 처리해보라.

시각화

데이터가 많을 때 이를 분석하기 위해 그래프로 시각화하는 것이 매우 유용하다. 파이썬에는 `matplotlib`라는 훌륭한 그래프 라이브러리가 있으며, 우리는 여기서 `pyplot` 객체를 사용할 것이다. 이 객체를 불러오는 표준 방법은 다음과 같다.

```
import matplotlib.pyplot as plt
```

보통은 `pyplot` 객체를 `plt`로 줄여 사용한다. 먼저 이 명령을 실행해 오류 없이 작동하는지 확인한 후 계속 진행하자.

이제 다음과 같은 5개의 데이터 포인트가 있다고 가정해보자.

(1,2), (2,5), (3,4), (4,7), (5,9)

이 데이터 포인트를 바탕으로 [그림 14.1]과 같은 기본적인 선 그래프를 그리려면 `plot` 함수를 사용해야 한다.

이 함수는 2개의 리스트를 입력받는다. 첫 번째 리스트는 x 값들이고, 두 번째 리스트는 그에 대응하는 y 값들이다. 이때 두 리스트의 값들은 순서대로 정확하게 일치해야 하고 요소의 개수도 같아야 한다.

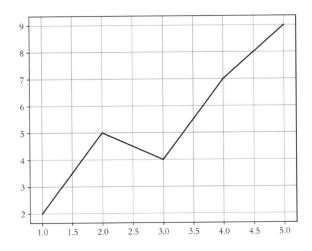

[그림 14.1] 5개 데이터 포인트의 선 그래프

이를 바탕으로 아래 코드를 사용하면 원하는 그래프를 그릴 수 있다.

```
X = [1,2,3,4,5]
Y = [2,5,4,7,9]
plt.plot(X,Y)
plt.grid()
plt.show()
```

5개의 데이터 포인트는 x 값과 y 값을 각각 2개의 리스트(X와 Y)로 분리하여 재구성된다. 각 리스트의 값들은 동일한 위치에서 서로 대응하게 된다. plot 함수는 이 두 리스트를 이용해 선 그래프를 그린다. 그 외에 사용된 두 함수는 설명이 필요 없을 정도로 직관적이다. grid 함수는 그래프에 세로와 가로 격자를 추가해 읽기 쉽게 만들고, show 함수는 그래프를 화면에 표시한다.

선 그래프로 데이터를 시각화하는 핵심은 간단하다. x 값과 y 값을 담은 2개의 리스트만 만들면 된다. 이제 NBA 팀들의 ELO 레이팅을 시즌 동안 어떻게 변화했는지 선 그래프로 시각화해보자.

필자는 로스앤젤레스 출신이라 2008-2009 시즌 동안 LA 레이커스의 플레이오프 이전 ELO 레이팅을 모두 확인하고 싶다. 이를 위해 nbaallelo.csv 파일을 반복해서 읽어 2009년 시즌 동안 LA 레이커스의 관련 ELO 레이팅을 기록해야 한다.

여기서 중요한 점은 CSV 파일을 열 때 모든 데이터를 문자열로 처리한다는 것이다. 그래서 split 함수를 사용해 데이터를 쉼표로 나누어 각 부분을 문자열로 처리할 수 있는 것이다. 문제는 이렇게 나눈 데이터가 모두 문자열이라는 점이다. 하지만 ELO 레이팅은 숫자로 다뤄야 하기 때문에, LA 레이커스 관련 데이터를 추출한 후 해당 ELO 레이팅 값을 float 형식으로 변환해야 한다.

이제 우리가 작성한 코드에서 팀 이름과 ELO 레이팅을 출력하는 부분을 다시 살펴보자. 여기서 print 문에 주목해보자.

```
print(data[9],data[12])
```

파일의 첫 번째 데이터 행에 대해 다음과 같이 출력되어야 한다.

```
Huskies 1293.277
```

14장. 데이터

하지만 1293.277은 문자열이라는 점에 유의해야 한다. 따라서 숫자로 사용할 데이터는 적절한 타입으로 명시적으로 변환하는 것이 중요하다. 예를 들어 열세 번째 열의 데이터를 사용할 때는 float로 변환해야 한다.

```
print(data[9],float(data[12]))
```

이것은 시각화를 위해 매우 중요하다. plot 함수에 전달하는 리스트는 반드시 숫자로 구성되어 있어야 하기 때문이다.

연습문제 14.6: 2009년 시즌 동안 LA 레이커스의 모든 ELO 레이팅을 LAL_ELOS라는 리스트에 저장하는 코드를 작성하라. 정규 시즌 경기만 추출하려면 데이터의 여덟 번째 열인 is_playoffs 열도 확인해야 한다. 이 열의 값이 '0'이면 정규 시즌 경기이고, '1'이면 플레이오프 경기이다.

LAL의 ELO 레이팅(숫자 값)은 그래프에서 y 값으로 사용된다. 하지만 여기에 대응하는 x 값은 아직 생성하지 않았다. x 값과 y 값의 개수가 같아야 하므로 LAL_ELOS 리스트의 길이를 이용해 x 값도 생성해야 한다.

```
LAL_X = []
for i in range(len(LAL_ELOS)):
    LAL_X.append(i)
```

이 코드는 LAL_ELOS의 길이를 n으로 하여 0부터 n-1까지의 숫자를 리스트로 생성한다. 이를 더 간편하게 처리하려면 리스트 내포를 사용할 수 있다.[58] 리스트 내포에 대한 자세한 설명은 부록에서 확인할 수 있다. 코드 자체는 비교적 직관적이다.

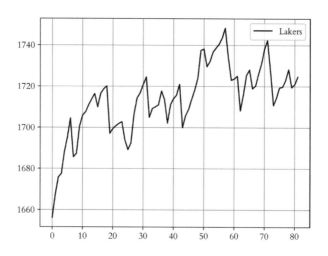

[그림 14.2] 2009년 LA 레이커스의 ELO 레이팅

```
LAL_X = [i for i in range(len(LAL_ELOS))]
```

이제 x 값과 y 값을 리스트로 준비했으니 LA 레이커스의 시즌 동안 ELO

---

58 리스트 내포(list Comprehension)는 파이썬에서 리스트를 간결하고 효율적으로 생성할 수 있는 구문이다. 기존의 반복문(for문)과 조건문(if문)을 결합하여 한 줄로 리스트를 작성할 수 있게 하며, 코드의 가독성과 작성 속도를 높이는 데 유용하다. 예를 들어 1부터 10까지의 숫자 중 짝수를 포함하는 리스트를 생성하려면 리스트 내포를 사용해 [i for i in range(1, 11) if i % 2 == 0]같이 간단하게 표현할 수 있다. 리스트 내포는 반복적인 데이터 처리와 필터링 작업을 수행하는 데 적합하며, 파이썬에서 데이터 조작을 간소화하는 핵심 도구 중 하나로 널리 활용된다.-옮긴이

레이팅 변화를 그래프로 그리는 것은 아주 쉽다. 이 그래프는 [그림 14.2]와 비슷하게 보일 것이다.

그래프에서 LA 레이커스의 실력이 점점 향상되는 모습을 바로 확인할 수 있다. 시즌 초반 ELO 레이팅은 약 1,650에서 시작했지만, 시간이 지나면서 꾸준히 상승해 플레이오프에 들어갈 때는 1,720을 넘는 모습을 볼 수 있다. 이 수치는 레이커스가 확실히 '우승 후보'임을 보여준다.

자세히 보면 그래프 오른쪽 상단에 범례가 표시되어 있음을 알 수 있는데 이를 추가하려면 몇 가지 설정이 필요하다. 먼저 plot 함수를 사용할 때 레이블(label)을 추가해야 한다. 이 레이블은 그려진 선과 연결되어 그래프에서 무엇을 나타내는지 설명해준다.

```
plt.plot(LAL_X, LAL_ELOS, label='Lakers')
```

다음으로 legend 함수를 호출해야 한다.

```
plt.legend()
```

이 코드를 사용하면 그래프에 표시된 각 선에 해당하는 레이블을 가진 범례가 자동으로 생성된다. 범례는 그래프의 실제 데이터가 잘 보이도록 적절한 위치에 자동으로 배치된다.

연습문제 14.7: 2009년 시즌 동안 골든스테이트 워리어스(GSW)의 ELO 레이팅을 선 그래프로 그리는 코드를 작성해보자. 같은 그래프에 LA 레이커스(LAL)의 ELO 레이팅도 함께 그릴 수 있는지 확인해보자.

scatter 함수도 유용한 도구이다. 이 함수는 각 데이터 포인트 사이에 선을 그리지 않고 그래프에 점으로 표시한다. plot 함수와 사용법이 동일하므로 쉽게 적용할 수 있다.

```
plt.scatter(LAL_X, LAL_ELOS, label='Lakers',
color='gray')
```

scatter 함수는 여러 데이터 집합을 한 그래프에 표시할 때 유용하다. 각 데이터 포인트를 점으로 그리며, 이 방법은 여러 데이터 세트를 시각화할 때 특히 도움이 된다. 사용할 수 있는 색상 목록은 공식 웹사이트에서 확인할 수 있다.[59]

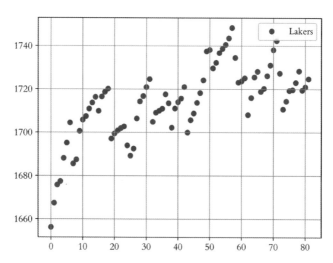

[그림 14.3] 2009년 LA 레이커스의 ELO 레이팅에 대한 산포도

---

59   https://matplotlib.org/.

이제 데이터를 시각화할 수 있는 기본적인 도구들을 갖추었다. 물론 `matplotlib.pyplot`에 대해 더 배울 것이 많지만, `pyplot`의 기본을 이해했다면 스스로 탐구하고 실험해보는 것이 가장 좋다. 온라인에는 유용한 문서와 예시들이 많이 있으니 계속 연습해보자.

핵심 요점

- 파일은 컴퓨터가 꺼져도 데이터를 영구적으로 저장할 수 있다.
- 데이터를 파일에서 표현하는 일반적인 방법은 CSV 형식이다.
- 파이썬에서 데이터를 시각화하는 일반적인 방법은 `matplotlib` 라이브러리를 사용하는 것이다.

15장

기계 학습

인공지능

1956년 열린 다트머스 회의는 인공지능, 즉 AI 분야의 시작점으로 자주 언급된다. 이 회의에는 마빈 민스키, 클로드 섀넌, 허버트 사이먼, 앨런 뉴웰 등 컴퓨터과학 발전에 기여한 주요 인물들이 참석했다. 회의를 주최한 존 매카시는 다음과 같은 대담한 제안을 했다.

> 엄격하게 선출된 과학자들이 여름 동안 함께 연구한다면 기계가 언어를 사용하고 추상적 개념을 형성하며 지금은 인간만이 해결할 수 있는 문제를 풀고 스스로 발전할 수 있는 중요한 진전을 이룰 수 있을 것이다.

매카시의 예측은 상당히 대담했다. 그는 자연어 처리 같은 문제를 해결하는 데 여름 정도만 있으면 충분하다고 생각한 것이다!

다트머스 회의에서 여러 혁신적인 아이디어가 나왔지만, 매카시의 예측이 실현되지 않았다는 것은 분명하다. 자연어 처리 같은 문제는 사람들이 예상했던 것보다 더 복잡했고 수십 년 동안 큰 진전이 없었다. AI에 대한 초기의 열정은 곧 오랜 실망으로 이어졌다. 그 기간을 'AI 겨울'이라고 부르는 이유도 바로 여기에 있다.

하지만 21세기에 들어서면서 기계 학습이라는 접근 방식이 AI 연구에 새로운 활력을 불어넣었다. 이는 문제를 해결하는 모든 논리를 처음부터 기계에 입력하는 대신에 기계가 스스로 학습하도록 하는 아이디어였다. 하지만 이 방식이 완전히 새로운 접근은 아니었다는 점을 기억할 필요가 있다.

앨런 튜링은 AI에 접근하는 두 가지 방법을 오래전부터 제안했다.

> 성인의 두뇌를 모방하는 프로그램을 만들기보다는 아이의 두뇌를 모방하는 프로그램을 만들어서 이를 교육하면 성인의 두뇌처럼 발전하지 않을까?
>
> 튜링(1950)

첫 번째 방법은 컴퓨터가 성인의 두뇌를 직접 모방하도록 프로그래밍하는 것이고, 두 번째 방법은 컴퓨터가 아이의 두뇌를 모방한 후 학습을 통해 성인의 두뇌처럼 발전하도록 하는 것이다. 튜링의 예측은 매우 정확했고 다트머스 회의 이후 실제로 두 가지 접근 방식을 따르는 두 그룹이 생겨났다. 한 그룹은 성인의 두뇌를 바로 모방하려는 기호주의 AI 방식에 집중했고, 다른 그룹은 아이의 두뇌를 모방하고 학습을 통해 성인의 두뇌로 발전시키는 연결주의 모델에 집중했다.

오늘날 기계 학습이 주목받고 있다는 점을 생각하면 놀랍게 들리겠지만, 초기에는 기호주의 AI 방식이 AI 연구자들 사이에서 주류로 자리 잡았다. 그 결과로 AI 연구 커뮤니티의 많은 시간과 자원이 기호주의 AI에 집중되었고, 학습 기반 접근 방식은 상대적으로 덜 주목받았다.

21세기 초에 두 가지 중요한 변화가 학습 기반 AI의 부활을 가능하게 했다. 첫 번째는 컴퓨터 성능이 놀랍도록 향상된 것이다. 현대의 컴퓨터가 몇 초만에 처리하는 작업이 1950년대 매카시가 사용했던 컴퓨터로는 몇 년이 걸렸을 만큼 큰 차이가 있다. 두 번째는 기계가 읽을 수 있는 데이터가 급격하게 증가한 것이다. 인터넷과 소셜 미디어의 등장으로 우리가 소통하고 일하는 방식이 완전히 바뀌었고 변화는 지금도 계속되고 있다. 이제 우리는 물리적 우편 대신 구글 같은 플랫폼을 통해 이메일을 보내고 페이스북 같은 플랫폼에서 디지털 사진을 주고받는다.

중요한 점은 우리의 소통이 점점 더 컴퓨터를 통해 이루어지고 있다는 것이다. 이메일을 보내거나 문자를 받거나 페이스북에 게시물을 올리거나 비디오 게임을 할 때 우리는 컴퓨터를 통해 정보를 전송한다. 이 모든 과정이 컴퓨터에서 처리되기 때문에 처리된 데이터를 기록하는 것도 매우 간단해졌다. 이제는 세상에 너무 많은 디지털 정보가 존재해서 이를 단순히 '데이터'가 아닌 '빅데이터'라고 부른다. 빅데이터와 컴퓨터 성능의 발전 덕분에 기계는 방대한 데이터를 처리하면서 그 안에 숨어 있는 패턴을 학습하고 이를 실행 가능한 정보로 바꿀 수 있게 되었다.

토론하기: 구글은 매일 얼마나 많은 이메일을 처리할까? 페이스북은 매일

15장. 기계 학습

얼마나 많은 이미지를 처리할까? 또 어떤 기업들이 우리의 데이터를 대규모로 처리하고 있을까?

기계 학습 분류

기계 학습은 단일한 기술이 아니라 다양한 문제를 해결하기 위해 여러 가지 방법을 사용한다. 어떤 방법은 특정 문제를 푸는 데 뛰어나고, 다른 방법은 또 다른 문제에 적합하다. 기계 학습 방법을 지도 학습과 비지도 학습 두 가지로 크게 나눌 수 있다.

지도 학습(supervised learning)은 '감독자'의 도움을 받아 학습하는 방식이다. 기본적으로 많은 입력과 출력의 예시를 기계에 제공해서 기계가 입력과 출력 간의 패턴을 학습하도록 한다. 이렇게 학습된 패턴이 충분히 정확하면 기계는 새로운 입력에 대해서도 그 패턴을 사용해 적절한 출력을 예측할 수 있다.

가령 기계가 디지털 이미지를 보고 강아지와 고양이를 구분할 수 있도록 학습시키고 싶다고 하자. 이때 기계에 많은 입력, 즉 강아지와 고양이 사진을 보여줘야 한다. 그리고 각각의 사진에 대해 '감독자'인 내가 해당 이미지가 강아지인지 고양이인지 알려줘야 한다. 즉 기계에 올바른 정답을 제공하는 것이다. 지도 학습의 핵심은 기계가 입력과 함께 정답(출력)을 제공받고, 이를 분석해 입력과 출력 간의 패턴을 학습하는 것이다.

디지털 이미지를 보면 컴퓨터 입장에서는 외형적으로 색상 픽셀의 모음일 뿐이다. 컴퓨터가 어떻게 이 픽셀 모음이 강아지인지 고양이인지를 알 수 있을까? 바로 여기서 인간 감독자의 역할이 중요해진다. [그림 15.1]에서처럼 각 이미지를 보고 강아지인지 고양이인지를 정확하게 구분할 수 있는 인간이 직접 정답(레이블)을 달아줘야 한다. 이렇게 인간이 제공하는 출력('강아지' 또는 '고양이')을 통해 기계는 학습한다.

[그림 15.1] 개와 고양이의 레이블이 지정된 이미지

어쩌면 디지털 이미지에 레이블을 붙이는 과정이 마치 자동으로 이루어지는 마법 같다고 생각할 수도 있지만 사실 전혀 그렇지 않다. 이 작업은 아주 세심하고 시간이 많이 드는 인간의 노력으로 이루어진다. 예를 들어 ImageNet 프로젝트(Li, 2021)를 보면 2만 개의 카테고리로 분류된 천4백만 개 이상의 이미지가 레이블링되어 있다. 이 작업은 아마존 Mechanical Turk 플랫폼을 통해 이루어졌는데, 완료하는 데 2년 반 이상이나 걸렸다.[60]

60   아마존이 운영하는 온라인 플랫폼으로, 사람들이 컴퓨터가 처리하기 어려운 작업을 수행하도록 하는 시스템. 이 플랫폼은 주로 "인간 지능 작업"(Human Intelligence Tasks)을 제공하는데, 이 작업은 인간의 판단과 직관이 필요한 일들이다. 예

비지도 학습(unsupervised learning) 알고리즘도 데이터를 분석해 패턴을 찾으려고 한다. 하지만 여기에는 '감독자'가 없어서 정답을 제공하지 않는다. 즉 비지도 학습은 레이블이 없는 데이터를 가지고 작업하며 입력 데이터만 있고 그에 대응하는 정답은 주어지지 않는다.

넷플릭스 이용자들의 시청 패턴에 대한 데이터를 많이 가지고 있다고 가정하자. 필자가 알고 싶은 것은 이용자들을 어떻게 분류하는 것이 가장 적합한가이다. 가령 시청 선호도에 따라 이용자들을 크게 세 그룹으로 구분하고 싶을 수 있다. 이 경우 특정 이용자에 대해 이용자가 넷플릭스에서 시청한 내용이라는 입력 데이터는 있지만, 이용자들이 각각 속해야 할 그룹이라는 출력 데이터는 없다.

매튜의 넷플릭스 시청 기록에는 SF 영화가 많이 포함되어 있다. 레이 역시 넷플릭스 시청 기록에 SF 영화가 많다. 따라서 두 사람을 같은 그룹에 넣는 것이 도움이 될 수 있다. 하지만 레이와 달리 매튜의 기록에는 코미디 영화도 많이 포함되어 있다. 에이브러햄의 기록에는 레이와 달리 코미디 영화가 많지만, SF 영화는 전혀 없다. 그러면 매튜를 에이브러햄과 같은 그룹에 넣어야 할까? 이런 질문은 넷플릭스의 수백만 명의 이용자에게 반복될 수 있는데, 이는 매우 어려운 작업이다. 넷플릭스 이용자를 '가장 적합한' 방식으로 그룹화하려면 어떻게 해야 할까? 비지도 학습 알고리즘의 목적은 데이터에 잠재된 구조를 발견하고 의미 있는 그룹화를 생성하는 것

컨대 이미지에 레이블을 붙이거나 텍스트를 분류하거나 짧은 설문 조사에 응답하는 일 등이 포함된다. Mechanical Turk의 작동 방식은 간단하다. 기업이나 연구자는 특정 작업을 게시하고, 전 세계의 사람들이 이 작업을 선택해 완료하면 대가로 소액의 보상을 받는 구조다. 이를 통해 연구나 데이터 레이블링 등 시간이 많이 들고 반복적인 작업을 효율적으로 처리할 수 있다.—옮긴이

이다.

지도 학습과 비지도 학습 알고리즘에 대한 개념적 소개는 이쯤에서 마치 이제 각각의 구체적인 예로 넘어가자.

지도 학습, 회귀

회귀는 지도 학습 알고리즘 중 하나로 연속적인 값을 예측하는 데 사용된다. 0.0215처럼 0과 1 사이의 값이라면 소수점까지 포함한 값을 예측 가능하다. 회귀 모델의 출력은 하나의 숫자로 생각할 수 있다.

예를 들어 5명의 키와 몸무게 데이터를 가지고 있다고 가정해보자.

1: 164cm, 61kg

2: 171cm, 74kg

3: 180cm, 75kg

4: 187cm, 77kg

5: 192cm, 94kg

이 데이터를 그래프로 나타내면 [그림 15.2]처럼 될 것이다.

이제 이 데이터를 기반으로 사람들의 키와 몸무게 사이의 관계를 가장 잘 설명하는 모델을 찾아보려 한다. 예를 들어 한 사람의 키를 알면 그 사람의 몸무게를 예측할 수 있으면 좋을 것이다. 데이터를 보면 키가 클수록 몸무게도 함께 증가하는 추세임을 쉽게 알 수 있다. 이런 추세를 표현하는 한 가지 방법은 직선을 사용하는 것이다. 직선의 수학적 공식은 다음과 같다.

$$y = a_1 x^1 + a_0 x^0$$

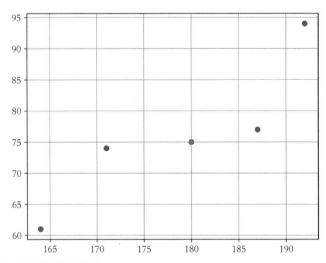

[그림 15.2] 5명의 키와 몸무게

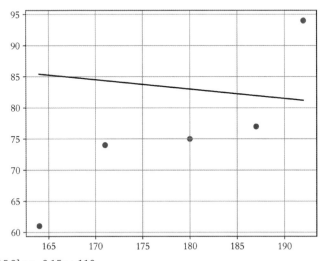

[그림 15.3] y = -0.15x + 110

[그림 15.3]에서는 데이터 포인트들과 함께 직선이 그려져 있다. 이 직선의 공식은 다음과 같다.

$$\gamma = -0.15x^1 + 110x^0$$

더 간단하게 표현하면 다음과 같다.

$$\gamma = -0.15x + 110$$

이 직선이 다섯 사람의 키와 몸무게 사이의 관계를 얼마나 잘 설명하고 있다고 생각하는가? 눈으로 쉽게 확인할 수 있듯이 이 직선은 잘못된 방향으로 그려져 있다. 데이터는 분명히 키가 클 몸무게도 증가하는 추세를 보여주는 것에 반해 직선은 오히려 내려가고 있다.

문제는 컴퓨터가 우리처럼 데이터를 '볼' 수 없다는 점이다. 그래서 이 직선이 데이터에 얼마나 **잘 맞는지** 측정할 방법이 필요하다. 한 가지 방법은 각 데이터 포인트와 직선 위 해당 점 사이의 거리를 계산하는 것이다. 예를 들어 [그림 15.4]에서 두 번째 데이터 포인트와 직선 사이의 거리는 10.35이다. 이렇게 모든 데이터 포인트와 직선 사이의 거리를 계산하면 총 거리는 60.5가 된다.

[그림 15.5]의 직선과 비교하면, 이 직선이 데이터를 더 잘 설명하고 있음을 알 수 있다. 데이터 포인트와 직선 사이의 총 거리는 더 작아져 24.4가 된다. 데이터 포인트와 직선 사이의 거리를 최소화하는 직선이 데이터를 가장 잘 설명한다고 가정한다면, 두 번째 직선이 첫 번째 직선보다 훨씬

더 적합하다고 할 수 있다.

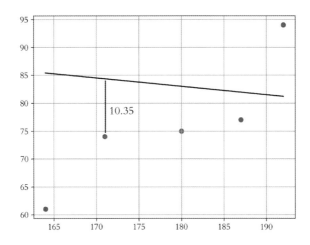

[그림 15.4] 선과 (171, 74) 사이의 거리는 10.35

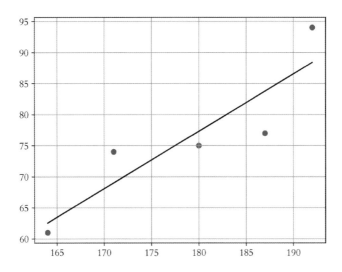

[그림 15.5] 선형 회귀 분석

이렇게 보면 데이터에 가장 잘 맞는 직선을 찾는 문제는 정확한 해답을 가진 수학적 문제로 바뀐다. 실제로는 수천 아니면 수백만 개의 데이터 포인트가 있을 수 있는데, 사람이 이 많은 데이터를 처리하는 것은 불가능하다. 하지만 오늘날 우리가 가진 컴퓨터 성능 덕분에 데이터에 가장 적합한 직선을 찾는 작업은 매우 간단해졌다.

지금까지는 입력과 출력 사이의 관계를 직선으로 설명하는 모델인 **선형** 회귀를 살펴봤다. 하지만 직선이 언제나 데이터를 가장 잘 설명하는 것은 아니다. 때로는 곡선이 더 잘 맞을 때도 있다. 이런 유연성을 위해 우리는 더 높은 차수의 다항식을 사용할 수 있다. 예를 들어 한 번 휘어질 수 있는 선을 설명하는 2차 다항식은 다음과 같다.

$$y = a_2 x^2 + a_1 x^1 + a_0 x^0$$

핵심은 다항식의 차수가 높을수록 데이터를 설명하는 선에 더 많은 굴곡을 만들 수 있다는 것이다. 예를 들어 5차 다항식은 네 번 휘어진 선을 설명할 수 있다. 우리가 가진 데이터 포인트가 5개뿐이기 때문에 5차 다항식으로 이 데이터를 완벽하게 맞출 수 있다.

[그림 15.6]에서 볼 수 있듯이 5차 다항식은 모든 데이터 포인트를 정확하게 통과한다. 점과 선 사이의 거리는 0이 된다. 여기서 배울 점은 차수가 높은 다항식이, 차수가 낮은 다항식보다 언제나 데이터를 더 잘 맞추거나 적어도 동일하게 맞출 수 있다는 것이다.

15장. 기계 학습

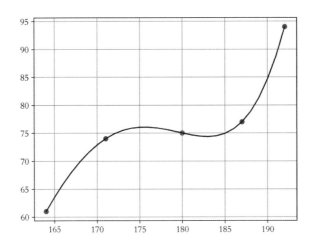

[그림 15.6] 다항 회귀 분석

이제 직선 모델과 5차 다항식 모델을 비교해보자. 어떤 모델이 더 '좋을까?' 주어진 5개의 데이터 점만 보면 5차 다항식이 직선 모델보다 훨씬 더 데이터를 잘 설명한다는 것은 분명하다.

하지만 새로운 데이터를 예측할 때는 어떨까? 어느 모델이 새로운 데이터를 더 잘 맞추고 일반화할까? 이 경우에는 선형 모델이 더 나은 성능을 보인다. 예를 들어 키가 200cm인 사람의 몸무게를 예측한다고 하자. 선형 모델은 이 사람이 약 95kg일 것이라고 예측한다. 이는 꽤 합리적인 추측이다. 반면에 5차 다항식 모델은 이 사람이 약 189kg일 것이라고 예측한다. 그러나 이는 비현실적으로 과장된 값이다!

이렇게 보면 트레이드오프가 존재한다. 차수가 높은 다항식 모델은 기존 데이터를 항상 더 잘 맞추지만, 그렇다고 새로운 데이터를 더 잘 예측하거나 일반화할 수 있다는 의미는 아니다.

토론하기: 선형 모델, 2차 다항식, 3차 다항식 등 여러 모델을 사용해 주어진 데이터셋을 맞출 수 있다. 그렇다면 어떻게 해야 기존 데이터를 잘 설명하면서도 새로운 데이터에 대해 좋은 예측을 할 수 있는 모델을 선택할 수 있을까?

마지막으로 회귀는 하나의 변수만 아니라 여러 변수를 사용해 결과를 예측할 수도 있다. 이를 **다변량** 회귀(Multivariate Regression)라고 한다. 예를 들어 사람의 몸무게를 예측할 때 단순히 키만 사용하는 대신에 나이도 함께 고려할 수 있다. 키와 나이라는 두 변수로 몸무게를 예측하는 모델을 만드는 것이다. 이 경우 데이터를 가장 잘 설명하는 직선이 아니라 평면을 찾아야 한다. [그림 15.7]에서 보듯이 두 변수에 대한 다변량 회귀는 3차원 공간에 있는 데이터 점을 설명하는 2차원 평면으로 나타낼 수 있다. 다만 3차원 이상을 시각화하는 것은 쉽지 않다.

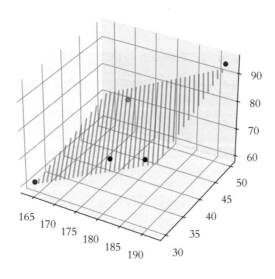

[그림 15.7] 다변량 회귀 분석

회귀는 복잡한 데이터셋을 처리할 때, 더 높은 차수의 다항식을 사용하거나 여러 변수를 활용할 수 있다. 하지만 차수나 변수의 수가 많아지면 우리가 이해하기 어려워진다. 특히 입력 변수가 2개를 넘어서면 그 모델의 시각화도 쉽지 않다. 하지만 컴퓨터에게 이런 일은 어렵지 않다. 결국, 더 높은 차원의 공간에서 거리를 계산하는 문제일 뿐이다.

비지도 학습, K-평균 클러스터링

K-평균 클러스터링(K-means clustering)은 비지도 학습 알고리즘으로, 데이터에서 비슷한 특성을 가진 그룹들을 찾아내는 데 사용된다. 예를 들어 10명의 키와 몸무게로 구성된 작은 데이터셋을 생각해볼 수 있다.

1: 198cm, 90kg

2: 216cm, 128kg

3: 203cm, 112kg

4: 191cm, 84kg

5: 198cm, 82kg

6: 182cm, 77kg

7: 184cm, 82kg

8: 193cm, 80kg

9: 190cm, 90kg

10: 175cm, 76kg

이 데이터를 그래프에 점으로 표시하면 [그림 15.8]과 같다. 이 데이터와 우리가 원하는 그룹의 수(예를 들면 두 그룹)를 기준으로 키와 몸무게를 바탕으로 사람들을 가장 자연스럽게 나누는 방법을 찾고자 한다. 이 모델이 있으면 새로운 사람이 추가되었을 때 그 사람을 두 그룹 중 하나로 분류할 수 있게 된다. 그래프를 보면 2개의 자연스러운 그룹이 있다는 것을 쉽게 알 수 있다. 하나는 오른쪽 위에 있는 (203, 112)와 (216, 128) 위치의 2개의 점이고, 다른 하나는 왼쪽 아래에 있는 나머지 8개의 점이다.

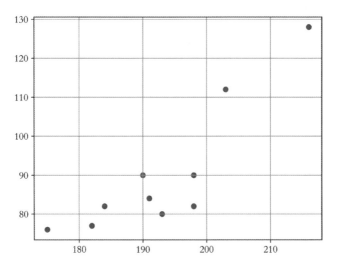

[그림 15.8] 10명의 키와 몸무게

문제는 컴퓨터가 데이터를 우리가 '보는 방식'으로 이해하지 않는다는 것이다. 그래서 데이터를 잘 그룹화할 좋은 측정할 방법이 필요하다. 이를 해결하는 한 가지 방법은 이전처럼 거리를 사용하는 것이다. 이제 K-평균 클러스터링 알고리즘의 기본 원리를 설명하겠다. 컴퓨터에게 2개의 자연스러운 그룹을 찾으라고 요청하면, 먼저 2개의 임의의 위치에서 시작한다.

[그림 15.9]에서는 검은색 X와 회색 X 표시가 2개의 임의 위치를 나타내고 있다.

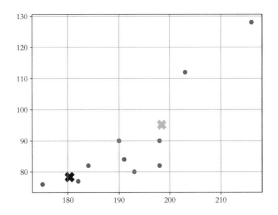

[그림 15.9] 2개의 무작위 위치

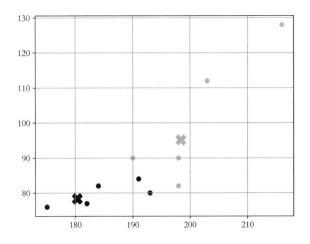

[그림 15.10] 초기 2개의 무작위 위치를 기준으로 생성된 두 그룹

그다음에 각 데이터 점을 두 표시 중 더 가까운 표시에 따라 분류한다. 데이터 점이 검은색 X 표시에 더 가까우면 검은 그룹으로, 회색 X 표시에 더 가까우면 회색 그룹으로 분류한다. 이렇게 해서 두 표시를 기준으로 두 그룹이 형성된다([그림 15.10] 참조).

다음으로 각 그룹의 중심점을 계산한다. 중심점은 주어진 그룹 내 모든 점의 기하학적 중심을 뜻한다. 이 두 그룹의 중심점은 알고리즘이 시작될 때 임의로 선택된 두 위치와 동일하지 않으며, 이전 위치는 흐릿한 회색으로 표시된다. 이는 [그림 15.11]에서 확인할 수 있다.

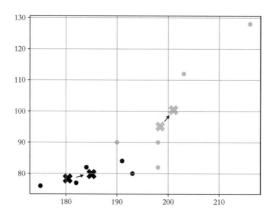

[그림 15.11] 두 그룹의 중심점은 초기의 임의로 선택된 두 위치와 다르다.

이 중심점을 기준으로 각 데이터 포인트를 다시 분류한다. 데이터 포인트가 어느 중심점에 더 가까운지에 따라 그룹이 재정의된다. 만약 새로운 그룹이 이전과 다르다면 새로 생성된 그룹의 중심점을 다시 계산하고 이 과정을 반복한다.

이 과정은 그룹이 안정화되고 중심점이 더 이상 움직이지 않을 때까지

15장. 기계 학습

계속된다. 최종 결과는 [그림 15.12]에 나타나 있다. K-평균 클러스터링으로 찾아낸 그룹은 우리의 시각적 직관과 잘 맞는다.

이 예시는 2차원에서 수행되었지만, 이 알고리즘은 임의의 고차원 공간에서도 쉽게 실행할 수 있다. 물론 고차원에서는 시각적으로 과정을 이해하기 어렵고 연산의 방대함에 압도될 수 있지만, 컴퓨터에는 그저 더 많은 거리 계산일 뿐이다.

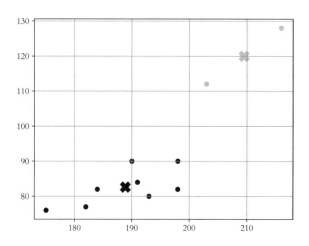

[그림 15.12] K-평균 클러스터링으로 발견된 두 그룹

토론하기: 비지도 학습 알고리즘을 사용하여 데이터에 잠재된 구조를 발견할 수 있는 데이터셋에는 어떤 예시가 있는지 생각해보자.

넘파이와 사이킷런

회귀와 K-평균 클러스터링 개념을 이해했다면, 이 둘은 다양한 상황에서 데이터를 분석하고 패턴을 활용하는 강력한 도구임을 알았을 것이다. 이러한 알고리즘을 직접 구현할 수도 있지만 이미 효율적으로 구현된 라이브러리들이 있으므로, 이를 활용하면 더욱 간편하고 빠르게 기계 학습을 적용할 수 있다.

이번에는 numpy와 sklearn 라이브러리를 활용해 기존의 기계 학습 알고리즘을 사용하는 방법에 초점을 둔다. 넘파이, numpy는 '배열'이라 불리는 2차원 리스트와 유사한 대규모 데이터를 조작하기 위한 라이브러리로 데이터 분석에 필수적인 도구이다. 사이킷런, sklearn은 지도 학습과 비지도 학습을 포함한 다양한 기계 학습 알고리즘을 제공하며, 이를 통해 복잡한 모델링 작업을 간단히 수행하는 도구이다.

라이브러리 설치 방법에 대한 자세한 내용은 부록에서 확인할 수 있다. 파이썬 코드에서 numpy를 표준 방식으로 가져오려면 다음 명령문을 사용한다.

```
import numpy as np
```

numpy 라이브러리가 제대로 설치되고 오류 없이 실행되었는지 확인해야 한다. 이 단계에서 오류가 발생한다면, numpy 라이브러리가 설치되지 않았을 가능성이 있다. numpy에서 중요한 객체는 array이다. 배열은 np.array() 함수를 사용해 만들 수 있으며, 이 함수는 구조화된 객체를 입력으로 받는다. 여기서 우리가 사용할 구조화된 객체는 list이다.

```
>>> a1 = np.array([1,2,3,4])
```

```
>>> a1
array([1,2,3,4])
```

array은 여러 면에서 list와 유사하다. 배열도 리스트처럼 인덱싱할 수 있고 슬라이싱도 가능하다.

```
>>> a1[1]
2
>>> a1[2:4]
array([3,4])
```

연습문제 15.1: 100개의 짝수로 array를 만들어 보자. 우선 100개의 짝수를 포함한 list를 만든 후에 이를 array로 변환해보자.

배열은 리스트와 몇 가지 중요한 차이점이 있다. 첫 번째로는 list와는 달리 array의 모든 요소는 동일한 데이터 타입을 가져야 한다. 배열의 데이터 타입은 dtype 속성을 통해 확인할 수 있다.

```
>>> a1.dtype
dtype('int32')
```

이 경우 a1의 모든 요소는 32비트 정수이다. array의 모든 요소가 동일한 데이터 타입을 가지도록 구성되면, array는 연속적인 메모리 블록으로 관리되며 이로 인해 list보다 훨씬 빠르게 처리될 수 있다. 그리고 array에서는 요소별 연산을 손쉽게 수행할 수 있다. 예를 들면 다음 구문을 통해 a1의 모든 요소에 1을 더할 수 있다.

```
>>> a1 + 1
array([2,3,4,5])
```

이 구문은 2, 3, 4, 5의 요소를 가진 새로운 배열을 생성한다. 다른 산술 연산자들 또한 요소별로 동작한다.

```
>>> a1 - 1
array([0,1,2,3])
>>> a1 * 5
array([5,10,15,20])
>>> a1 ** 2
array([1,4,9,16])
```

array의 각 요소에 요소별로 적용할 수 있는 함수를 정의하는 것도 가능하다. 아래는 숫자를 입력받아 그 값의 두 배에 2를 더한 결과를 반환하는 함수의 예시이다.

```
>>> def func(x):
        return x * 2 + 2
```

```
>>> func(a1)
array([4,6,8,10])
```

연습문제 15.2: 반지름 r을 입력받아 반지름 r인 원의 면적을 반환하는 함수 area를 작성해보자.

연습문제 15.3: 첫 번째 100개의 짝수로 이루어진 array에 함수 area를 요소별로 적용하는 명령문을 작성해보자.

array 객체의 진정한 장점은 다차원 구조를 다룰 때 드러난다. 다음은 2차원 list를 사용하여 생성한 3×3 크기의 2차원 array이다.

```
>>> a2 = np.array([[1,2,3],[4,5,6],[7,8,9]])
```

이 array는 행과 열, 즉 양 축을 따라 슬라이싱할 수 있다. 첫 2개 열에 있는 모든 데이터를 선택하고 싶다면, 다음과 같은 명령문을 사용할 수 있다.

```
>>> a2[:,:2]
array([[1,2],[4,5],[7,8]])
```

첫 번째 슬라이스인 :는 포함할 행을 지정하며, 숫자가 없으므로 모든 행을 포함한다. 두 번째 슬라이스인 :2는 포함할 열을 지정하며, : 앞에 숫자가 없으므로 시작부터 인덱스2 직전까지의 열, 즉 첫 2개 열을 포함하게 된다. 2차원 array를 슬라이싱하는 기능은 기계 학습 기법을 다룰 때 매우 유용하다.

연습문제 15.4: 1부터 100까지의 숫자로 이루어진 10×10 크기의 2차원 array를 만들어 보자. 2차원 list를 먼저 생성하고 시작할 수 있다.

연습문제 15.5: 이 2차원 array에서 마지막 3개의 행을 슬라이싱해보자.

회귀 분석 구현

sklearn 라이브러리를 성공적으로 불러올 수 있는지 확인하자. 다음과 같이 sklearn을 불러온다.

```
import sklearn
```

이것은 라이브러리를 통해 제공되는 회귀 및 K-평균 클러스터링 알고리즘을 시도해보기 위해 매우 중요하다.

단변량 선형 회귀

이제 sklearn에서 제공하는 회귀 도구를 활용할 준비가 되었다. 먼저 단변량 선형 회귀(univariate linear regression) 문제부터 해결해보자. 먼저 데이터를 2차원 array에 넣자.

```
>>> d =
np.array([[164,61],[171,74],[180,75],[187,77],[192,94]])
```

이 배열은 5개의 행과 2개의 열로 구성되어 있다. 우리의 목표는 첫 번째 열의 데이터(키)를 사용해서 두 번째 열의 데이터(몸무게)를 예측하는 것이다. 이를 위해 LinearRegression 객체를 활용할 것이다.

```
from sklearn.linear_model import LinearRegression
model = LinearRegression()
```

첫 번째 줄은 sklearn 라이브러리에서 LinearRegression 클래스를 불러오고, 두 번째 줄은 회귀 분석을 처리할 LinearRegression 객체를 생성한다. 회귀 객체를 사용하기 위해서는 데이터를 적절한 형식으로 구성해야 한다. 예측에 사용될 값(X)은 2차원 구조로 제공되어야 한다. 2차원 구조로 제공해야 하는 이유는, 예를 들어 키와 나이를 함께 사용하여 몸무게를 예측하는 것처럼 각 데이터 행에 여러 변수를 포함할 수 있도록 하기 위함이다. 이 예시에서는 단일 변수인 키만을 사용하여 몸무게를 예측하지만, 다변수를 사용할 가능성을 고려해 입력을 **벡터**라고 부르는 경우가 많다.

```
>>> X = d[:, :1]
```

```
>>> X
array([[164], [171], [180], [187], [192]])
```

여기서는 [:, :1]을 사용하여 모든 행에서 첫 번째 열의 데이터를 2차원 array로 추출한다. 첫 번째 슬라이스인 :는 모든 행을 추출하고, 두 번째 슬라이스인 :1은 인덱스 0부터 1 이전까지의 열을 추출하여 첫 번째 열만 선택하게 된다.

예측 대상 값(Y)은 1차원 구조로 제공되어야 한다. 두 번째 열의 데이터를 1차원 array로 추출하려면 [:, 1]을 사용한다. 앞서와 마찬가지로 첫 번째 슬라이스인 :는 모든 행을 추출하고, 인덱스 1을 사용하여 해당 열만 추출한다.

```
>>> Y = d[:,1]
>>> Y
array([61,74,75,77,94])
```

토론하기: 계속하기 전에 왜 X는 2차원이고, Y는 1차원인지 이유를 확실히 이해할 필요가 있다.

X와 Y 모두 array의 요소 개수가 동일하다는 점에 주목하자. 물론 이 요소들의 유형은 다르다. X는 array들의 array이고, Y는 숫자로 이루어진 array이다. 이러한 방식으로 두 array의 각 요소는 일대일로 대응되며, X의 각 요소가 Y의 각 요소와 직접 연결된다.

15장. 기계 학습

[164] → 61

[171] → 74

[180] → 75

[187] → 77

[192] → 94

다시 말해 첫 번째 배열이 2차원인 이유는 각 요소가 하나 이상의 변수를 나타낼 수 있도록 하기 위함이다. 다변량 회귀에서는 여러 변수를 정답과 연관시키기 때문에 이러한 데이터를 하나의 요소, 즉 벡터로 구성할 수 있다. 단변량 회귀를 처리한 후 이러한 방식이 어떻게 작동하는지 확인할 수 있을 것이다.

　이제 데이터를 입력(X)과 출력(Y)으로 분리했으므로 나머지 과정은 매우 간단하다. 우리가 해야 할 일은 fit 함수를 실행하는 것이다.

```
model.fit(X,Y)
```

이 단계는 종종 기계 학습 알고리즘의 '훈련' 단계라고 불린다. 컴퓨터가 데이터셋에서 키와 몸무게 사이의 관계를 가장 잘 설명하는 모델을 찾도록 학습하는 것이다. 본질적으로 이는 다양한 데이터 포인트와의 총 거리를 최소화하는 직선을 찾는 과정으로 앞서 개념적으로 설명한 내용과 일치한다.

　이제 데이터로 훈련된 모델을 얻었으므로 이를 사용해서 예측할 수 있다. 예를 들어 키가 185cm인 사람의 평균 몸무게가 얼마인지 알고 싶다면,

이 입력값을 predict 함수에 넣어 훈련된 모델을 기반으로 예측할 수 있다.

```
model.predict([[185]])
```

입력이 2차원 list라는 점에 유의하라. 이는 하나 이상의 값으로 구성된 입력을 처리할 수 있을 뿐 아니라 여러 가지 예측을 가능하게 한다. 예를 들어 리스트에 추가적인 입력을 넣으면 세 가지 예측을 수행할 수도 있다.

```
model.predict([[185],[187],[190]])
```

여기서 array 대신 list를 사용한 이유가 궁금할 수 있다. 지금까지 배운 내용에서 list와 array는 모두 사용할 수 있다. 다만 array는 특히 대량의 데이터를 다룰 때 추가적인 기능성과 효율성을 제공하므로 더 자주 사용하게 된다. 그러나 이 경우에는 단일 데이터에 기반한 예측만 필요하므로 list를 사용하는 것이 입력할 코드의 양을 줄일 수 있다.

다음은 단변량 선형 회귀 모델을 훈련하고, 이를 이용해 예측을 수행하는 데 필요한 전체 코드이다.

```
from sklearn.linear_model import LinearRegression
import numpy as np

d =
np.array([[164,61],[171,74],[180,75],[187,77],[192,94]])
```

```
model = LinearRegression()

model.fit(d[:,:1],d[:,1])

print(model.predict([[185]]))
```

이것으로 끝이다! 데이터를 배열로 준비한 후에는 sklearn에서 제공하는
도구를 사용하는 것이 매우 간단하다.

연습문제 15.6: 다음 데이터셋을 사용하여 다양한 포유류의 뇌 무게와 몸
무게 사이의 관계를 찾기 위해 단변량 선형 회귀 모델을 훈련해보자.

뇌 무게	3.38	0.48	1.35	465.0	36.3	27.6	14.8	1.04
몸무게	44.5	15.5	8.10	423.0	119.5	115.0	98.2	5.50

여기서 중요한 점은 실제로 선형 회귀를 사용할 때 데이터를 array에 수
동으로 입력하지 않는다는 것이다. 보통은 이전 장에서 다룬 CSV 파일 같
은 대규모 파일에서 데이터를 추출하게 된다. 좋은 연습으로는 CSV 파일로
저장된 대형 데이터셋을 찾아 데이터를 array로 추출하고 포맷한 후에 이
를 sklearn 라이브러리의 LinearRegression 객체에 입력하는 것이다.

CSV 파일에서 데이터를 array로 효율적으로 추출하는 방법은 pan-
das 라이브러리의 read_csv 함수를 사용하는 것이다. 이 방법을 이해하
기 위해 1950년부터 2019년까지의 연간 금 가격 정보를 담고 있는 gold_
prices.csv 파일을 살펴보자. 이 파일은 필자의 웹사이트[61]에서 찾을 수

있다. 아래는 이 파일의 첫 다섯 줄이다.

```
Date,Price
1950,34.72
1951,34.66
1952,34.79
1953,34.85
```

이 파일의 첫 번째 줄은 메타데이터로 파일 내 데이터에 대한 정보를 담고 있다. 여기에는 'Date'와 'Price' 같은 열의 설명이 포함되어 있다. 이 파일에서 필요한 데이터를 추출하기 위해서는 read_csv 함수를 사용하고, 그 결과를 to_numpy 함수를 통해 2차원 array로 변환하면 된다.

```
import pandas as pd
import numpy as np

df = pd.read_csv('gold_prices.csv',sep=',')
a = df.to_numpy()
```

sep=',' 입력값은 데이터의 각 행에서 쉼표를 사용하여 정보를 구분하도록 한다. CSV 파일에서 읽어온 데이터는 df 변수에 저장되며, 이 객체는 to_numpy 함수를 사용해 2차원 array로 변환된다. 이제 이 배열을 회귀 모델의 훈련 데이터로 사용할 수 있다.

연습문제 15.7: `gold_prices.csv` 파일을 데이터로 사용하여 선형 회귀 모델을 생성할 수 있는가? 이 모델을 이용해 2050년, 2055년, 2060년의 금 가격을 예측할 수 있는가?

다변량 선형 회귀

이번에는 입력 벡터에 더 많은 변수가 포함된 경우를 생각해보자. 예를 들어 데이터셋에 나이 정보를 추가했다고 가정하자. 추가 데이터가 있더라도 선형 회귀 모델을 훈련하는 코드는 동일하게 유지된다.

```
d = np.array([[164,30,61],[171,48,74],[180,32,75],
              [187,33,77],[192,50,94]])
model = LinearRegression()
model.fit(d[:,:2],d[:,2])
model.predict([[185,35]])
```

이제 각 데이터 행이 3개의 값으로 구성된다는 것을 알 수 있을 것이다. 첫 번째와 두 번째 값은 각각 키와 나이를 나타내며, 세 번째 값은 몸무게를 나타낸다. 모델을 훈련하기 위해 첫 두 열의 데이터를 2차원 구조로 입력 (X)으로 사용하고, 세 번째 열의 데이터를 1차원 구조로 출력(Y)으로 사용한다. 그 결과 입력과 출력 사이에 일대일 대응 관계가 형성된다.

```
[164,30]  →  61
[171,48]  →  74
[180,32]  →  75
[187,33]  →  77
[192,50]  →  94
```

모델이 이 데이터를 통해 훈련된 후에는 예측을 할 수 있다. 입력값은 2개의 값을 가진 벡터여야 하므로 위의 예시에서는 키 185cm에 35세인 사람을 [[185, 35]]라는 2차원 list로 제공했다.

단변량 다항 회귀 분석

이제 마지막으로 고차 다항식을 기반으로 한 회귀를 어떻게 처리할 수 있는지 살펴보자. 다행히도 추가 작업이 많이 필요하지는 않다. sklearn 라이브러리에서 PolynomialFeatures 객체를 불러와야 한다.

```
from sklearn.preprocessing import PolynomialFeatures
```

PolynomialFeatures 객체는 1차 벡터 데이터를 고차원 데이터로 변환하는 데 사용된다. 예를 들어, 키 정보를 5차 다항식에 적용할 수 있는 데이터로 변환하려면 약간의 조작이 필요하다.

15장. 기계 학습

$y = a_1x^1 + a_0x^0$	**1차 다항식**
$y = a_5x^5 + a_4x^4 + a_3x^3 + a_2x^2 + a_1x^1 + a_0x^0$	**5차 다항식**

1차 다항식(선형 방정식)은 키 값을 두 번만, 즉 한 번은 x^0에, 또 한 번은 x^1에 사용하면 된다. 하지만 5차 다항식의 경우 키 값을 여러 번 더 사용해야 한다. 즉 $x^0, x^1, x^2, x^3, x^4, x^5$으로 확장해야 한다. 이와 같은 데이터 확장은 `PolynomialFeatures` 객체가 처리해주는 역할이다.

```
>>> t = PolynomialFeatures(degree=5)
```

이 객체는 1차 값을 5차 값으로 변환할 수 있는 기능을 제공한다. 실제로 `degree` 입력 파라미터에 값을 지정하면, 1차 값을 원하는 차수로 변환할 수 있다. 이렇게 하면 1차 값을 원하는 차수의 값으로 변환할 수 있게 된다.

```
>>> t.fit_transform([[2]])
[[1., 2., 4., 8., 16., 32.]]
```

따라서 입력 데이터가 단일 요소 벡터 [2]로 구성된 경우, 변환기는 이를 5차 다항식의 모든 x 항목으로 확장하여 [1., 2., 4., 8., 16., 32.]로 변환한다. 여기서 이 숫자들은 각각 x^0 (1), x^1 (2), x^2 (4), x^3 (8), x^{04} (16), x^5 (32)에 해당하며 이때 x값은 2이다.

모델을 훈련하기 위해서는 모든 데이터를 아래와 같이 처리해야 한다.

키와 몸무게 간의 상관관계를 나타내는 첫 번째 데이터셋으로 돌아가 모든 데이터를 5차 다항식에 적합한 형태로 변환하려면 다음과 같이 하면 된다.

```
d =
np.array([[164,61],[171,74],[180,75],[187,77],[192,94]])
t = PolynomialFeatures(degree=5)
t.fit_transform(d[:,:1])
```

고차 다항식을 사용할 때는 항상 우리가 사용하려는 다항식의 차수에 맞게 입력 데이터를 명시적으로 변환해야 한다. 이제 이를 모두 종합해보자.

```
from sklearn.preprocessing import PolynomialFeatures
from sklearn.linear_model import LinearRegression

d =
np.array([[164,61],[171,74],[180,75],[187,77],[192,94]])
t = PolynomialFeatures(degree=5)
model = LinearRegression()
model.fit(t.fit_transform(d[:,:1]),d[:,1])
model.predict(t.fit_transform([[185]]))
```

predict 함수를 사용할 때도 변환기를 다시 사용해야 한다는 점에 유의해야 한다. 입력 벡터는 5차 다항식을 처리할 수 있도록 변환되어야 한다.

15장. 기계 학습

K-평균 클러스터링 구현

지금까지 배운 내용을 바탕으로 하면 sklearn 라이브러리를 통해 K-평균 클러스터링 알고리즘을 구현하는 것은 비교적 간단하다. 먼저 데이터를 준비하는 것부터 시작하자.

```
data = np.array([[198,90],[216,148],[203,120],[191,84],
                 [198,82],[182,77],[184,82],[193,80]])
```

데이터가 준비되면 라이브러리에서 관련 코드를 가져올 수 있다.

```
from sklearn.cluster import KMeans
```

이제 KMeans 객체를 만들기만 하면 된다.

```
kmeans = KMeans(init='random',n_clusters=2)
```

우리가 2개의 입력값을 제공했다는 점에 유의하자. n_clusters는 데이터셋에서 찾고자 하는 그룹의 수를 지정하며, 여기서는 2로 설정되어 있지만 원하는 다른 정수로 설정할 수 있다. init은 초기 위치가 어떻게 선택될지를 지정하는데, 이 예시에서는 초기 위치가 무작위로 선택되도록 설정했다. 설정이 완료되면 간단히 fit 메서드를 호출하면 된다.

```
kmeans.fit(data)
```

발견된 두 그룹의 중심 위치는 다음 명령어를 사용해 확인할 수 있다.

```
kmeans.cluster_centers_
```

그러면 중심 위치의 2차원 array가 반환된다. 실행 결과는 다음과 같다.

```
[[191. 82.5]
 [209.5 134.]]
```

kmeans 알고리즘의 초기 위치는 무작위로 선택되기 때문에 실행할 때마다 다른 값이나 순서로 결과가 나올 수 있다는 점을 기억해야 한다.

　이 중심 위치들은 새로운 데이터 포인트를 분류하는 데 활용될 수 있다. 예를 들어 중심이 (191, 82.5)인 그룹을 G1, 중심이 (209.5, 134)인 그룹을 G2라고 지정하면 새로운 데이터 포인트는 두 중심과의 거리를 기준으로 분류될 수 있다. 예를 들어 (190, 83)의 새로운 데이터 포인트가 어느 그룹에 속하는지 판단하려면, G1과 G2 중심까지의 거리를 계산하여 비교하면 된다. G1까지의 거리(1.118)가 G2까지의 거리(54.6)보다 짧으므로, 이 데이터 포인트는 G1에 속한다고 분류될 것이다.

　거리는 다음 코드로 계산할 수 있다.

```
import math
```

```
G1,G2 = kmeans.cluster_centers_
new_data = np.array([190,83])
dist1 = math.sqrt(np.sum((G1-new_data)**2))
dist2 = math.sqrt(np.sum((G2-new_data)**2))
```

첫 번째 줄에서는 math 라이브러리를 불러온다. 이는 두 점 사이의 거리를 계산하는 데 필요한 제곱근 함수(math.sqrt)를 사용하기 위해서다. 거리를 계산하는 공식은 다음과 같다.

$$d = \sqrt{\left(x_2 - x_1\right)^2 + \left(y_2 - y_1\right)^2}$$

두 번째 줄에서는 kmeans.cluster_centers_에 있는 각 하위 리스트의 값을 G1과 G2 변수에 할당한다. 새로운 데이터 포인트는 값이 190과 83인 배열로 할당되며, 여기서 list가 아닌 array을 사용하는 이유는 numpy 라이브러리를 통해 요소별 연산을 활용할 수 있기 때문이다. 예를 들어, (G1-new_data)**2는 G1의 각 요소에서 new_data의 대응 요소를 빼고 그 결과로 나온 array의 각 요소를 제곱한다. 마지막으로 np_sum 함수를 사용해 배열 내의 모든 값을 더한다.

이제 마무리하며 앞서 설명한 내용을 모두 종합해보자.

```
import math
from sklearn.cluster import KMeans
```

```
data = np.array([[198,90],[216,148],[203,120],[191,84],
                 [198,82],[182,77],[184,82],[193,80]])
kmeans = KMeans(init='random',n_clusters=2)
kmeans.fit(data)
G1,G2 = kmeans.cluster_centers_
new_data = np.array([190,83])
dist1 = math.sqrt(np.sum((G1-new_data)**2))
dist2 = math.sqrt(np.sum((G2-new_data)**2))
if dist1 < dist2:
    print('new data should be classified as G1')
else:
    print('new data should be classified as G2')
```

핵심 요점

- 기계 학습 알고리즘은 지도 학습 알고리즘과 비지도 학습 알고리즘
  으로 나눌 수 있다.
- 회귀 분석은 지도 학습 알고리즘의 예이다.
- K-평균 클러스터링은 비지도 학습 알고리즘의 예이다.
- 다양한 기계 학습 알고리즘은 파이썬 라이브러리에서 효율적으로 구
  현되어 제공된다.

15장. 기계 학습

16장

귀납

과학 철학은 과학의 본질, 방법론, 과학의 결과가 가지는 의미와 관련된 개념과 문제를 다루는 철학의 한 분야이다. 이 분야에서 다루는 중심 질문들로는 "과학이란 무엇인가?", "과학과 비과학을 구분하는 기준은 무엇인가?", "과학적 추론이란 무엇인가?", "과학 이론은 어떻게 선택되는가?", "과학 이론은 진리인가 아니면 예측을 위한 유용한 도구일 뿐인가?" 등이다. 이러한 질문들은 다른 많은 철학 분야와도 연결되어 있는 매우 흥미로운 주제이다.

이번 장에서는 주로 '귀납 문제'에 집중할 것이다. 이 문제는 과학적 행습의 핵심에 닿아 있으며 과학 지식이라는 중요한 결과를 다루기 때문에 매우 중요하다. 또 여러 면에서 이 문제는 기계 학습과도 겹친다. 귀납과 기계 학습의 유사성을 처음 지적한 사람은 필자가 아니다. 20세기 후반에 폴 태가드는 다음과 같은 주장을 펼쳤다.

우리는 기계 학습과 귀납과 관련된 철학을 본질적으로 같은 분야로 보고, 이를 통합적인 관점에서 접근하면 어떤 잠재적 이점이 있을지를 고려해야 한다.

태가드(1990)

태가드는 귀납과 관련된 철학이 본질적으로 기계 학습과 동일한 분야라고 주장한다. 그는 계속해서 귀납 철학을 기계 학습과 연결함으로써 얻게 되는 몇 가지 통찰력 있는 이점을 명확히 설명한다.

귀납과 기계 학습의 동일시는 추론을 탐구하기 위한 새로운 어휘를 제공하며, 특히 과정과 통제 문제에 집중할 수 있게 한다.

태가드(1990)

그리고 프로그램을 작성하는 작업은 기대되는 사항을 매우 명확하게 표현해야 하는데, 프로그램을 설계하는 행위 자체가 흥미로운 철학적 질문을 드러내는 경우가 많다. 말하자면 설명적 일관성을 판단하는 프로그램 작업을 진행하면서 나는 이론의 단순성에 대한 몇 가지 아이디어를 명확히 이해하게 되었다. 이 프로그램 작업이 아니었다면 구별하지 못했을 것이다.

태가드(1990)

태가드의 주장이 옳다면, 기계 학습을 통해 귀납을 연구함으로써 많은 것을 얻을 수 있다. 추상적으로 사고하는 것과 달리 프로그램을 작성하는 과정은 가정들을 명시적으로 드러내도록 강제하기 때문에, 이는 모호한 개념을 명확하게 할 뿐 아니라 흥미롭고 새로운 질문들을 생성하는 데도 도움을 준다.

최근에는 케빈 코브가 귀납과 기계 학습 간의 유사성을 강조하며 다음과 같이 말했다.

> 기계 학습은 알고리즘에 의해 실행될 수 있는 귀납적 전략들을 연구한다. 과학철학은 과학적 행습에서 나타나는 귀납적 전략들을 연구한다. 두 학문은 상당 부분 독립적으로 발전해 왔지만 많은 공통점을 가지고 있다.
>
> 코브(2004)

태가드와 코브 같은 사상가들의 통찰을 바탕으로 귀납 문제와 기계 학습이 겹치는 개념적 영역을 탐구해보자.

귀납 문제

통계에 관한 논의에서 '쓰레기를 넣으면 쓰레기가 나온다'(Garbage In Garbage Out, 이하 GIGO)라는 주제로 존 구타그는 이렇게 말한다.

여기서 핵심 메시지는 단순하다. 입력 데이터가 심각하게 잘못되었다면, 아무리 통계적으로 처리해도 의미 있는 결과를 얻을 수 없다는 것이다.

구타그(2016)

GIGO는 기계 학습 알고리즘이 아무리 정교하고 강력하더라도 알고리즘이 학습하는 데이터의 품질에 따라 성능이 좌우된다는 점을 명확히 보여준다. 예를 들어, 마흔여덟 명의 나이와 혈압 데이터를 수집하여 시각화한 [그림 16.1]을 생각해보자. 이 데이터가 '쓸모없는 데이터'인지를 어떻게 판단할 수 있을까?

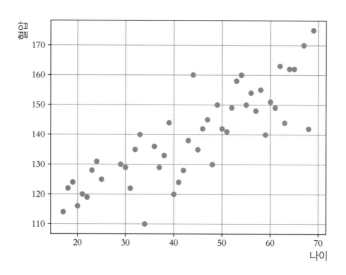

[그림 16.1] 88명의 연령과 혈압

이를 평가하는 중요한 요소 중 하나는 올바른 모집단에서 무작위 샘플링을 했는지의 여부다. 예를 들어보자. 남성과 여성 참가자가 고르게 포함된 샘플에서 혈압을 측정했는지 확인할 필요가 있다. 또는 관련 질병이 없

16장. 귀납

는 적절한 모집단에서 샘플을 추출했는지도 알아야 한다. 핵심은 올바른 모집단에서 추출한 무작위 샘플에는 건강한 전체 모집단에서 나타나는 관련 패턴과 동일한 패턴이 포함된다는 것이다.

그렇다면 데이터 샘플링이 참으로 무작위적이고 올바른 모집단에서 이루어졌다고 확신할 수 있을까? 특정 상황에서는 샘플이 충분히 무작위적이며 적절한 모집단에서 선택되었다고 보장할 수 있을 것이다. 하지만 일반적으로는 그렇지 않다. 즉 관찰되지 않은 모집단의 부분이 관찰된 부분에서 발견된 패턴과 일치할 것이라는 논리적 근거는 없다. 오히려 모집단을 더 탐구하면 샘플에서 학습된 패턴에 맞지 않는 데이터들이 나타날 수도 있다.

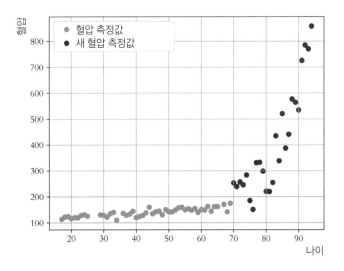

[그림 16.2] 원래 샘플의 패턴은 새 데이터에는 적용되지 않는다

이를 [그림 16.2]에서처럼 시각적으로 나타낼 수 있다. 이후에 나이가

더 많은 인구에서 측정된 혈압 데이터는 원래 샘플을 기반으로 훈련된 모델과 일치하지 않을 수 있다. 그림에서 알 수 있듯이 70세 이상의 참가자들에 대한 경향은 선형이 아닌 2차 곡선일 가능성이 있는 것이다.

어쩌면 배경 지식에 의존해 새로운 측정값을 거부하고 싶을 수 있다. 예를 들어 "혈압이 800처럼 높을 수는 절대 없다"라고 생각할 수 있다. 그러나 '절대'라는 표현은 너무 강한 주장이다. 이 말은 현재 관찰되지 않은 사람들만 아니라 앞으로 존재할 모든 관찰되지 않은 사람들까지 포함한, 아직 관찰되지 않은 거대한 어쩌면 무한한 우주를 단정하는 것이다. 이렇게 광범위한 관찰되지 않은 영역을 감안할 때, 우리의 샘플링이 편향되지 않았다고 어떻게 확신할 수 있겠는가.

이 논의는 데이비드 흄이 제기한 '귀납 문제'로 이어진다. 이 문제는 우리가 과거의 경험, 즉 이미 관찰한 것으로 미래의 경험 그러니까 아직 관찰되지 않은 것을 추론할 때 그 추론이 어떻게 정당화될 수 있는지를 다룬다. 이를테면 나는 과거 경험을 바탕으로 비가 오면 젖을 것이라고 추론한다. 그러나 과거 경험에 비추어 미래를 예측하는 이러한 방식이 정당하다고 주장할 근거가 있는가? 무엇이 우리에게 그러한 추론을 신뢰할 인식론적 권리를 부여하는가? 알렉스 브로드벤트는 이 문제를 다음과 같이 요약한다.

나는 비를 맞아본 경험이 여러 번 있다. 그때마다 빗방울은 나를 피할 생각조차 하지 않았다. 따라서 이번에도 같은 결과가 나올 것이다. 하지만 흄은 묻는다. 이것이 어떻게 결론으로 이어질 수 있는가? … 이것이 바로 귀납 문제이다.

브로드벤트(2016)

16장. 귀납

이 철학적 문제가 주는 강력한 충격이 이를 처음 접하는 사람들에게는 언제나 명확하지 않을 수 있다. 비를 맞으면 젖는다고 예상하는 것은 일상에서 너무나 자주 또 광범위하게 사용되기 때문에 매우 정당하다고 여겨지기 쉽다.

이 문제를 더 잘 이해하기 위해 먼저 연역과 귀납의 차이를 상기해보자. 다음은 4장에서 언급했던 연역적 논증의 예시다.

논증 A_1

1. 오바마가 미국인이라면 오바마는 인간이다.
2. 오바마는 미국인이다.
3. 그러므로 오바마는 인간이다.

연역적 논증은 전제가 결론을 함축하도록 설정하는 것을 목표로 한다. 즉 전제가 결론의 진실성을 절대적으로 보장하여 타당한 논증이 되도록 한다. 그러나 이는 전제가 실제로 참임을 의미하는 것이 아니라, 단지 전제가 참이라면 결론도 반드시 참이어야 한다는 것을 뜻한다.

이제 4장의 귀납적 논증의 예를 다시 살펴보자.

논증 E_1

1. 가방에서 처음 뽑은 100개의 구슬이 빨간색이면 101번째로 뽑을 구슬도 빨간색이다.
2. 가방에서 처음 뽑은 100개의 구슬은 빨간색이다.
3. 그러므로 101번째로 뽑을 구슬도 빨간색이다.

여기서 전제는 결론을 수반하지 않는다. 전제가 참이고 결론이 거짓일 가능성도 있다. 그럼에도 우리는 전제가 결론을 믿을 충분한 이유를 제공한다고 생각한다.

토론하기: 일상생활에서 필요한 지식을 생각해보라. 가령 양치질을 하거나 운전하거나 책을 읽는 것 같은 활동 말이다. 예를 들어 욕실의 수도꼭지 손잡이를 돌리면 물이 나온다는 사실을 우리는 안다. 이러한 지식은 연역적 추론에 기반한 것인가 아니면 귀납적 추론에 기반한 것인가?

흄의 '귀납 문제'는 귀납적 추론을 통해 얻은 지식을 겨냥한다. 그는 귀납적 추론으로 얻은 지식이 연역적 추론과는 달리 문제가 있다고 보았다.

흄의 '포크'를 통해 이 문제를 좀 더 명확하게 이해할 수 있다. 흄은 이렇게 말한다.

> 모든 인간의 이성과 탐구 대상은 본질적으로 두 가지 종류로 나눌 수 있다. 첫 번째는 '관념 관계'(relations of ideas)이고, 두 번째는 '사실 문제'(matters of fact)이다. 첫 번째에 속하는 것은 기하학, 대수학, 산술학 같은 학문이다. 간단히 말해 직관적으로나 논증적으로 확실한 모든 명제가 여기에 포함된다. 가령 "3 곱하기 5는 30의 절반과 같다"라는 진술은 이러한 숫자들 사이의 관계를 표현한다. 이와 같은 종류의 명제들은 순전히 사고 작용만으로도 발견할 수 있으며 우주 어디에도 존재하는 것에 의존하지 않는다. 반면에 사실 문제는 이와 같은 방식으로 확정되지 않는다. 사실의 진리에 대한 우리의 증거가 아무리

크더라도 그것은 앞서 언급한 것과 같은 본질을 가지지 않는다. 모든 사실 문제와 반대되는 것은 여전히 가능하다. 그것은 모순을 내포하지 않으며 우리는 그것을 같은 정도의 용이함과 명확함으로 상상할 수 있기 때문이다.

흄(2007)

다시 말해, 지식을 정당화하는 방식은 크게 두 가지로 나뉜다. 지식은 '관념 관계'에 근거하거나 '사실 문제'에 근거하여 정당화될 수 있다. 첫 번째 범주의 예로는 $3 \times 5 = \frac{30}{2}$ 같은 수학 방정식이어야 한다는 지식을 들 수 있다. 그 이유는 'x'와 '/' 및 '='가 수학 연산자 2, 3, 5, 30, ×, /, = 에 대한 개념적 이해에 근거하여 앞의 방정식이 참이라는 것을 알 수 있기 때문이다. 흄의 시대에는 산수를 '과학'이라고 부르기는 했지만, 이는 오늘날의 의미와는 완전히 다른 뜻을 가졌다. $3 \times 5 = \frac{30}{2}$ 의 진리를 확인하기 위해 실험을 하거나 세계를 관찰할 필요는 없었다. 우리는 이러한 종류의 지식을 **선험적 지식**이라고 부른다. '선험적'이란 라틴어로 "앞서"라는 뜻이다. 이는 어떤 면에서는 경험적 증거나 경험에 **의존하지 않고** 혹은 그것에 **앞서** 얻는 지식을 말한다. 흄의 표현에 따르면, 이는 "우주의 어디에도 존재하는 것에 의존하지 않고 순전히 사고 작용으로만 획득된 지식"이다.

두 번째 범주에 속하는 예로는 수소가 하나의 양성자를 포함한다는 지식을 들 수 있다. 이러한 지식은 수소와 양성자에 대한 개념적 이해를 반추하는 것만으로는 얻을 수 없다. $3 \times 5 = \frac{30}{2}$ 이라는 수학적 지식과는 달리, 우리는 실험을 하고 관찰을 통해서만 수소가 하나의 양성자를 가진다는 사실을 알 수 있다. 사실 이 진리의 반대 명제인 '수소는 하나의 양성자를 갖지 않는다'라는 명제는 모순을 일으키지 않는다. 수소가 2개의 양성자를 가진다고 상상하는 것도 가능하기 때문이다. 이는 **선험적** 지식으로는 배제될 수 없었으며, 우리는 수소가 2개의 양성자를 가진다고 충분히 상상할 수 있다.

그러나 $3 \times 5 = \frac{30}{2}$ 이라는 수학 명제에 대해서는 달리 생각할 수 없다. 우리는 15=15라는 계산 결과를 상상할 수밖에 없다. 이 등식이 성립하지 않는 상황을 상상한다는 것은 모순을 상상하는 것과 같기 때문이다. 우리는 사실 문제에 기반한 지식을 **후험적 지식**이라고 부른다. '후험적'이란 라틴어로 "나중에"를 뜻하며, 경험적 증거와 경험에 **의존**하거나 그것에 **뒤이어** 얻어지는 지식을 말한다.

토론하기: 흄의 포크가 당신이 알고 있는 지식을 분류하는 데 유용하다고 생각하는가? 선험적 지식과 후험적 지식의 다른 예시를 떠올릴 수 있는가? 이 두 범주가 모든 지식을 분류하는 데 충분한가?

흄의 포크의 핵심에 있는 구분은 다트머스 회의 이후 등장한 AI의 두 가지 접근 방식 간의 구분과 잘 맞는다. 기호주의 AI 접근은 인간의 마음을 직접적으로 모방하려 했던 반면에, 학습 기반 접근은 교육 과정을 통해 인간의 마음을 모방하려 했다. 기호주의 AI를 지지한 이들은 지능적인 기계를 만들기 위해 선험적 접근을 취했다고 말할 수 있다. 그들은 인간의 지식을 기호와 논리 규칙의 형태로 기계에 단순히 "삽입"할 수 있다고 생각했다. 따라서 이러한 기계 안의 지식은 기계의 "경험"과 독립적으로 획득된다는 점에서 선험적 지식으로 특징지을 수 있다. 반면에 학습 기반 접근을 지지한 이들은 지능적인 기계를 만들기 위해 후험적 접근을 취했다고 말할 수 있다. 그들은 기계를 다양한 사례에 노출시킴으로써 "교육"할 수 있다고 생각했다. 따라서 이러한 기계 안의 지식은 기계의 "경험"을 통해 획득된다는 점에서 후험적 지식으로 특징지을 수 있다.

흄의 포크의 핵심 구분은 연역적 추론과 귀납적 추론의 차이를 설명하는 데에도 유용하다. 연역적 추론은 선험적이다. 전제에서 결론으로 나아가는 정당성이 경험적 증거나 경험에 의존하지 않기 때문이다. 예를 들어 오바마가 실제로 미국인인지, 모든 미국인이 인간인지 확인할 필요 없이 논증 A_1의 구조가 타당하다는 것을 알 수 있다. 이 논증은 세계의 실제 모습과 상관없이 타당성을 유지한다. 가령 오바마가 미국인이 아니라고 밝혀진다고 해도 논증 A_1의 추론 자체는 여전히 타당하다. 이 논증의 타당성을 부인할 수 있는 것은 아무것도 없다. 이 논증의 타당성을 부정한다는 것은 모순으로 이어지기 때문에 그것은 명백히 비논리적이다.

따라서 연역적 추론을 믿을 충분한 이유가 있는 것처럼 보인다. 하지만 귀납적 추론을 믿을 충분한 이유는 무엇인가? 왜 가방에서 처음 꺼낸 100개의 구슬이 빨간색이라는 사실이 101번째 구슬도 빨간색일 것이라는 믿음을 정당화하는가? 또는 매일 아침 태양이 뜨는 것을 본 경험이 왜 내일도 태양이 뜰 것이라는 믿음을 정당화하는가?

흄의 포크에 따르면 이 문제에 대한 답은 두 가지 가능성만 존재한다. 첫 번째 가능성은 선험적 답이다. 우리는 태양, 뜬다는 것의 의미, 내일이라는 개념적 이해만을 바탕으로 "내일 태양이 뜰 것"이라는 명제가 참임을 알 수 있을까? 그렇지 않은 것처럼 보인다. 이 명제의 부정을 상상하기란 어렵지 않기 때문이다. 태양이 내일 뜨지 않을 가능성은 충분히 상상할 수 있으며 비논리적이지도 않다. 따라서 "내일 태양이 뜰 것이다"라는 추론에 선험적 근거가 있다고 보기는 어렵다.

두 번째 가능성은 후험적 답이다. "내일 태양이 뜰 것이다"라는 사실을 아는 이유는 경험적 증거나 경험에 기반한다. 내가 살아온 기간 동안 비록 암묵적일지라도 나는 이 진술의 참됨을 뒷받침하는 경험적 증거를 꾸준히 수집해왔다. 매일 아침 태양이 뜨는 것을 관찰했고 단 하루도 태양이 뜨지 않은 날이 없었다. 이는 적어도 15,000동안 계속 반복된 경험이다! 이러한 논리를 다음과 같은 전제-결론 형식으로 나타낼 수 있다.

태양 논증

1. 태양은 15,000일 동안 계속 떴다.
2. 그러므로 태양은 내일도 뜰 것이다.

그러나 위에서 제시된 모든 경험적 증거는 전제1을 믿을 이유만 제공할 뿐 전제1에서 결론을 추론할 근거를 제공하지 않는다. 귀납의 문제를 해결하려면 전제1에서 결론이 수반되어야 한다는 믿음의 근거를 제시해야 한다. 전제1이 결론을 함축한다고 주장하고 싶을 수도 있지만, 이는 잘못된 것이다. 전제1이 참이고 결론이 거짓일 가능성도 존재하기 때문이다.

사미르 오카샤의 해석에 따르면 흄의 귀납 문제를 해결하는 데 필요한 것은, 전제1에서 결론으로 이어지는 귀납적 추론을 정당화할 자연의 균일성(uniformity of nature)에 대한 전제이다. 이에 대해 그는 다음과 같이 말한다.

이러한 각각의 **귀납적** 사례에서 우리의 추론은, 우리가 조사하지 않은 대상이 관련 있는 측면에서 우리가 조사한 동일한 종류의 대상과 유사할 것이라는 가정에 의존하는 것처럼 보인다.[62]

오카샤(2002)

이 가정을 명확하게 하기 위해 '태양 논증'을 수정해보자.

수정된 태양 논증

3. 자연의 균일성은 참이다.

4. 태양은 과거 15,000일 동안 계속 떴다.

5. 그러므로 태양은 내일도 뜰 것이다.

여기서 태양이 자연의 일부이고, 자연의 균일성이 자연 전체를 포괄한다고 가정한다면 이로부터 다음과 같은 조건문을 도출할 수 있다.

태양이 과거 15,000일 동안 계속 떴다면 태양은 내일도 뜰 것이다.

이 조건문을 바탕으로 수정된 태양 논증을 다시 정리할 수 있다.

---

[62] 우리가 직접 관찰하지 않은 미래의 사건이나 대상이 과거에 관찰한 것과 유사하게 작용할 것이라고 가정하는 것이다. 예를 들어 우리는 과거에 해가 매일 떠오르는 것을 관찰했기 때문에 앞으로도 계속해서 해가 뜰 것이라고 추론한다. 하지만 이 추론은 사실, 미래의 상황도 과거와 동일할 것이라는 가정, 즉 '자연의 균일성'에 의존하고 있다. 관찰한 대상이나 사건이 일관되게 작동할 것이라는 믿음이 없으면 이러한 귀납적 추론은 정당화될 수 없다.-옮긴이

수정된 태양 논증

6. 태양이 과거 15,000일 동안 계속 떴다면 태양은 내일도 뜰 것이다.

7. 태양은 과거 15,000일 동안 계속 떴다.

8. 그러므로 태양은 내일도 뜰 것이다.

이는 확실히 전제6과 전제7에서 결론으로 이어지는 추론에 대한 충분한 이유를 제공한다. 본질적으로 이는 원래의 논증을 연역적 논증으로 바꾸는 셈이다. 논증이 타당하므로 이 추론을 부정하는 것은 비논리적인 결과를 초래할 것이다!

이제 질문을 던질 수 있다. 전제6, 즉 자연의 균일성을 믿을 만한 정당한 이유가 있는가? 이는 분명히 선험적 이유가 아니다. 자연이라는 개념 자체에 균일성이 포함된다고 볼 근거는 없다. 결국, 자연의 균일성이 거짓임을 상상하는 데 비논리적 문제가 전혀 없다. 우리는 하루하루가 이전과 완전히 다른 혼란스러운 자연을 가진 우주를 쉽게 상상할 수 있으며 여기에는 어떤 모순도 없다.

그렇다면 자연의 균일성을 믿을 만한 후험적 이유를 찾을 수 있을까? 자연의 균일성에 대한 경험적 증거가 있는가? 우리는 경험적 증거가 있다고 생각할 수도 있다. 우리의 모든 과거 경험이 자연의 균일성을 지지한다고 볼 수 있다. 하지만 이것이 과연 도움이 될까? 경험적 증거는 우리가 실제로 관찰한 것들로 제한되며, 이는 이미 관찰된 것들에 대해서만 자연의 균일성을 정당화할 수 있을 뿐이다. 그러나 자연의 균일성의 특징적인 주장은 자연의 관찰되지 않은 부분들조차 관찰된 부분과 균일하다는 데 있다. 예를 들어 미래에 일어날 일까지도 관찰된 패턴과 일치한다는 것이다.

여기서 필요한 것은 관찰된 것에서 관찰되지 않은 것으로의 추론적 연결이다. 이 연결이 있어야 자연의 균일성이 단순히 과거와 오늘뿐 아니라 내일도 성립할 정당성을 확보할 수 있다. 정의에 따르면 우리는 관찰되지 않은 것을 관찰할 수 없다. 관찰되지 않은 대상을 관찰하는 순간, 그것은 관찰된 대상으로 변하기 때문이다. 따라서 과거 경험만으로는 자연의 균일성을 정당화할 수 없다.

우리는 자연의 균일성을 믿을 만한 선험적 이유도 후험적 이유도 없는 것처럼 보인다. 이로부터 불안한 결론이 도출된다. 즉 15,000일 계속 태양이 뜨는 것을 경험했음에도 불구하고 내일 태양이 뜰 것이라는 믿음을 정당화할 만한 충분한 이유가 없다는 것이다. 더 일반적으로 흄은 수도꼭지를 돌리면 물이 나온다는 믿음 같은 모든 귀납적 추론에 대해 정당한 이유를 가질 수 없다고 결론짓는다.

흄의 논증은 다음과 같은 전제-결론 형식으로 체계화할 수 있다.

귀납 문제

1. 귀납이 정당화된다면 이는 **선험적으로** 또는 **후험적으로** 정당화된다.

2 귀납은 **선험적으로** 정당화되지 않는다.

3. 귀납은 **후험적으로** 정당화되지 않는다.

4. 그러므로 귀납이 정당화된다는 것은 거짓이다.

이 논증은 타당하다. 이는 4장에서 배운 대로 모순부정 논법 형식으로 구성되어 있기 때문이다. 조건문의 결과를 부정하면 그 선행 조건 역시 부정된다는 것이 논증의 구조적 특징이다.

토론하기: 흄의 이 논증에 대해 어떻게 생각하는가? 이는 우리가 알고 있다고 생각하는 대부분의 것이 정당화되지 않았음을 보여 주는가?

놀라운 결론이 아닐 수 없다. 이는 우리가 귀납적 추론의 결과를 믿을 만한 충분한 이유를 한 번도 가져본 적이 없다는 것을 뜻한다. 우리의 지식 대부분이 귀납에 기반하고 있기 때문에, 이 결론은 우리가 알고 있다고 생각하는 거의 모든 것에 영향을 미친다. 흄은 우리가 알고 있다고 믿는 거의 모든 것에 대해 정당한 근거가 없다는 급진적인 주장을 펼친 것이다.

그러나 이것이 우리가 귀납을 통해 얻은 지식을 더 이상 믿어서는 안 된다는 뜻은 아니다. 흄은 우리가 귀납적 추론을 멈출 수 없다는 것을 인정한다. 인간 본성에서 나오는 기본적인 본능처럼 우리는 귀납적 추론을 통해 결론을 도출하는 습관을 형성해왔다. 사실 이는 쉽게 버릴 수 없는 보편적인 인간의 관행이다. 그럼에도 흄은 이 행습이 우리가 생각했던 것처럼 이성이나 이해에 기반한 것이 아니라는 점을 지적한다. 오히려 이 행습은 이성적이지는 않지만 비합리적이지도 않은 본능적인 패턴에 근거해 있으며 습관에 의해 굳어졌을 뿐이다.

반증주의와 실용주의

흄의 '귀납 문제'에 대한 여러 중요한 반응들이 있었지만 여기서는 두 가지를 살펴보려고 한다. 먼저, 칼 포퍼의 반응을 보자. 그는 이렇게 말한다.

귀납 논리 문제들을 해결할 수 없다는 게 내 생각이다. 오늘날 널리 퍼져 있는 귀납 추론이 '엄밀하게 타당하지는 않지만' 어느 정도 '신뢰성'이나 '확률성'을 가질 수 있다는 주장 역시 해결 불가능하다고 본다. 앞으로 전개될 이론은 귀납 논리를 사용하는 모든 시도에 반대되는 입장을 취한다. 이 이론은 연역적 검증 방법의 이론으로 설명될 수 있으며, 가설은 오직 경험적으로만 검증된다는 입장이다.[63]

포퍼(2002)

포퍼의 주장에서 가장 먼저 눈에 띄는 것은 그가 흄의 주장을 받아들인다는 점이다. 포퍼는 귀납 논리, 특히 흄이 제기한 '귀납 문제'에서 비롯된 여러 난제가 해결 불가능하다는 것을 인정한다. 그러나 그는 이것이 문제가 되지 않는다고 본다. 일반적으로 과학이 귀납에 기반한다고 간주되지만, 포퍼는 이에 반대한다. 과학은 그동안 귀납적 추론에 의존하지 않고도 발전해 왔으며, 귀납적 추론이 정당화될 수 없다는 사실이 과학적 실천이나 지식의 기초에 아무런 문제를 일으키지 않는다고 주장한다.

포퍼는 과학이 작동하는 방식을 다른 시각으로 제시한다.

여기서 제시하는 견해에 따르면, 이론을 비판적으로 검증하고 그 결과에 따라 선택하는 과정은 다음과 같이 이루어진다. 새로운 아이디어,

---

63   포퍼는 귀납적 논리에 대한 모든 시도에 반대하는 입장을 제시한다. 그는 과학이 귀납적 추론에 의존하는 것이 아니라, 연역적 검증 방법에 의존한다고 주장한다. 즉, 과학적 가설은 경험적으로 테스트될 수 있으며, 이를 통해 진리 여부가 판단된다는 것이다. 이러한 입장은 귀납적 논리가 아닌, 연역적 방식에 의해 과학적 지식이 발전할 수 있음을 강조한다.—옮긴이

즉 아직 어떤 방식으로도 정당화되지 않은 예측이나 가설, 이론적 체계가 임시로 제시된다. 그 후 논리적 연역을 통해 그 가설로부터 결론을 도출한다. 이어서 우리는 이론이 주장하는 새로운 결과가 과학적 실험이나 기술적 응용 등 실천적 요구를 얼마나 잘 견디는지 시험한다. 그리고 도출된 결론들을 실제 실험 결과와 비교해 결정을 내린다. 이 결정이 긍정적이라면, 즉 그 결론이 수용되거나 검증되었다면 그 이론은 일단 그 시험을 통과한 것이며 우리는 그 이론을 기각할 이유를 찾지 못한 것이다. 하지만 그 결정이 부정적, 즉 도출된 결론이 반증되었다면 그 결론을 연역적으로 도출한 이론 역시 반증된 것이다.

포퍼(2002)

과학은 새로운 예측을 제시하는 이론을 발전시키는 방식으로 진행된다. 즉 이론은 현재 관찰되지 않은 것을 주장해야 한다. 포퍼는 이를 '대담한 예측'이라고 부르는데, 이는 아직 검증되지 않았기 때문이다. 그런 다음 실험을 통해 이 대담한 예측이 실제로 성립하는지 확인한다. 실험에서 대담한 예측이 확인되면 이 이론은 그 시험을 통과한 것이다. 그러나 실험에서 예측이 반증되면 그 이론은 **반증된** 것이며, 우리는 이 이론을 자신 있게 기각할 수 있다.

T 이론, "마이크는 늑대인간이다"라는 주장을 고려해보자. 이 이론이 과학적으로 고려할 만한 가치가 있으려면 대담한 예측을 제시해야 한다. 늑대인간 이론은 늑대인간이 낮에는 인간의 형태를 유지하지만, 밤에 보름달의 빛을 받으면 늑대로 변한다는 내용을 포함하고 있으므로 이에 따라 대담한 예측을 할 수 있다. 이 예측을 P라고 하자. P는 "밤에 마이크가 보름

달의 빛을 받으면 늑대로 변할 것이다"라는 주장이다. 이제 이 예측을 실험으로 검증할 필요가 있다. 맑은 밤에 보름달이 뜬 상황에서 필자는 마이크에게 맛있는 맥주를 제공하여 그를 밖으로 유인할 것이다. 마이크가 필자와 맥주를 즐기러 나왔고 보름달 빛을 받았음에도 늑대로 변하지 않는다면 필자의 이론은 반증된다.

포퍼에게 과학적 탐구의 논리는 순전히 연역적이다. 이는 모순부정 논법이라는 논증 구조의 적용일 뿐이다. 포퍼의 늑대인간 이론에 대한 추론을 다음과 같이 정리할 수 있다.

늑대인간 논증

1. T → P (이론 T는 예측 P를 제시한다).
2. ~P (실험에서 예측 P가 거짓임이 드러난다).
3. ~T (이론 T가 반증된다).

포퍼에 따르면, 우리가 할 수 있는 일과 과학이 발전하는 데 필요한 일 모두 이론을 연역적으로 반증하는 것이다. 과학은 대담한 예측을 통해 반증 가능성이 있는 흥미로운 이론을 만드는 데 초점을 둔다.

중요한 점은 포퍼가 반증되지 않은 이론의 상태에 대해 매우 신중한 언어를 사용한다는 것이다. 이는 매우 의도적이다. 이론의 대담한 예측이 실험 결과와 일치할 때, 그는 단순히 "이 이론을 폐기할 이유를 찾지 못했다"라는 다소 밋밋한 관찰을 한다. 그는 우리가 이 이론이 확인되었다거나 참이라는 이유를 가졌다는 더 명백하고 흥미로운 주장을 하지 않는다. 그러나 실제로 과학자들은 그렇게 말하고 행동한다. 잘 알려진 예로 1919년 아서 에딩턴의 실험이 태양의 중력장이 빛을 휘게 한다는 아인슈타인의 예측을 확인했을 때, 과학자들은 단지 아인슈타인의 이론을 폐기할 이유가 없다고 생각한 것에 그치지 않았다. 그들은 이를 이론의 진리에 대한 매우 강력한 확인으로 받아들였다. 일부는 더 나아가 이것이 아인슈타인 이론의 '증명'이라고 선언하기도 했다.

포퍼는 이러한 인식론적 경향들이 잘못된 것임을 분명히 한다. 그는 다음과 같이 설명한다.

> 긍정적인 결정은 이론을 일시적으로만 지지할 수 있으며 이후 부정적인 결정이 언제든지 그 이론을 무너뜨릴 수 있다. 이론이 구체적이고 엄격한 시험을 견디고 과학적 진보 과정에서 다른 이론으로 대체되지 않는 한, 우리는 그 이론이 '입증되었다'거나 '과거의 경험에 의해 확증되었다'라고 말할 수 있다.[64]
>
> 포퍼(2002)

여기서 포퍼는 '입증'이라는 단어를 일반적인 의미와 다르게 사용한다. 그

---

[64] 포퍼가 강조하는 바는, 이론이 실험이나 검증을 통해 일시적으로 지지받을 수 있지만 이러한 지지는 영구적이지 않다는 것이다. 즉 긍정적인 실험 결과가 나왔다고 해서 그 이론이 완전히 확증된 것이 아니라 이후에 나올 부정적인 결과에 의해 언제든지 그 이론이 무너질 수 있다는 점을 강조하고 있다. 또한 포퍼는 이론이 오랜 시간 동안 여러 가지 상세하고 엄격한 시험을 견뎌내고 과학의 진보 과정에서 더 나은 이론으로 대체되지 않는 한, 우리는 그 이론이 '자신의 가치를 입증했다'거나 '과거의 경험에 의해 확증되었다'라고 말할 수 있다고 한다. 하지만 여기서도 포퍼는 '확증'이라는 단어를 신중하게 사용한다. 그가 말하는 확증은 이론이 절대적으로 참임을 의미하는 것이 아니라, 그 이론이 현재까지의 시험에서 반증되지 않았고 과학적 경험에 의해 일시적으로 지지받았다는 의미일 뿐이다. —옮긴이

16장. 귀납

가 말하는 '입증'은 단지 이론이 현재까지 모든 시험을 견뎌냈다는 의미일 뿐이다. 포퍼에게 아인슈타인의 상대성 이론은 '일시적으로' 지지될 뿐이다. 결론적으로 과학적 실천은 이론을 반증할 수 있을 뿐 확증할 수는 없다. 이 때문에 흄에 대한 포퍼의 대응에 만족하지 않는 사람들이 있다.

토론하기: 포퍼의 주장대로 과학에서 귀납이 필요하지 않다고 생각하는가? 포퍼의 관점이 과학적 실천에 대한 우리의 이해를 충분히 설명한다고 생각하는가?

흄의 귀납 문제에 대한 또 다른 대응 방식은 실용주의적 접근을 취하는 것이다. 한스 라이헨바흐는 그러한 실용주의적 대응을 개발하고 이를 방어했다. 그는 다음과 같이 말한다.

> 이 논증의 논리적 구조를 다음 예를 통해 설명할 수 있다. 한 남자가 심각한 질병을 앓고 있고 의사가 이렇게 말한다고 가정하자. "수술로 그를 살릴 수 있을지는 알 수 없지만 그를 살릴 방법이 있다면 그것은 수술입니다." 이 경우 수술은 정당화될 수 있다. 물론 수술로 그를 살릴 것이라는 확실한 지식을 가지고 있다면 더 좋겠지만, 그렇지 않더라도 의사의 말은 수술을 정당화하기에 충분한 근거를 제공한다. 우리가 성공을 보장하는 충분조건을 알 수 없다면 최소한 필요조건을 충족시키려고 할 수 있다. 귀납적 추론이 성공의 필요 조건이라는 것을 입증할 수 있다면 그 추론은 정당화될 것이다. 이러한 입증은 귀납의 정당성에 대한 모든 요구를 충족시킬 것이다.

물론 이 예시는 이미 귀납적 추론을 전제하고 있다. 의사가 수술이 유일한 생존 방법이라고 알고 있는 것은 귀납적으로 도출된 지식이기 때문이다. 그럼에도 이 논증의 구조는 귀납적 행습을 정당화하는 데 사용할 수 있다.

먼저 가능성들을 고려해보자. 이러한 가능성들은 두 가지 범주로 나눌 수 있다. 하나는 세계가 질서 있고 균일한 경우이고, 다른 하나는 세계가 무질서하고 혼란스러운 경우이다. 우리가 질서 있고 균일한 세계에 있다면 우리의 귀납적 행습은 성공할 것이다. 우리는 내일도 태양이 뜰 것이라고 예측할 수 있고, 그 예측은 맞을 것이다. 하지만 우리가 무질서하고 혼란스러운 세계에 있다면 우리의 귀납적 행습은 실패할 것이다. 우리는 내일 태양이 뜰 것이라고 예측할 수 있지만, 그 예측은 세계의 혼란스러운 본질 때문에 틀릴 것이다. 그런데 이런 세계에서는 우리가 예측하는 모든 것이 대부분 틀릴 것이다. 실제로 유용한 추론을 할 수 있는 어떤 전략도 이 세계에서는 실패할 가능성이 크다. 혼란스러운 세계에서 추론이 유용할 수 있는 유일한 경우는 단지 운에 의한 것이다.

토론하기: 혼란스러운 세계에서는 관찰되지 않은 것에 대해 유용한 추론을 할 수 있는 정당한 방법이 없다는 주장에 동의하는가?

라이헨바흐의 주장은 우리가 어떤 세계에 있더라도 귀납적 추론을 하면 적어도 성공할 가능성은 있다는 것이다. 즉 귀납적 추론은 관찰되지 않은 것에 대해 성공적으로 추론하기 위한 필요조건일 수는 있지만, 성공을 보

16장. 귀납

장하는 충분조건은 아니라는 뜻이다. 라이헨바흐에 따르면 이러한 이유만으로도 귀납적 추론을 할 이유는 충분하다.

그러나 이는 엄밀한 의미에서 흄의 귀납 문제에 대한 해결책은 아니다. 이 주장은 귀납 자체에 대한 정당한 이유를 제공하는 것이 아니라, 어떤 방식이 효과가 있다면 그것은 그저 귀납적 추론이라는 주장일 뿐이다.

예측, 적응, 과적합

앞에서 살펴본 것처럼 귀납 문제는 과학이 지식을 생산한다고 믿는 사람들에게 중요한 문제를 제기한다. 즉 과학이 합리적으로 정당화된 믿음을 제공한다고 여기는 사람들에게는 큰 도전이 된다. 따라서 기존 데이터와 기계 학습 기법을 이용해 좋은 예측을 할 수 있다고 믿는 사람들에게도 문제가 된다. 설령 귀납 문제나 GIGO 문제는 무시하더라도, 기계 학습 알고리즘은 여전히 심각한 문제들에 직면해 있다. 앞에서는 주어진 데이터셋에 가장 잘 맞는 '적합한' 모델을 찾는 것이 비교적 단순한 일로 설명되었다. 즉 모델과 데이터셋 사이의 총 거리를 최소화하는 선을 찾는 것이었다. 하지만 실제로는 문제가 그리 단순하지 않다. 데이터를 적합시키기 위해 사용할 수 있는 여러 가지 가능한 모델들이 있기 때문이다. 예를 들어 다항식의 차수를 달리하여 항상 대안 모델을 사용할 수 있다.

20차 다항식을 사용하여 앞서 소개한 나이와 혈압 데이터를 적합시키는 경우를 생각해보자. [그림 16.3]에서 보듯이 20차 다항식은 기존 데이터를 정확하게 적합시킨다. 1차 선형 모델보다 훨씬 더 정확하게 맞아떨어진다. 사실 앞 장에서 확인했듯이 다항식의 차수가 높을수록 데이터 적합도는 더 좋아진다.

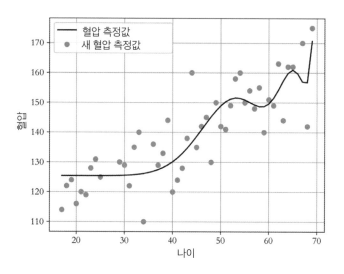

[그림 16.3] 20차 다항 회귀 분석

하지만 이 20차 다항식에는 명백한 문제가 있다. 모델이 기존 데이터에 매우 적합하더라도 예측 성능에서는 특히 70세 이상의 혈압을 예측하는 데 심각한 오류를 범할 수 있다. 이 모델은 오른쪽 끝에서 급격하게 상승하는 경향을 보인다. 20차 다항식은 선형 모델보다 기존 데이터에 더 잘 적합할 수 있지만 지나치게 데이터에 맞춰진 결과를 초래하게 된다. 이를 **과적합**이라고 한다. 코브는 이렇게 말한다.

회귀 분석 같은 접근법에서는 이론의 복잡성을 무시하고 오로지 '설명력' 즉 이론이 데이터를 얼마나 정확하게 반영하는가만을 가치의 인식론적 기준으로 삼는다. 그러나 통계학과 기계 학습 분야에서는 주어진 데이터에 과집중하는 결과가 과적합으로 이어진다는 것이 정설이다.

코브(2004)

과적합은 특정 모델이 기존 데이터에 너무 과하게 맞춰져서 일반화 능력과 정확한 예측 능력이 떨어질 때 발생한다.

그렇다면 과적합 문제를 어떻게 해결할 수 있을까? 하나의 방법은 검증 기법을 사용하는 것이다. 기존 데이터 전체를 모델 학습에 사용하는 대신에 데이터를 2개의 별도 집합, 즉 훈련 세트와 테스트 세트로 나눈다. 기계 학습 알고리즘을 테스트 세트에 노출하지 않은 상태에서 훈련 세트를 사용하여 모델을 학습시킨다. 모델이 학습된 후 테스트 세트를 사용하여 모델을 검증할 수 있다. 과적합된 모델은 훈련 세트에서는 좋은 성과를 내지만 테스트 세트에서는 성과가 저조한 경향을 보인다.[65]

다음은 구타그가 검증에 대해 설명한 내용이다.

이런 상황에서 기존 데이터를 훈련 세트와 테스트 세트로 나누어 일련의 실험을 시뮬레이션할 수 있다. 테스트 세트를 보지 않고 훈련 세트를 설명할 수 있을 모델을 구축한다. 말하자면 훈련 세트에 적합한 곡선을 찾는 방식이다. 그런 다음 그 모델을 테스트 세트에서 시험한다.

---

[65] 모델이 과소적합(underfit)될 수도 있다. 이는 모델이 데이터의 실제 패턴을 충분히 반영하지 못할 때 발생하며, 그 결과 테스트 세트에서도 성능이 저조해질 수 있다.

많은 경우 모델은 훈련 세트에 더 잘 맞을 것이다. 하지만 좋은 모델이라면 테스트 세트에서도 적절히 작동해야 한다. 그렇지 않다면 그 모델은 폐기하는 것이 좋다.

구타그(2016)

그렇다면 어떤 데이터 포인트를 훈련 세트에 포함시키고 제외할지를 어떻게 결정할 수 있을까? 자연스러운 답은 랜덤화다. 데이터를 무작위로 샘플링하여 훈련 세트를 구성하는 것이다. 비율에 관해서는 70%를 훈련에 사용하고 30%를 테스트에 사용하는 7:3 분할을 추천하는 사람들도 있다.

파이썬에서는 데이터를 분할하는 작업을 한 줄의 코드로 간단히 수행할 수 있다.[66]

```
X_train, X_test, Y_train, Y_test = train_test_split(X, Y)
```

그러나 7:3 분할 방식은 다소 임의적일 수 있다. 한 번의 7:3 분할로는 신뢰할 만한 결과를 얻을 수 있을지 걱정하는 사람들을 위해 구타그는 더 포괄적인 검증 기법을 제안하고 있다.

모델을 검증하는 또 다른 방법은 원래 데이터에서 무작위로 선택된 여러 하위 집합을 사용해 훈련을 시키고, 그 모델들이 서로 얼마나 유사한지 확인하는 것이다. 모델들이 꽤 유사하다면 그 모델을 신뢰할 수

---

66   이 함수는 비율이 명시되지 않았을 때 기본적으로 75:25로 훈련 세트와 테스트 세트를 나눈다.

16장. 귀납

있다고 볼 수 있다. 이 방법을 **교차 검증**이라고 한다.

구타그(2016)

데이터가 train_test_split 함수에 의해 나뉘는 방식에 따라 생성된 모델의 오차 정도는 달라질 수 있다. 하지만 평균적으로 20차 다항식 모델은 테스트 세트에서 검증될 때 1차 선형 모델보다 더 많은 오차를 발생시킨다. 이는 20차 다항식 모델이 그림 16.3에 나타난 데이터를 과적합할 것이라는 직관을 확인시켜 준다. 검증 기법의 동기에 대한 성찰은 과학 이론의 판별(adjudication)과 관련된 과학 철학의 흥미로운 논쟁을 잘 반영한다. 과학 이론이 기존 관측을 단순히 설명하는 경우보다 새로운 관측을 정확히 예측하는 경우에 더 많은 귀납적 지지를 받을 자격이 있다고 생각하는 것은 자연스러워 보인다. 피터 립튼은 이를 다음과 같이 요약한다.

> 이론이 데이터를 예측할 때, 그 이론이 단순히 기존 데이터를 설명할 때보다 더 많은 귀납적 신뢰를 받을 자격이 있다. 예측의 경우에만 이론의 정확성이 이론과 증거 사이의 일치를 가장 잘 설명하기 때문이다.[67]

립튼(2004)

과학 역사에서 멘델레예프의 갈륨 예측 같은 일부 예측 사례들은 단순히

---

67   이론이 새롭게 관찰된 데이터를 예측했다면, 그 이론이 정말로 맞는 이론일 가능성이 높다는 것이다. 반면에 이론이 이미 주어진 데이터를 설명하는 데 그친다면, 그 이론이 정확하다고 해서 꼭 더 신뢰할 만한 것은 아니다. 예측이 이론의 신뢰도를 높이는 중요한 요소로 작용한다는 의미이다.—옮긴이

기존 데이터를 설명하는 경우보다 훨씬 더 극적인 사건이었다.[68] 하지만 우리가 예측을 설명보다 더 중요하게 여기는 이유는, 단지 인간 심리의 산물이어서일까 아니면 인식론적으로 중요한 의미를 지니기 때문일까?

이 문제를 기계 학습에서의 검증과 연결하기 위해 이 분야에서 이미 흥미로운 연구를 한 사람들의 의견을 참고하고자 한다. 먼저 두 가지 입장을 구분해보자. 예측이 설명보다 이론에 더 많은 귀납적 지지를 제공한다는 입장을 '예측주의'라고 부를 수 있다. 반면에 이 견해를 부정하는 입장을 '설명주의'라고 할 수 있다.

예측주의와 설명주의 논쟁에 있어 크리스토퍼 히치콕과 엘리엇 소버는 과적합 개념을 사용해 약한 형태의 예측주의를 지지한다.

> 이미 알려진 데이터 세트를 설명하려는 이론가들은 과적합이라는 방법론적 오류를 범할 위험이 있다. 과적합은 예측 정확성을 저해하기 때문에 문제이다. 예측이 설명보다 더 나은 경우가 있는 이유는 예측이 과적합을 어느 정도 방지할 수 있을 뿐 아니라, 성공적인 예측이 과적합이 발생하지 않았다는 증거가 되기 때문이다.
>
> 히치콕, 소버(2004)

---

[68] 멘델레예프는 주기율표를 정리하면서 원소들이 특정 패턴을 따른다는 사실을 발견했고, 그 패턴에 맞지 않는 빈자리가 있음을 알게 되었다. 그는 이 빈자리에 새로운 원소가 있을 것이라고 예측하고 그 원소의 성질까지도 예측했다. 이후 실제로 갈륨이 발견되었을 때 그의 예측은 완벽하게 맞아떨어졌다. 이처럼 예측은 기존 데이터만을 설명하는 것보다 훨씬 더 강력한 사건으로 여겨진다. 단순한 설명은 이미 존재하는 사실을 재구성하는 데 그치는 반면에, 예측은 아직 관찰되지 않은 새로운 사실을 밝혀내는 데 성공하기 때문이다. 이 때문에 예측은 과학적 이론의 신뢰도를 높이는 중요한 역할을 한다.—옮긴이

16장. 귀납

그들은 가상의 예시를 통해 그들의 주장을 발전시킨다. 페니 예측자와 애니 설명자를 생각해보자. 연구를 진행하던 중 그들은 데이터 세트 D에 접근할 수 있게 된다. 페니는 데이터의 일부인 D_1을 기반으로 T_P라는 이론을 세운다. 그런 다음 T_P를 사용해 나머지 데이터 D_2에 대한 예측을 한다. 결과적으로 T_P는 D_2에 대해 높은 정확도를 보인다. 반면에 애니는 전체 데이터 세트인 D를 바탕으로 T_A라는 이론을 세운다. 히치콕과 소버는 이 이야기를 전개하며 이론들을 다항식으로 설명한다.

> 페니와 애니는 각각 X와 Y의 함수 관계를 다음의 다항식 형태로 가정한다. $Y = a_rX^r + a_{r-1}X^{r-1} + a_{r-2}X^{r-2} + \ldots + a_1X + a_0$.[69]
>
> 히치콕, 소버(2004)

위에서 설명한 회귀 기반 기계 학습 예시와의 유사성은 매우 명확하다.

히치콕과 소버에 따르면, T_P가 D_2에 대해 성공적인 예측을 했다는 사실은, 페니의 이론이 D_1에 과적합되지 않았다는 증거이다. T_P가 D_1에 과적합되었다면 D_2에 대해 이만큼 성공적인 예측을 기대하기 어려웠을 것이다. 물론 교차 검증을 사용해 여러 훈련 세트와 테스트 세트를 만들었다면 이러한 기대를 더 강화할 수도 있었겠지만, T_P의 예측 정확성만으로도 단순

---

69 이 식에서 Y는 X에 대한 종속 변수이고, X는 독립 변수다. 다항식의 각 항은 X의 서로 다른 거듭제곱을 포함하며, 각각의 계수 a는 데이터에 맞춰진다. 예를 들어 a_r은 X^r에 대한 계수이고, a_0는 상수항이다. 이 다항식 형태의 함수는 데이터 간의 복잡한 관계를 설명할 때 유용하며 X와 Y 간의 관계를 더 잘 적합시키기 위해 r의 차수를 조정할 수 있다. 이런 방식으로 페니와 애니는 데이터에 맞는 이론을 각각 제시하며, 이를 바탕으로 예측하거나 기존 데이터를 설명하는 데 사용한다.-옮긴이

성과 적합도 간의 균형이 적절히 이루어졌다는 증거가 된다. 여기서 단순성은 다항식의 차수에 따라 결정되며 차수가 낮은 다항식이 차수가 높은 것보다 더 단순한 것으로 여겨진다. 반면에 애니의 이론인 T_A는 단순성과 적합도 간의 균형이 이루어졌거나 과적합을 피했을 것이라는 근거를 제공하지는 않는다. T_A가 기존 데이터(D)에 잘 맞는다는 것은 알지만, 그 이론이 새로운 데이터에 대해 일반화될 수 있다는 증거는 없다.[70]

핵심 요점

- 기계 학습 알고리즘은 그 알고리즘이 실행되는 데이터의 품질에 따라 성능이 결정된다.
- 데이비드 흄은 귀납 문제를 통해 우리의 귀납적 관행이 이성적으로 정당화될 수 없다는 결론에 이른다.

[70]　예측주의는 이론이 새로운 데이터를 성공적으로 예측할 수 있을 때, 귀납적 신뢰도가 증가한다고 본다. 성공적인 예측이 과적합을 방지하고 단순성과 적합도 간의 균형을 유지했음을 증명하기 때문이다. 히치콕과 소버의 가설에서 예측자 페니는 일부 데이터(D_1)를 바탕으로 이론(T_P)을 세운 후 나머지 데이터(D_2)에 대해 성공적인 예측을 보여줌으로써 이러한 관점을 뒷받침한다. 페니의 이론은 기존 데이터에 과적합되지 않았으며, 새로운 데이터에서도 일반화가 가능하다는 점에서 높은 귀납적 신뢰를 얻는다. 반면에 설명주의는 기존 데이터를 잘 설명하는 이론이 충분히 신뢰할 만하다는 입장을 취한다. 하지만 히치콕과 소버는 이러한 입장이 과적합의 위험을 간과할 수 있음을 지적한다. 설명자 애니는 전체 데이터(D)를 기반으로 이론(T_A)을 세웠지만, 이는 새로운 데이터에 일반화할 수 있을 것이라는 증거를 제공하지 않는다. 특히 T_A는 기존 데이터를 정확히 설명하더라도 단순성과 적합도의 균형을 유지하지 않았을 가능성이 있다. 이는 설명주의가 새로운 데이터에 대한 예측력을 충분히 고려하지 못하는 한계를 드러낸다. ─옮긴이

- 포퍼는 흄의 결론에 동의하지만, 귀납은 필요하지 않다고 주장한다.
- 라이헨바흐는 흄의 결론에 동의하지만, 실용적 면에서 귀납은 유일한 방법이라고 주장한다.
- 검증 기법은 과적합을 방지하고 예측주의를 지지하는 근거를 제공한다.

17장

AI 윤리

이제 이 책의 종착역에 도착했다. 포기하지 않고 여기까지 온 것을 축하한다! 컴퓨터과학에 대한 짧은 여정을 통해 철학의 여러 영역을 잘 이해하게 되었기를 바란다. 이 과정을 통해 파이썬 프로그래밍 언어에 더 익숙해지고 기본적인 컴퓨팅 사고 능력과 알고리즘을 실제 코드로 구현하는 능력을 어느 정도 갖추었기를 바란다. 나아가 다양한 주제에 대해 철학적으로 사고하는 데 더 자신감을 갖게 되었기를 기대한다.

이번 마지막 장에서는 최근 컴퓨팅 기술의 발전으로 인해 발생한 윤리적 문제들을 논하고자 한다. AI로 구동되는 기술들이 초래하는 사회적·윤리적 결과에 대해 뉴스 매체들이 매일 다루고 있다. 많은 사람이 현재 진행 중인 AI 혁명이 다수의 일자리를 빼앗지 않을까 우려하고 있다. 일례로, 자율주행차의 급격한 발전으로 인해 인간 운전자에 크게 의존하는 직업들이 위험에 처할 수 있다. 결국, AI가 비용 효율적이고 신뢰할 만한 방식으로 전국을 가로질러 트럭을 운전할 수 있다면 왜 인간 운전자가 필요하겠는가? 그리고 AI로 인해 상당수의 인구가 고용되지 못하는 상황이 발생한다면 사회적 차원에서 우리가 나아가야 할 윤리적 방향은 무엇일까?

AI가 영향을 미치는 또 다른 영역을 살펴보자. 신뢰할 수 있는 이미지 분류는 한때 컴퓨터과학자들에게 해결 불가능한 과제였다. 그러나 신경망에 기반한 최근의 기계 학습 기법 덕분에 이 분야에서 눈에 띄는 진전이 있었다. 특정한 좁은 영역에서 AI 기반 이미지 분류는 인간이 수행하는 이미지 분류만큼 신뢰할 수 있는 수준에 도달했다. 이러한 기술을 통해 구글은 방대한 이미지 데이터베이스에서 이미지를 검색할 수 있는 기능을 제공했다. 그러나 2015년 구글 검색 엔진이 흑인 커플 이미지를 '고릴라'로 분류하는 사건이 발생했다. 어떻게 이런 모욕적인 분류가 발생할 수 있었을까? 그 원인에 대한 명확한 답을 제시한 사람은 없었으며 구글조차 확실한 원인을 제시하지 못했다. 하지만 중요한 요소 중 하나는 구글의 이미지 분류 시스템을 훈련시키는 데 사용된 데이터의 종류와 관련이 있다. 시스템을 훈련하는 데 사용된 데이터 세트가 밝은 피부색을 가진 사람들로 과도하게 구성되었기 때문에 어두운 피부색을 가진 사람들에 대한 오분류가 발생할 확률이 더 높았던 것으로 보인다.[71] 즉 시스템이 어두운 피부색을 가진 사람들을 제대로 분류할 수 있을 만큼 충분한 데이터를 학습하지 못한 것이다. 그 결과로 일종의 인종 차별 현상이 발생했다. 구글 검색 엔진은 밝은 피부색을 가진 사람들에 대한 입력어/검색어(query)는 더 잘 처리하

---

[71] 부몰람위니와 게브루(2018)를 참고하면, 밝은 피부색을 가진 사람들로 불균형하게 구성된 데이터 세트가 훈련된 다른 상업적 이미지 분류 시스템에 대한 평가를 확인할 수 있다.

지만 어두운 피부색을 가진 사람들에 대한 검색어에는 그렇지 못했다.[72]

이와 같은 문제는 AI가 우리 삶의 더 많은 부분에 침투하면서 매일 증가하고 있다.[73] 모든 문제를 다룰 수는 없기에 여기서는 두 가지 문제에 집중하고자 한다. 본격적인 논의에 들어가기에 앞서 이 문제들을 다루기 위한 윤리적 이론에 대해 간략히 논의해보자.

윤리학

윤리학은 도덕적 옳고 그름과 관련된 개념과 문제를 다루는 철학의 한 분야이다. 이 분야에서 다루는 주요 질문들로는 '특정 행동이 도덕적으로 옳은가?', '무엇이 행동을 도덕적으로 옳거나 그르게 만드는가?', '도덕적 옳음은 문화적으로 상대적인가?' 등이 있다. 여기서는 두 번째 질문에 중점을 두고자 한다. 전통적으로 도덕적 옳음에 대한 분석에는 두 가지 주요한 접

---

[72] 쿼리는 특정 정보를 요청하기 위해 데이터베이스나 검색 엔진에 입력하는 질문이나 명령을 뜻한다. 예를 들어, 검색 엔진에 "가장 가까운 커피숍"을 입력하면, 이 입력이 쿼리가 된다. 쿼리를 통해 사용자는 원하는 정보를 보다 효과적으로 찾을 수 있다. 그러나 쿼리는 입력된 방식이나 데이터의 구조에 따라 결과의 정확성과 공정성에 영향을 미칠 수 있다. 위 사례에서는 검색 엔진이 밝은 피부색과 어두운 피부색에 대해 서로 다른 성능을 보였는데, 이는 쿼리 처리 과정에서 데이터 편향이 영향을 미쳤음을 보여준다.─옮긴이

[73] AI가 제기하는 최근의 다양한 이슈에 대해 포괄적으로 논의한 내용은 코켈베르그(2020)를 참고하라. 컴퓨터 윤리에 대한 철학적 기초를 제공하려는 시도는 플로리디(1999)를, 기계에 윤리를 부여하는 가능성에 대한 간략한 논의는 무어(2006)를 참고하라.

근 방식이 존재해왔다.[74]

결과주의는 행동의 도덕적 옳음이 오로지 그 행동의 결과로 결정된다는 견해이다. 결과주의는 여러 세부적인 방식으로 발전해 왔으나 고전적인 형태는 **공리주의**로 알려져 있으며, 이는 18세기 영국 철학자 제레미 벤담으로 거슬러 올라간다. 공리주의의 주장은 어떤 행동이 순행복을 극대화할 때에만 그 행동이 도덕적으로 옳다는 것이다.

이 분석에서 주목할 두 가지가 있다. 첫째, 순행복은 최대화되어야 한다. 순행복이란 특정 행동으로 인해 발생한 총 행복에서 어떤 행동으로 인해 발생한 불행을 뺀 값을 뜻한다. 행복의 증가만이 아니라 불행의 증가도 반드시 고려해야 한다. 즉 어떤 행동이 일부의 행복을 증가시키더라도 많은 사람의 불행을 증가시켜 결과적으로 순행복이 감소될 수 있다. 둘째, 순행복의 계산은 모든 사람을 차별 없이 공평하게 고려해야 한다. 특정인을 우대하지 않고 모든 사람을 동등하게 취급하는 것이 원칙이다.

벤담의 결과주의는 평범하고 논란의 여지가 없어 보일 수 있지만, 역사적 맥락을 고려할 때 당시에는 혁명적이었다. 18세기 유럽에서는 종교가 지배적이었고 도덕적 옳음은 신에 근거해 설명되는 것이 일반적이었다. 도덕적 옳음을 신에 대한 언급 없이 이해하려는 시도는 매우 급진적이었다. 게다가 결과주의는 추상적인 규칙이나 계명이나 법률에 의존하지 않는다. 일부 사람들은 '도둑질은 잘못된 것이다'라고 생각할 수 있지만, 결과주의는 도둑질 자체에 대해서는 아무런 언급을 하지 않는다. 도둑질의 도덕적 옳음은 오직 그 결과에 달려 있다. 도둑질이 모든 사람의 순행복을 극대화

74　윤리학에 대한 폭넓고 쉽게 접근할 수 있는 입문서를 원한다면, 레이철스와 레이철스(2019)를 참고하라.

하면 특정 상황에서는 도덕적으로 옳은 행동이 될 수도 있는 것이다.

토론하기: 결과주의에 대해 어떻게 생각하는가? 결과주의에 문제가 있다고 생각하는가?

결과주의에 만족하지 않는 사람들도 있다. 제기된 문제 중 하나는 '행복' 분석과 관련된다. 앞서 설명한 결과주의는 '행복'이 무엇인지 명확히 정의하지 않는다. 그러나 어떤 행동의 도덕적 옳음을 그 행동이 만드는 순행복에 따라 판단해야 한다면 '행복'의 정의는 매우 중요한 문제이다. 전통적으로 '행복'은 쾌락, 즉 기분 좋게 느껴지는 정신 상태로 분석된다. 쾌락의 예는 매우 다양하며 성취감, 마사지 받을 때의 편안함, 영화의 절정에서 느끼는 감정적 해방감 등을 포함할 수 있다.

그러나 행복을 단순히 쾌락으로만 정의할 수 있을까? 쾌락 외에도 우리가 가치 있게 여기는, 즉 행복을 가져다주는 것들이 있지 않을까? 첫째로, 모든 쾌락이 행복에 포함된다고 주장하기는 어렵다. 가해자가 피해자를 학대하면서 느끼는 쾌락이나 마약 중독자가 마약 복용으로 얻는 쾌락을 생각해보자. 이런 쾌락들을 도덕적 행동의 평가 기준에 따라 행복으로 간주해야 할까? 둘째로, 쾌락과 무관하면서도 가치 있는 것들이 많다. 남편이 아내를 사랑하는 마음을 생각해보자. 아내가 생명을 위협하는 질병에 걸려 남편이 그녀로부터 얻는 기쁨이 줄어들었다고 해서 사랑의 가치가 줄어드는가?

로버트 노직은 이 점을 강조하기 위해 아래와 같이 인상 깊은 사고실험을 제안한다.

17장. AI 윤리

당신이 원하는 모든 경험을 제공하는 '경험 기계'가 있다고 가정해보자.…신경심리학자들이 당신의 뇌를 자극하여 당신이 위대한 소설을 쓰고 있거나 친구를 사귀고 있거나 흥미로운 책을 읽고 있다고 생각하게 만들 수 있다. 당신은 실험실 탱크 안에 떠 있는 상태에서 뇌에 전극이 연결되어 있다.…당신은 그 탱크 안에 있다는 사실을 알지 못하고 이 모든 것이 실제로 일어나고 있다고 믿는다.…당신이라면 이 기계에 접속하겠는가?

노직(1974)

토론하기: 당신은 경험 기계에 접속하겠는가? 이유는 무엇인가?

노직은 경험 기계에 접속하지 않아야 할 몇 가지 이유를 제시한다. 첫째, 우리는 피동적으로 어떤 일을 경험하는 것이 아니라 실제로 그 일을 행하기를 원한다. 둘째, 우리의 정체성은 매우 중요한데 경험 기계에 접속한 사람은 특정한 방식으로 존재할 수 없다. 이런 맥락에서 그 사람은 용감하거나 비겁한 사람이 될 수 없는 '불확정한 존재'에 불과하다. 마지막으로, 경험 기계에 접속하는 것은 인공적인 현실로 삶을 제한하며, 인간이 만들 수 있는 것을 넘어서는 더 깊은 현실과의 연결을 차단한다.

행복과 경험 기계의 문제를 넘어 결과주의에 제기된 또 다른 중요한 문제는 특정한 행동에 대해 잘못된 결론을 내릴 수 있다는 점이다. 이를 설명하기 위해 주디스 자비스 톰슨이 제시한 다음 사례를 고려해보자.

이번에는 당신이 외과 의사, 그것도 매우 뛰어난 외과 의사라고 상상

417

해보자. 당신은 장기 이식의 전문가이며 이식한 장기는 항상 성공적으로 자리 잡는다. 현재 당신에게는 장기가 필요한 환자 다섯 명이 있다. 두 명은 폐가 한 개씩 필요하고, 두 명은 신장이 한 개씩 필요하며, 한 명은 심장이 필요하다. 오늘 그들이 장기를 받지 못하면 모두 죽을 것이고, 장기를 구할 수 있다면 이식을 통해 모두 살릴 수 있다. 그러면 폐, 신장, 심장을 어디서 구할 수 있을까? 시간이 거의 다 되었을 때 정기 검진을 하려고 한 젊은 남자가 병원에 왔다는 보고가 들어온다. 그는 혈액형이 일치하며 매우 건강하다. 이제 당신에게는 잠재적인 기증자가 생겼다. 그를 수술해 그의 장기를 다섯 명에게 나누어 주기만 하면 된다. 그에게 물어보니 그가 이렇게 말한다. '죄송합니다. 이해는 하지만, 그렇게 할 수는 없습니다.' 이런 상황에서 그가 거절했음에도 불구하고 수술을 진행하는 것이 도덕적으로 허용될까?

톰슨(1985)

이 상황에서 결과주의자는 긍정적으로 답해야 한다. 그렇다. 정기 검진을 받으러 온 젊은 남자의 장기를 적출해야 한다. 물론 부정적인 결과, 즉 무고한 한 명이 죽게 된다. 그러나 긍정적인 결과를 생각하면 장기가 필요한 다섯 명의 환자가 살아남을 수 있다. 긍정적인 결과인 다섯 명의 생명을 구하는 일이 부정적인 결과인 한 명의 생명을 잃는 일을 능가하기 때문에 최소한 이 상황에서는 젊은 남자의 장기를 적출하는 것이 옳다. 행동의 도덕성이 그 결과에 의해 결정되기 때문이다.

그러나 이는 명백히 잘못된 결론이다. 한 사람의 의사에 반하여 그의 장기를 적출하는 것은 도덕적으로 잘못된 일이다. 이와 같은 상황에 대한

17장. AI 윤리

우리의 판단은 결과주의에 대한 반박의 근거가 된다. 도덕적 옳음에 대한 올바른 이론이라면 결코 이러한 결론에 도달해서는 안 된다.

질문: 이러한 생각을 사용하여 결과주의를 반대하는 논증을 전제-결론 형식으로 제시할 수 있는가?

결과주의자들이 이러한 우려에 대해 그럴듯한 답변을 제시했음에도 불구하고, 많은 사람은 결과주의의 근본에 무엇인가 잘못된 점이 있다고 느낀다. 이들에 따르면 행동의 도덕적 옳음이 오로지 그 결과에만 의존할 수는 없다. 때로는 부정적인 결과에도 불구하고 우리는 정의나 권리 같은 가치를 소중히 여긴다. 이제 이러한 가치를 반영하는 도덕적 옳음에 대한 또 다른 분석 접근을 살펴보자.

의무론은 행동의 도덕적 옳음이 오로지 그 행동의 의도나 동기에 의해 결정된다는 관점이다. 만약 톰슨의 반례가 설득력 있다고 느꼈다면 의무론이 결과주의보다 도덕적 옳음을 더 잘 분석한다고 생각할 수 있다. 무고한 사람을 죽이는 것은 어떤 긍정적인 결과가 있더라도 도덕적으로 잘못된 일이라고 여길 수 있기 때문이다.

의무론적 윤리는 다양한 방식으로 세분화되어 발전했지만, 고전적인 형태는 18세기 독일 철학자 이마누엘 칸트로 거슬러 올라간다. 그는 선의지만이 이 세상에서 본질적으로 유일하게 선한 것이라고 주장하면서 논의를 시작한다.

이 세계 안에서만 아니라 이 세계 밖 어디에서도 아무런 제한 없이 선으로 간주할 수 있는 것은 선의지뿐이다.

칸트(2002)

이는 어떤 행동의 결과가 개인의 통제 범위를 넘어서는 것이기 때문이다. 무고한 사람을 해치려는 욕망 같은 나쁜 의도에서 비롯된 행동이 긍정적인 결과를 초래할 수 있고, 누군가를 돕고자 하는 의지 같은 선한 의도에서 비롯된 행동이 부정적인 결과를 낳을 수도 있다. 따라서 우리는 개인의 통제 범위를 벗어난 것에 초점을 맞춰 행동의 도덕적 옳고 그름을 판단해서는 안 된다. 결국 책임은 개인이 통제할 수 있는 범위까지만 확장되어야 하며, 우리가 진정으로 통제할 수 있는 것은 우리의 의지뿐이다.

토론하기: 칸트가 "선의지만이 본질적으로 선하다"라고 주장한 것에 대해 어떻게 생각하는가? 당신은 이 주장에 동의하는가 아니면 동의하지 않는가? 그 이유는 무엇인가?

의지는 언제 선해지는가? 칸트에 따르면 도덕 법칙을 따르려는 의무감에서 행동할 때 의지는 선하다. 도덕 법칙 안에 포함될 수 있는 규칙의 예로는 '무고한 사람을 해치지 말라'가 있을 수 있다. 전통적으로 도덕 법칙은 신과 밀접하게 연관되어 있었다. 신이 도덕의 근원으로서 인간에게 도덕 법칙을 부여하고 의무감에서 그 법칙을 따르려는 의지가 도덕적으로 옳은 행동을 구별하는 기준이 될 수 있었다. 이러한 방식으로 도덕 법칙을 이해하면 **신명론**이라는 의무론의 한 형태로 이어진다.[75] 그러나 칸트는 이 길을 따르지 않았다. 그는 도덕 법칙을 파악하는 데 신에 의존할 필요가 없다고 보았다. 오히려 도덕 법칙은 인간의 이성을 통해 발견될 수 있다고 믿었다.

칸트에 따르면 도덕 법칙의 내용을 발견하기 위해서는 **정언명령**, 즉 예외 없는 명령에 대해 성찰해야 한다. 칸트는 이 명령을 여러 방식으로 공식화했지만 아마도 가장 잘 알려진 공식은 다음과 같다.

너의 의지의 준칙이 언제나 보편적 입법 원리로서 타당하게 행동하라.

칸트(2002)

'준칙'은 도덕적 규칙을 가리키는 격식 있는 표현이다. 예를 들어 "대출이 필요할 때 갚을 수 없다는 것을 알면서도 갚겠다고 약속하라"는 준칙이 있을 수 있다. 이 준칙이 도덕 법칙에 속하며, 따라서 정언명령에 해당하는지 어떻게 알 수 있을까? 이를 확인하기 위해서는 이 준칙을 보편화할 수 있는지를 물어야 한다. 즉 모든 사람이 언제 어디서나 이 준칙을 따를 수 있

75 신명론(divine command theory)은 도덕적 옳고 그름이 신의 명령에 의해 결정된다는 윤리 이론이다. 이 이론에 따르면, 어떤 행동이 도덕적으로 옳다고 여겨지는 이유는 그 행동이 신의 명령에 부합하기 때문이다. 즉 신이 명령한 것은 옳고, 신이 금지한 것은 잘못된 것이다. 이러한 관점에서 도덕적 규칙은 초월적인 신적 권위에 의해 부여되며, 인간은 그 명령을 따르는 것이 도덕적 의무라고 본다. 이 이론의 중요한 특징은 도덕적 옳음의 근원이 인간의 이성이나 사회적 합의가 아니라 신적 명령에 있다는 점이다. 예를 들어, "살인하지 말라"는 명령은 그 자체로 도덕적 규범이 아니라, 신이 그것을 명령했기 때문에 도덕적으로 옳다고 여겨진다. 신명론은 종교적 맥락에서 특히 강력한 윤리 이론으로 작용해 왔으며, 도덕적 옳고 그름을 신의 뜻과 연결시키는 종교적 전통에서 많이 논의된다. 하지만 이 이론은 플라톤의 대화편 《에우티프론》에서 제기된 에우티프론 딜레마 같은 철학적 비판에 직면하기도 한다. 이 딜레마는 "어떤 것이 도덕적으로 옳기 때문에 신이 명령하는 것인가, 아니면 신이 명령하기 때문에 그것이 도덕적으로 옳은가?"로 요약되는데, 이 질문은 신명론의 기본 개념을 비판적으로 재검토하는 논쟁을 불러일으켰다.─옮긴이

도록 허용할 수 있는지 자문해야 한다. 그렇다면 이 준칙은 도덕 법칙의 일부가 되고, 그렇지 않다면 그 행위는 금지된다.

위의 준칙은 어떻게 판단될까? 만약 모든 사람이 언제나 이 준칙을 따른다면 어떤 결과가 발생할까? 칸트에 따르면, 이를 보편적인 규칙으로 만들면 약속에 대한 신뢰가 사라져 모순을 일으킨다. 아무도 그런 약속을 믿지 않게 될 것이기 때문이다. 약속을 믿는 사람이 없다면 약속이라는 제도 자체가 무너질 것이다. 이 준칙을 보편화하면 그 결과로 약속이라는 제도 자체가 모순되고 말 것이다. 따라서 이성적인 사람이라면, 이성만을 사용하더라도 이 준칙이 도덕적으로 잘못된 행위를 나타낸다는 것을 분명히 알 수 있다.

칸트가 일종의 결과론적 주장을 펼치는 것처럼 보일 수 있다. 즉 약속을 어기는 것이 잘못인 것은, 약속 파기가 나쁜 결과를 초래하기 때문이다. 따라서 우리는 더 이상 어떤 약속도 신뢰하지 않게 될 것이다. 그러나 이것은 칸트의 진정한 의도가 아니다. 칸트는 깨뜨릴 수 있는 약속을 바라는 것은 사실 모순이고 비이성적인 것을 바라는 것이라고 생각한다. 약속이란 정의상 지켜야 한다. 따라서 약속을 깨뜨릴 수 있다는 생각은 갈색 눈을 가지길 바라면서 동시에 갖지 않기를 바라는 것과 같다. 이는 논리적으로 모순이다. 칸트에 따르면, 도덕성은 이성과 합리성에서 비롯되며 다른 사람의 합리성을 존중하는 것에서 도덕적 행동의 근거를 찾는다.

토론하기: 당신은 칸트의 정언명령에 대해 어떻게 생각하는가? 도덕 법칙에 속하는 규칙들이 오로지 이성만으로 발견될 수 있다는 주장이 타당하다고 생각하는가?

칸트의 도덕적 옳음에 대한 분석이나 더 일반적으로 의무론적 윤리에 만족하지 않는 이들도 있다. 칸트의 정언명령에 대해 반박할 수 없는 반례들이 존재하는 것처럼 보인다. 제임스 레이철스는 거짓말을 금지하는 명령에 대해 다음과 같은 상황을 제시한다.

> 어떤 사람이 살인자를 피해 도망치고 있으니 숨겨 달라고 당신에게 말한다. 그 후 살인자가 나타나 그가 어디에 있는지 묻는다. 진실을 말한다면 당신은 살인을 돕는 게 된다. 게다가 그 살인자가 그가 숨은 곳으로 가고 있어서 당신이 침묵하면 분명 최악의 결과가 발생할 것이다. 이 상황에서 당신은 어떻게 하겠는가? 많은 사람은 거짓말을 해야 한다고 믿는다. 진실을 말하는 것이 더 중요한가 아니면 누군가의 생명을 구하는 것이 더 중요한가?
>
> 레이철스(2019)

토론하기: 레이철스의 반례는 효과적인가? 이 상황에 대해 칸트는 어떻게 대응했을까?

이 시나리오는 서로 다른 정언명령들 사이에서 발생할 수 있는 잠재적인 충돌을 지적한다. 거짓말을 하지 말라는 명령과 생명을 구하라는 명령이 상충할 때 한쪽의 명령은 포기되어야 한다. 따라서 두 명령이 모두 정언명령일 수는 없다. 물론 도덕 법칙에는 단 하나의 정언명령만 존재할 가능성도 있다. 이것이 칸트가 믿었던 바이다. 그러나 이러한 견해는 일부 사람들에게는 지나치게 제한적인 것으로 보인다.

치명적 자율무기

AI 윤리로 돌아와서 다룰 첫 번째 문제는 논란이 되는 용어인 '킬러 로봇'과 관련되어 있다. 이 용어는 도발적이지만 더 공식적인 표현인 '치명적 자율무기'(LAWs)와 비교하면 오해의 소지가 있다. 우선 군사 분야에서의 AI 사용은 로봇에 국한되지 않는다. '로봇'이라는 용어는 종종 팔과 다리 같은 인간의 신체적 특성을 가진 기계를 가리키는 데 사용된다. 그러나 군사 분야에서 AI의 치명적 사용은 매우 다양하며 총, 레이저, 미사일 같은 각종 무기에도 적용된다. 이들 중 어느 것도 일반적으로 로봇이라고 부르기는 어렵다. 또 킬러 로봇이 꼭 자율적인 것도 아니다. 예를 들어 드론처럼 인간이 원격으로 조종하는 것도 있다. 여기서 다루려는 것은 AI가 탑재되어 자율적으로 작동하는 치명적 자율무기에 관한 문제로, 여기에는 로봇으로 국한되지 않는다.

지난 몇 년간 치명적 자율무기 개발과 그것의 잠재적 사용은 국제 사회의 큰 문제로 부상했다. 이 문제는 국제적 논의의 최고 수준에까지 이르렀고, 현재 UN의 재래식무기 금지협약(CCW)에서 정기적으로 논의되고 있다.[76] 치명적 자율무기의 미래에 대해 큰 논란이 일고 있다. 일부 국가와 비정부 기구(NGO), 스티븐 호킹과 일론 머스크 같은 저명인사들은 치명적 자율무기 개발에 반대한다. 그러나 중국이나 러시아나 미국 같은 군사 강대국들은 치명적 자율무기의 개발 여지가 있는 정책을 고수하고 있다.

---

76   이 법률 관련 유엔 회의에 대한 자세한 내용은 아래에서 확인하라. https://www.un.org/disarmament/the-onvention-on-certain-conventional-weapons/background-on-laws-in-the-ccw/

토론하기: 치명적 자율무기에 대해 어떻게 생각하는가? 이 논의에서 고려해야 할 도덕적 사항은 무엇인가?

치명적 자율무기 논쟁은 크게 두 가지, 즉 결과론 입장과 의무론 입장으로 나뉜다. 결과론 입장은 치명적 자율무기 개발 찬성과 반대측 모두에게서 제기되었고, 의무론 입장은 주로 치명적 자율무기 개발 반대측으로부터 제기되었다. 먼저 결과론 입장을 살펴보자.

군사 분쟁에서 치명적 자율무기를 사용한 결과는 무엇일까? 일부는 장기적으로 그 결과를 매우 부정적으로 본다.[77] 치명적 자율무기 개발은 독재 정권이나 테러리스트 같은 위험한 반국가주의자들에게 이러한 무기의 확산을 촉진하고 군사적 우위를 놓고 경쟁하는 국가들 사이에서 새로운 군비 경쟁을 하게 한다. 또 인간 군인을 치명적 자율무기로 대치하면 인명 피해가 줄기 때문에 오히려 전쟁이 쉬워진다. 마지막으로 치명적 자율무기는 사이버 공격에 취약하며, 이는 의도치 않은 심각한 갈등을 초래한다.

반면에 일부는 치명적 자율무기 개발이 긍정적인 결과를 가져오며, 개발 방향에 따라 도덕적 의무로 여겨질 수 있다고 믿는다.[78] 로널드 아킨은 다음과 같은 이유로 미래의 치명적 자율무기가 인간 군인보다 낫다고 주장한다. 첫째, 치명적 자율무기는 자기방어를 걱정할 필요가 없기에 더 신중하게 행동한다. 둘째, 치명적 자율무기는 전장을 판단하고 결정하는 데 도움을 준다. 셋째, 치명적 자율무기는 감정을 배제하여 적군에 대한 적대

---

[77] 아모로소와 탐부리니(Amoroso & Tamburrini, 2018)를 참조하라.

[78] 아킨스(Arkin, 2009)를 참조하라

감을 줄이고 전쟁 범죄를 방지한다.

결과론 입장은 치명적 자율무기 개발이 초래할 예상 결과를 중시한다. 문제는 다양한 잠재적 결과들의 상대적 장점에 대해 의견이 엇갈린다는 것이다. 또 현재의 기술 수준을 고려할 때, 이 입장은 정보가 아니라 추측에 근거한다는 문제가 있다.

의무론 입장은 주로 치명적 자율무기 개발을 반대하는데, 그 이유로 몇 가지를 제시한다. 전반적으로 결과가 아무리 좋다고 해도 이러한 사고방식에 따르면, 전쟁에서의 치명적 자율무기 사용 자체는 근본적으로 잘못된 것이다. 일부는 치명적 자율무기가 국제 인도법을 준수하기 어렵다고 주장한다. 특히 치명적 자율무기는 목표물에 대한 공격이 구체적이고 직접적인 군사적 이익에 비례하며, 그에 비해 과도하지 않아야 한다는 비례성 원칙이 준수되기 어렵다.[79] 이러한 판단에는 국제 인도법에 대한 해석이 필요하며, 이는 기계가 수행할 수 없는 작업이다. 피터 아사로는 이를 다음과 같이 설명한다.

> 국제 인도법을 적용하기 위해서는 주어진 상황에서 효과적으로 작동하기 위해 여러 단계의 해석이 필요하다. 국제 인도법은 그 규칙을 보완하기 위해 인간 행위자가 따를 수 있는 휴리스틱 지침(hueristics)을 제공하며, 전투원이 자신의 행동이 미칠 영향을 반성적으로 고려하고 인간으로서의 자비와 판단을 적용할 것을 명시적으로 요구한다.
>
> 아사로(2012)

---

79 반 덴 보가르트(Van den Boogaard, 2015)를 참조하라.

토론하기: 이 견해에 동의하는가? 전쟁에서 AI가 비례성 판단을 제대로 내리는 것이 불가능한가? 그 이유는 무엇인가?

일부는 치명적 자율무기가 유능한 인간처럼 비례성 판단을 내릴 수 있더라도 여전히 문제가 있다고 주장한다.[80] 그들에 따르면, 치명적 자율무기도 오류를 범할 수 있으며 인간과는 다른 존재이기에 그 오류는 예측이 거의 불가능하다. 치명적 자율무기는 우리가 이해하기 어려운 이유로 인류에 대한 범죄를 저지를 가능성이 있다. 이러한 범죄에 대해 누가 책임을 질 것인가? 치명적 자율무기 사용은 '책임 공백'을 초래할 수 있다. 즉 우리는 치명적 자율무기에 대해 이러한 범죄의 책임을 물을 수 없으며, 치명적 자율무기는 도덕적 행위자가 아니기에 도덕적으로 책임 있는 결정을 내릴 수 없다. 궁극적으로 치명적 자율무기를 처벌하는 것이 타당한가? 기계에 죄를 물을 방법이 있을까?

책임은 의사 결정 과정에서 인간에게 돌아가야 한다는 점은 명백하다. 그러나 이 과정에서 책임은 누구에게 있어야 할까? 인간 프로그래머에게 책임을 물어야 할까? 이는 문제가 된다. 자율무기를 설계하는 주요 이유 중 하나는, 무기가 설계자로부터 독립적으로 결정을 내릴 수 있게 하는 것이다. 무기가 데이터를 기반으로 '훈련'되고, 전장에서 학습하는 방식은 원래의 AI 프로그램만큼이나 무기 결정에 영향을 미친다. 그러면 지휘관에게 책임을 물어야 할까? 마찬가지로 무기에 자율성을 부여하는 핵심 목적은 무기 자체가 결정을 내리도록 하는 것이다. 자율무기가 제공하는 전략

---

80   스패로(Sparrow, 2007)를 참조하라.

적 장점 중 하나가 바로 자율성이다. 자율성이 커질수록 개인이 자신의 의도와 무관하게 내려진 결정에 책임을 지는 것은 더 어려워진다.

위의 논의가 옳다면 치명적 자율무기는 전쟁 중 사망에 대한 책임이 부재한 상황을 초래할 수 있다. 이는 받아들이기 어렵다. 전투원들이 전쟁에 투입될 때 자신이 책임 없는 살해의 희생자가 되지 않을 것이라는 기본 권리가 침해되기 때문이다. 로버트 스패로는 다음과 같이 말한다.

> 전쟁이 도덕적 원칙에 의해 통제된다면, 최소한의 존중을 표현하는 방법은 적의 생명을 빼앗는 결정에 대해 누군가가 책임을 지거나 그 책임을 물을 수 있는 상태여야 한다는 것이다. 이를 소홀히 하면 우리는 적을 도덕적 고려를 할 필요 없이 제거해야 할 해충처럼 취급할 것이다. 적에게 최소한으로 해야 할 도리는 그들의 생명이 충분히 가치 있음을 인정하고, 그들의 죽음에 대해 누군가가 책임을 져야 한다는 점을 받아들이는 것이다.
>
> 스패로(2007)

이 문제는 매우 중대한 사안으로 더 많은 논의와 숙고가 필요하다. AI의 군사적 사용은 많은 사람에게 피할 수 없는 현실로 다가오고 있다. 무기에 자율성을 얼만큼 부여할 수 있는지에 관한 논쟁의 여지가 여전히 있다. 그러나 한계를 시험하기 위한 연구가 진행되고 있다는 사실은 분명하다. 연구가 중단되거나 중단될 가능성은 거의 없으며, 이는 전장에서 놀라운 이점을 제공할 가능성이 있는 매력적인 기회들이 너무 많기 때문이다.

그러나 치명적 자율무기에 대한 논의가 어떻게 전개될지는 대중의 의

식에 의해 크게 좌우될 것이다. 그럼에도 현재 치명적 자율무기 개발 연구에 대한 대중의 인식은 매우 부족하다. 이 논의를 발전시키는 데 필요한 대중 교육이 절실하다.

감시 자본주의

1989년 영국의 컴퓨터과학자 팀 버너스리가 월드 와이드 웹을 발명했다. 이는 웹페이지 같은 자원을 인터넷을 통해 이용할 수 있게 하는 정보 시스템이었다. 1990년대 초반 모자이크, 넷스케이프, 인터넷 익스플로러 같은 웹 브라우저들이 개발되어 웹페이지의 접근성이 더욱 향상되었다. 1990년대 후반이 되자 초기에는 몇십 개에 불과했던 웹페이지 모음이 수백만 개로 확장된 방대한 네트워크로 성장했다. 이와 같은 정보의 기하급수적인 확산으로 인해 사용자들이 웹을 탐색하는 데 효과적인 방법이 필요하다는 점이 명백해졌다. 이제는 원하는 정보를 찾는 것이 더 이상 자명하지 않게 된 것이다. 이러한 필요성을 해결하기 위해 검색 엔진들이 개발되었으며, 야후!, 웹크롤러, 엑사이트, 알타비스타 등 여러 검색 엔진들이 사용자들을 놓고 경쟁했다. 놀랍게도 구글은 이 경쟁에 비교적 늦게 뛰어들었음에도 검색 엔진 시장에서 승리했다. 구글의 검색 엔진이 경쟁사보다 우월했던 이유는 무엇보다 검색어/입력어의 개수와 패턴, 맞춤법, 구두점, 체류 시간, 클릭 패턴, 지리적 위치 등 많은 사람이 '쓸모없는' 데이터라고 생각했던 것들을 독창적으로 활용했기 때문이다. 이러한 데이터가 어떻게 악용되었는지에 대한 쇼샤나 주보프의 설명을 들어보자.

지금껏 쓰레기로 여겨졌던 것, 즉 검색이라는 연소 반응에서 구글 서버로 뿜어져 나오는 '데이터 배기가스'가 이제 구글 검색 엔진을 지속적인 재귀 학습 및 개선 과정으로 탈바꿈하는 핵심 요소가 되었다. 구글의 개발 초기 단계에서 검색 기능 개선에 쓰인 피드백 순환과정은 권력의 균형을 만들었다. 구글 검색과 사람들은 학습의 원천으로 서로를 필요로 했기 때문이다. 이 공생 관계는 구글의 알고리즘이 점점 더 관련성 높고 포괄적인 검색 결과를 학습하고 생성할 수 있도록 했다. 더 많은 검색어는 더 많은 학습을 뜻하며 더 많은 학습은 더 높은 관련성을 창출한다. 관련성이 높아지면 더 많은 검색이 이루어지고 더 많은 사용자를 유입시켰다.

주보프(2019)

주보프는 이를 '행동 가치 재투자 사이클'이라고 부른다. 매일 수백만 명의 사람들이 구글의 검색 엔진을 사용하며, 구글은 이로부터 막대한 양의 행동 데이터를 꾸준히 수집한다. 이러한 데이터는 구글의 알고리즘에 입력되어 더욱 관련성 높고 포괄적인 검색 결과를 생성한다. 초기에는 이것이 선순환 구조를 형성했는데 더 많은 검색어/입력어가 더 많은 행동 데이터를 제공하고, 더 많은 행동 데이터는 더 많은 학습을 촉진하며, 더 많은 학습은 더 나은 검색 결과를 만들어 내고, 더 나은 검색 결과는 더 많은 사용자와 검색어로 이어졌다.

20세기가 끝나갈 무렵 강력한 벤처 자본 회사들이 구글에 수백만 달러를 투자하기 시작했다. 구글은 웹 검색의 기준으로 자리 잡았을 뿐 아니라, 이제는 실제로 놀라운 일을 할 수 있는 재정적 기반도 마련하고 있었다. 그러나 여전히 중요한 재정적 문제가 있었고, 구글은 투자 자본을 안정적인 수익으로 전환하는 방법을 알지 못했다. 구글은 최첨단 기술을 보유하고 있었지만 이를 상업적으로 활용할 수 있는 사업 모델이 없었다. 실리콘밸리에서 이른바 '닷컴 버블'이 붕괴하면서 스타트업 기업들이 연이어 무너졌고, 구글 역시 엄청난 압박에 직면하게 되었다.

구글은 방대한 행동 데이터를 수익화하기 위해 '타겟 광고' 개념을 개발했다. 광고는 단순히 검색어와 연결되는 것이 아니라 그 검색어를 입력한 개인과 연결되었다. 구글은 증가하는 컴퓨팅 능력을 활용하여 수집한 막대한 행동 데이터를 고도화된 기계 학습 기법을 통해 개별 사용자 프로필로 변환했다. 이제 광고는 무작위로 대중에게 노출되는 것이 아니라 각 개인에게 맞춤화된 형태로 제공되었다. 이는 사용자에게는 더 적합한 광고를, 광고주에게는 더 신뢰할 수 있는 가치를 보장해주는 결과를 낳았다. 또한 구글은 사용자가 클릭한 광고와 그 시점을 추적할 수 있었기에 '클릭률'이라는 정량적 지표를 고안하여 광고의 효과성을 측정할 수 있게 되었다.

결국, 구글은 개인의 마음을 읽고 그들의 행동을 점점 더 정확하게 예측할 수 있는 정교한 메커니즘을 개발한 셈이다. 이는 행동 심리학을 수행할 수 있는 매우 강력한 플랫폼으로 발전했다. 중요한 점은 이 모든 과정이 사용자에게 인식되지 않은 상태에서 이루어졌다는 것이다. 사용자가 구글 검색 엔진을 이용해 웹을 탐색할 때 구글은 그들이 생성한 방대한 행동 데이터를 수집하고 선별한 후, 이를 프로필로 변환했으며 사용자가 더 많이 상호작용할수록 그 프로필의 정확성도 높아졌다. 주보프는 이를 다음과 같이 요약한다.

구글의 발명은 그들이 자동화된 아키텍처로 마치 취조실의 일방 투시 거울처럼 사용자의 인지나 지식, 동의와 상관없이 개인이나 집단적 생각, 감정, 의도, 관심을 추론하고 연역하는 새로운 역량을 갖추게 되었음을 드러냈다. 구글은 행동 데이터에 비밀리에 접근할 수 있는 특권을 갖게 된 셈이다.

주보프(2019)

이 시스템을 완성하는 방법은 더 많은 데이터를 수집하는 것이었다. 따라서 구글은 웹 검색이라는 한정된 영역에서 벗어나 유튜브 같은 회사를 인수하고 구글 지도 같은 다양한 온라인 애플리케이션을 탐구하며, 스마트워치 같은 웨어러블 기기를 개발함으로써 사용자와의 상호작용 영역을 확장했다. 이제 사용자 프로필에는 사용자가 시청하는 콘텐츠, 실제 이동 경로, 심박수 같은 신체 반응 정보까지 포함할 수 있게 되었다. 주보프는 이를 대규모 감시의 한 형태라고 직설적으로 부르며, 구글의 혁신 논리를 '감시 자본주의'라고 명명했다. 이는 개인에 대한 데이터 수집을 수익화하는 논리를 뜻한다.

이러한 발견 이후 감시 자본주의의 논리는 페이스북과 같은 다른 주요 기술 기업으로 스며들었고, 이제는 모든 현대 비즈니스의 근본적인 일부가 되었다고 해도 과언이 아니다. 그렇다면 감시 자본주의의 윤리적 함의는 무엇인가? 주보프는 감시 자본주의자들이 행동을 조작, 예측, 수익화, 통제하기 위한 도구화된 권력인 '도구적 권력'에 접근할 수 있게 되었다고 주장한다.

17장. AI 윤리

토론하기: 감시 자본주의의 논리를 활용하는 다른 기업들은 어떤 곳들이 있을까? 이들 비즈니스에 필수적인 정보는 무엇인가? 이러한 정보로 무엇을 할 수 있을까?

주보프 같은 비평가들은, 기술 산업에서의 기능주의적 권력의 성장은 인간의 자유의지와 자율성에 대한 위협이라고 믿는다. 개별 행동을 예측하기 위해 프로필 정보를 사용하는 것은 행동을 조작하는 데 악용될 수 있다. 2016년 미국 대통령 선거 기간 동안 케임브리지 애널리티카가 공화당을 위해 한 일을 생각해보자. 이 회사는 페이스북을 통해 2억 명이 넘는 미국인들의 데이터를 수집했다. 이 데이터를 사용하여 중요한 부동층 유권자들을 식별하고 투표 동기를 부여한 것으로 알려졌다. 이들은 핵심 경합 주에서 특정 유권자들을 표적 삼아 감시 자본주의 기술을 사용하여 그들의 개별 성향에 맞춘 개인화된 메시지를 보냈다. 이런 형태의 '넛지'를 통해 미국인들의 중요한 집단의 행동이 미묘하고 효과적으로 조작되었다. 주보프에 따르면, 이는 민주적 절차의 핵심과 민주주의를 가능하게 하는 개인의 사생활과 자율성 권리를 위협한다. 따라서 감시 자본주의 관행에 반대하는 사람들은 도구적 권력 사용에 대해 의무론적 이유를 제시한다. 즉 사생활과 자율성 권리 침해는 결코 용납될 수 없다는 것이다.

한편 도구적 권력이 결과론적 이유에 기반해 긍정적으로 활용될 수 있다고 주장하는 이들도 있다. 리처드 탈러와 캐스 선스타인은 적절한 방식의 '넛지'가 사회에 이로울 수 있다고 주장한다. 그들은 사람들이 대체로 일관성이 부족하고 충분히 정보를 갖추지 못했으며 의지가 약하다고 본다. 그렇다면 일반 대중은 어느 정도의 넛지가 필요하다는 결론에 도달한다.

탈러와 선스타인은 사회의 '선택 설계'를 신중히 함으로써 더 많은 사람이 더 나은 결정을 내릴 수 있다고 주장한다. 여기에 감시 자본주의 기술이 제공하는 개인 맞춤형 정보를 추가하면, 국가 통치가 더욱 세밀하게 조정되어 더 효과적으로 이루어질 가능성이 높아진다.

무비판적 추측이 아니다. 중국이 자국민의 행동을 더 잘 통제하기 위해 사회 신용 시스템을 개발하고 있다는 것은 이미 잘 알려져 있다. 또 중국 정부는 최신 기계 학습 기술을 활용하여 자국민의 더 정확하고 포괄적인 프로필을 작성하고 있다. 초기 연구에 따르면 중국인 대다수는 사회 신용 시스템을 긍정적으로 보고 있는 것으로 나타났다.[81] 이들은 이를 프라이버시나 자율성에 대한 위협으로 간주하기보다는 사회에 이로운 제도로 여긴다. 사회 신용 시스템은 집단주의적인 중국의 도덕적 가치를 지지할 뿐 아니라, 사회와 경제에서 정직한 상호작용을 촉진할 것이라는 기대를 불러일으키고 있다.

토론하기: 당신은 중국의 사회 신용 시스템에 대해 알고 있는가? 이것은 미국 정부가 자국민의 행동을 감시하고 규제하는 방식과 질적으로 다른가?

서구에서는 감시 자본주의 전술에 대한 윤리적 우려가 많이 제기되었지만, 중국에서는 이러한 감정이 그리 널리 퍼지지 않은 것 같다. 이는 윤리가 사회문화적 경계를 넘어 미세한 조정이 필요함을 시사한다. 다양한 고려사항의 상대적 장점이 다르게 인식되기 때문에 윤리에 대한 세심하고 정교한

---

81   코스트카(Kostka, 2018)를 참조하라.

접근이 미래의 세계에 더욱 필요하게 될 것이다.

미래에 어떤 일들이 일어날 것인가

앞으로 우리는 무엇을 기대할 수 있을까? 컴퓨터와 관련 기술들이 우리의 삶에 점점 더 깊숙이 침투할 것이라는 점은 의심의 여지가 없다. 웹이 전 세계를 연결한 방식에 비추어 볼 때 컴퓨팅 기술에서 발생하는 문제들이 전 세계적으로 영향을 미칠 것이라는 점도 예상할 수 있다. 이는 앞에서 언급한 C. P. 스노우의 우려로 다시 돌아가게 한다. 그는 과학과 인문학 사이의 간격이 영국이 세계적 문제를 해결하는 데 어려움을 초래할 것이라고 염려했다. 과학이나 인문학 중 하나에만 특화된 시민을 양성할 경우, 영국은 급격히 떠오르는 미래에 효과적으로 기여하는 데 장애를 겪게 되지 않을까 그는 우려했다.

본서를 통해 컴퓨터과학의 세계를 매개로 철학의 세계에 입문하는 과정에서 스노우의 우려를 해소하는 데 조금이나마 기여할 수 있기를 바란다. 논의된 특정 철학적 문제나 파이썬 프로그래밍 언어의 복잡성보다 더 중요한 것은 철학적 사고와 컴퓨팅 사고의 기술이다. 이러한 기술은 우리의 미래 세계에서 유연하게 움직이며 긍정적인 기여를 하는 데 꼭 필요하다. 여기서 컴퓨팅 기술이란 세계를 변화시키는 방식에 대한 테크니컬한 이해만 아니라 그로 인해 제기되는 문제들을 비판적으로 성찰하는 능력도 포함한다. 그리고 또 하나 가장 중요한 것은 다른 신념을 가진 사람들과 대화할 수 있는 능력이다. 서로 다른 사회문화적 맥락에 뿌리를 둔 사람들이 서로의 관점을 이해하는 기술과 노력이 요구된다. 이를 위해서는 자신의 깊이 자리 잡은 신념을 잠시 내려놓고 다른 가능성을 진지하게 고려해야 한다.

핵심 요점

- 결과론 윤리는 행동의 도덕성을 그 결과에 따라 평가한다.
- 의무론 윤리는 행동의 도덕성을 일정한 규칙 준수 여부에 따라 평가한다.
- AI는 더 지능적이고 자율적인 무기를 만들기 위해 군사 분야에서 사용되고 있다.
- AI는 인간의 행동을 분석하고 예측하며 조작하는 기술 산업에서 사용되고 있다.

17장. AI 윤리

18장

연습문제 해답

2장 파이썬

연습문제 2.1

```
type(1)              # 정수
type(1.0)            # 실수
type(True)           # 부울
type(None)           # 값이 없음
type('Hello World')  # 문자열
```

연습문제 2.2

```
(10 * 5280 / 3.28084) * 100
```

연습문제 2.3

```
365 * 24 > 24 * 60 * 60
```

연습문제 2.4

```
hourly_rate = 30
weekly_rate = hourly_rate * 40
annual_rate = weekly_rate * 52

25 * annual_rate
```

연습문제 2.5

```
radius = 10
volume = (4 / 3) * 3.14 * radius ** 3

print('sphere - radius: '+ radius +', volume: '+ volume)
```

3장 알고리즘

연습문제 3.1

```
x = 6      # 테스트 용도
if x % 2 == 0:
    print('It is even!')
```

연습문제 3.2

```
x must be less than 10.
```

연습문제 3.3

```
x, y = 5,6 # for testing purposes
x % 2 == 1 or y % 2 == 0
```

연습문제 3.4

```
x = 70 # for testing purposes
```

```
if x % 2 == 0:
if x % 10 == 0:
        print('foo')
if x % 7 == 0:
        print('bar')
else:
print('baz')
```

연습문제 3.5

```
coin1,coin2,coin3 = 1,1,1 # 테스트 용도
if coin1 == coin2:
    if coin1 == coin3:
        print('there are no counterfeit coins')
elif coin1 > coin3:
        print('coin3 is counterfeit and lighter')
else:
        print('coin3 is counterfeit and heavier')
elif coin1 > coin2:
    if coin1 == coin3:
        print('coin2 is counterfeit and lighter')
    else:
        print('coin1 is counterfeit and heavier')
else:
if coin1 == coin3:
        print('coin2 is counterfeit and heavier')
else:
        print('coin1 is counterfeit and lighter')
```

4장 논리

연습문제 4.1

논증 E_1은 전제1이 거짓이기 때문에 타당하지 않다. 돈이 행복을 보장하지 않기 때문

이다. 하지만 추론 자체는 완벽하므로 논증은 유효하다.

논증 E₂는 전제들이 결론을 뒷받침하지 않기 때문에 타당하지도 유효하지도 않다. 그럼에도 불구하고 전제와 결론 모두 참이다.

5장 반복

연습문제 5.1

```
x = 1

while x <= 10:
    print(x * 3)
    x += 1
```

연습문제 5.2

```
x = 1000

while x <= 2000:
    if x % 11 == 0:
        print(x)
    x += 1
```

연습문제 5.3

```
name1 = 'George Boole'
print('Mr. ' + name1[7:] + ', pleasure to meet you.')
```

연습문제 5.4

```
name1 = 'Barack Hussein Obama' # 테스트 용도
number_of_vowels = 0
x = 0

while x < len(name1):
```

```
        if name1[x] in 'aeiouAEIOU':
            number_of_vowels += 1
        x += 1

print(number_of_vowels)
```

연습문제 5.5

```
result = []
x = 1

while x <= 10:
    result.append(2 ** x)
    x += 1

print(result)
```

연습문제 5.6

```
for x in range(1,11):
    print(3 * x)
```

연습문제 5.7

```
L2 = [1,2,3,4,5]
sum = 0
x = 0

while x < len(L2):
    sum += L2[x]
    x += 1

print(sum)
```

연습문제 5.8

```
L2 = [3,4,1,5,2]    # for testing purposes
largest_so_far = L2[0]

for x in L2:
    if x > largest_so_far:
```

```
        largest_so_far = x
print(largest_so_far)
```

연습문제 5.9

```
x = 97   # for testing purposes
prime = True
if x <= 1:
    prime = False
else:
    for divisor in range(2,x):
        if x % divisor == 0:
            prime = False
            break
print(prime)
```

6장 이미지 조작

연습문제 6.1

```
grid = [[1,2,3], [4,5,6], [7,8,9]] # 테스트 용도
print(grid[2])
```

연습문제 6.2

```
grid = [[1,2,3], [4,5,6], [7,8,9]] # 테스트 용도

print(grid[0][2])
print(grid[1][0])
print(grid[2][1])
```

연습문제 6.3

```
data = [[1,2,3,4],[5,6,7,8]] # 테스트 용도

for row in range(2):
```

```
    for column in range(4):
        print(data[row][column])
```

연습문제 6.4

```
purple: (255,0,255)
yellow: (255,255,0)
```

연습문제 6.5

터쿼이즈(Turquoise): 녹색과 파란색이 균등하게 섞인 색

연습문제 6.6

```
from graphics import *

win = GraphWin('Exercise 6.6',250,250)
img = Image(Point(125,125),250,250)

for x in range(250):
    for y in range(250):
        img.setPixel(x,y,color_rgb(0,0,255))

img.draw(win)

img.save('blue.png')
```

연습문제 6.7

```
from graphics import *

new_img = Image(Point(125,125),250,250)
inc = 256/250

for y in range(250):
    R = 0
    G = int(255-inc*y)
    B = int(inc*y)
    for x in range(250):
        new_img.setPixel(x,y,color_rgb(R,G,B))

new_img.save('green-blue-gradient.png')
```

8장 함수

연습문제 8.1

```
def respond(n):
    print('Hi ' + n + ', doing well, thanks!')
respond('Hubert')
```

연습문제 8.2

```
def volume(r):
    return (4 / 3) * 3.14 * r ** 3
print(volume(10))
```

연습문제 8.3

```
def average(L):
    total = 0

    for num in L:
        total += num

return total / len(L)
print(average([1,2,3,4,5]))
```

연습문제 8.4

```
def largest(L):
    largest_so_far = L[0]
    for num in L:
        if num > largest_so_far:
            largest_so_far = num
    return largest_so_far
print(largest([1,2,3,4,5]))
```

연습문제 8.5

```
def ccp_7():
    if coin6 == coin7:
        ccp_5()
    elif coin6 > coin7:
        outcome_imbalance(coin6, 'coin7', 'coin6')
    else:
        outcome_imbalance(coin7, 'coin6', 'coin7')
```

9장 마음

연습문제 9.1

```
def multiply_3(x,y):
    result = 0
    i = 1

    while i <= y:
        result += x
        i += 1
    return result

print(multiply_3(5,4))
```

10장 라이프 게임

연습문제 10.1

```
step1 = [['*','*','*',' ',' '],
         ['*',' ','*','*',' '],
         ['*',' ','*',' ',' '],
         [' ','*','*',' ',' '],
         [' ',' ',' ','*',' ']]
```

```
print(step1)
```

연습문제 10.2

```
def create_row(n):
    row = []
    for i in range(n):
        row.append(' ')
    return row

print(create_row(10))
```

연습문제 10.3

```
def create_grid(rows, cols):
    grid = []
    for r in range(rows):
        grid.append(create_row(cols))

    return grid

print(create_grid(3,3))
```

연습문제 10.4

```
import random

def flip():
    if random.random() <= 0.5:
        print('heads')
    else:
        print('tails')

flip()
```

연습문제 10.5

```
import random

def roll():
```

```
    val = random.random()

    for i in range(1,7):
        if val <= i / 6:
            return i

print(roll())
```

연습문제 10.6

```
import random

def populate(grid, prob):
    rows = len(grid)
    cols = len(grid[0])
    for r in range(rows):
        for c in range(cols):
            if random.random() <= prob:
                grid[r][c] = '*'
            else:
                grid[r][c] = ' '
```

연습문제 10.7

```
def neighbors(grid, row, column):
    total = 0

    height = len(grid)
    width = len(grid[0])

    for x in range(row-1,row+2):
        for y in range(column-1,column+2):
            # x 또는 y가 범위를 벗어나는 경우
            if x < 0 or x >= height or y < 0 or y >= width:
                continue
            # x와 y가 해당 셀 자체를 지정하는 경우
            if x == row and y == column:
                continue
            if grid[x][y] == '*':
                total += 1
    return total
```

연습문제 10.8

```python
def visualize(grid):
    rows = len(grid)
    cols = len(grid[0])

    separator = ''
    for i in range(cols * 2 + 1):
        separator += '-'
    print(separator)

    for r in range(rows):
        line = '|'
        for c in range(cols):
            line += grid[r][c] + '|'
        print(line)
        print(separator)
```

연습문제 10.9

```python
def evolve(grid):

    rows = len(grid)
    cols = len(grid[0])

    new_grid = create_grid(rows,cols)

    for r in range(rows):
        for c in range(cols):
            n = neighbors(grid,r,c)
            if grid[r][c] == '*':
                if n == 2 or n == 3:
                    new_grid[r][c] = '*'
                else:
                    new_grid[r][c] = ' '
            else:
                if n == 3:
                    new_grid[r][c] = '*'
                else:
                    new_grid[r][c] = ' '
    return new_grid
```

연습문제 10.10

```
from graphics import *
win = GraphWin('Face',500,500)

eye1 = Rectangle(Point(100,100),Point(150,150))
eye1.setFill(color_rgb(0,0,255))
eye1.setOutline(color_rgb(0,0,0))
eye1.draw(win)

eye2 = Rectangle(Point(350,100),Point(400,150))
eye2.setFill(color_rgb(0,0,255))
eye2.setOutline(color_rgb(0,0,0))
eye2.draw(win)

nose = Rectangle(Point(225,200),Point(275,325))
nose.setFill(color_rgb(0,150,0))
nose.setOutline(color_rgb(0,0,0))
nose.draw(win)

mouth = Rectangle(Point(100,400),Point(400,450))
mouth.setFill(color_rgb(255,0,0))
mouth.setOutline(color_rgb(0,0,0))
mouth.draw(win)
```

연습문제 10.11

```
from graphics import *
    def create_grid_visual(rows, cols, window):
    grid_visual = create_grid(rows,cols)
    p_w = window.getWidth() // cols  # 픽셀 너비
    p_h = window.getHeight() // rows # 픽셀 높이

    for r in range(rows):
        for c in range(cols):
            grid_visual[r][c] = Rectangle(Point(c*p_w,r*p_h),
                            Point((c+1)*p_w,(r+1)*p_h))
            grid_visual[r][c].setFill(color_rgb(0,0,0))
            grid_visual[r][c].setOutline(color_rgb(50,50,50))
```

```
            grid_visual[r][c].draw(window)

    return grid_visual
```

연습문제 10.12

```
def mirror(grid, grid_visual):
    rows = len(grid)
    ols = len(grid[0])

    for r in range(rows):
        for c in range(cols):
            if grid[r][c] == '*':
                            grid_visual[r][c].
                            setFill(color_rgb(0,255,0))
            else:

                            grid_visual[r][c].
                            setFill(color_rgb(0,0,0))
```

12장 재귀

연습문제 12.1

```
def summation(n):
    if n == 1:              # 종료 조건
        return 1
    return n + summation(n-1) # 재귀 조건

print(summation(10))
```

연습문제 12.2

```
def exponent(x,y):
    if y == 0:              # 종료 조건
        return 1
    return x * exponent(x,y-1) # 재귀 조건
```

```
print(exponent(5,2))
```

연습문제 12.3

```
def sum_list(L):
    if len(L) == 0:  # 종료 조건
        return 0
    if type(L[0]) == int or type(L[0]) == float:  # 재귀 조건
        return L[0] + sum_list(L[1:])
    else:                                          # 재귀 조건
return sum_list(L[1:])

print(sum_list([1,2,3,4,5]))
```

연습문제 12.4

```
def count(L, n):
    if len(L) == 0:              # 종료 조건
        return 0
    if L[0] < n:                 # 재귀 조건
        return 1 + count(L[1:],n)
    else:                        # 재귀 조건
        return count(L[1:],n)

print(count([1,2,3,2,1],3))
```

연습문제 12.5

```
def palindrome(S):
    if len(S) <= 1:             # 종료 조건
        return True
    if S[0] != S[-1]:           # 종료 조건
        return False
    else:                       # 재귀 조건
        return palindrome(S[1:-1])

print(palindrome('racecar'))
print(palindrome('racecas'))
```

14장 데이터

연습문제 14.1

```
f = open('filename.txt','r')
print(f.read())
264 Solutions

f.close()
```

연습문제 14.2

```
f = open('test.txt','w')
for x in range(1,1001):
    f.write(str(x) + '\n')

f.close()
```

연습문제 14.3

```
f = open('test.txt','r')

for x in range(1,1001):
    line = f.readline()

    if x % 5 == 0:
        print(line[:-1])

f.close()
```

연습문제 14.4

```
def word(sentence, n):
    return sentence.split(' ')[n-1]

print(word('Hi, how are you?',2))
```

연습문제 14.5

```
def team_ELO(code, year):
```

```
    ratings = []
    f = open('nbaallelo.csv','r')
    lines = f.readlines()

    for line in lines[1:]:
        data = line.split(',')

        if data[8] == code and data[4] == str(year):
            ratings.append(data[12])
    return ratings
print(team_ELO('LAL',2003))
```

연습문제 14.6

```
LAL_ELOS = []

f = open('nbaallelo.csv','r')
lines = f.readlines()

for line in lines[1:]:
    data = line.split(',')
    if data[8] == 'LAL' and data[4] == '2009' and data[7] == '0':
    LAL_ELOS.append(float(data[12]))

print(LAL_ELOS)
```

연습문제 14.7

```
import matplotlib.pyplot as plt
GSW_ELOS = []

f = open('nbaallelo.csv','r')
lines = f.readlines()

    for line in lines[1:]:
data = line.split(',')

    if data[8] == 'GSW' and
        data[4] == '2009' and
        data[7] == '0':
            GSW_ELOS.append(float(data[12]))
```

```
X = []

for i in range(len(GSW_ELOS)):
    X.append(i)

plt.plot(X, LAL_ELOS, label='Lakers')
plt.plot(X, GSW_ELOS, label='Warriors')
plt.legend()
plt.grid()
plt.show()
```

15장 기계 학습

연습문제 15.1

```
import numpy as np

L = []
for i in range(1,101):
    L.append(i * 2)

A = np.array(L)

print(A)
```

연습문제 15.2

```
def area(r):
    return 3.14 * r ** 2

print(area(10))
```

연습문제 15.3

```
area(A)  # A가 이미 연습문제 15.1에서 정의된 것이라고 가정하면
```

연습문제 15.4

```
import numpy as np
```

```
L2D = []

for r in range(10):
    row = []
    for c in range(1,11):
        row.append(10 * r + c)
    L2D.append(row)
A2D = np.array(L2D)

print(A2D)
```

연습문제 15.5

```
A2D[7:10,:]
```

연습문제 15.6

```
from sklearn.linear_model import LinearRegression
import numpy as np

d = np.array([[3.38,44.5],[0.48,15.5],[1.35,8.10],
              [465.0,423.0],[36.3,119.5],[27.6,115.0],
              [14.8,98.2],[1.04,5.50]])
model = LinearRegression()
model.fit(d[:,:1],d[:,1])
print(model.predict([[15]]))
```

연습문제 15.7

```
from sklearn.linear_model import LinearRegression
import pandas as pd
import numpy as np

df = pd.read_csv('gold_prices.csv',sep=',')
a = df.to_numpy()

model = LinearRegression()
model.fit(a[:,:1],a[:,1])

print(model.predict([[2050],[2055],[2060]]))
```

부록

다운로드하기

6장에 있는 다음 URL을 사용해 존 젤레의 그래픽 라이브러리를 참조하면
된다. https://mcsp.wartburg.edu/zelle/python/graphics.py. 이 URL은 사
용하는 웹 브라우저에 따라 다르게 처리된다.

애플 사파리(버전 14.0.3): URL이 파일 내용을 보여 주는 웹페이지로
연결된다. 이 파일을 컴퓨터에 다운로드하려면, 웹페이지의 빈 공간을
〈CTRL〉+ 클릭하고 '다른 이름으로 저장' 옵션을 선택한다. 파일 형식 기
본값은 '웹 아카이브'(Web Archive)로 설정되어 있지만, 이를 '페이지 소
스'(Page Source)로 변경하여 '.webarchive' 확장자가 붙지 않도록 저장해야
한다.

구글 크롬(버전 95.0.4638.54): URL이 파일 내용을 보여 주는 웹페이지로

연결된다. 이 파일을 다운로드하려면, 웹페이지의 빈 공간을 마우스 오른쪽 버튼으로 클릭하고 '다른 이름으로 저장' 옵션을 선택한다.

MS 인터넷 익스플로러(버전 1909): URL이 자동으로 파일을 다운로드한다.

모질라 파이어폭스(버전 93.0): URL이 자동으로 파일을 다운로드한다.

파일 경로

파이썬에서 open 함수를 사용해 파일을 열 때, 이 책의 모든 예제에서는 info.txt 같은 관련 파일이 실행 중인 파이썬 파일 exercise.py와 동일한 디렉터리(폴더)에 있다고 가정한다. 하지만 info.txt가 동일한 디렉터리에 없다면 어떻게 해야 할까? 여전히 파일을 열 수 있지만, 파일이 전체 디렉터리 구조에서 어디에 있는지에 대한 추가 정보가 필요하다. 이 추가 정보를 파일 **경로**라고 한다.

경로는 절대경로와 상대경로 두 가지 방식으로 표현된다. 절대경로부터 살펴보자. 절대경로는 현재 디렉터리나 파이썬 파일이 있는 디렉터리에 상관없이 파일이 디렉터리 구조 내에서 어디에 있는지 알려준다. 윈도우를 사용하는 경우, 파일을 찾아 오른쪽 클릭 후 속성(Properties)을 확인하면 절대 경로를 찾을 수 있다. 속성의 일반(General) 탭에서 '위치'(Location) 속성을 볼 수 있고, 파일이 속한 디렉터리를 확인할 수 있다. 필자의 컴퓨터에서 info.txt 파일이 위치한 디렉터리는 다음과 같다.

```
C:\Users\dl288\Documents\Publications\Book
```

백슬래시 문자는 디렉터리 이름을 구분하는 데 사용된다. 여기서 우리는 info.txt 파일이 Book 디렉터리 안에, 이 디렉터리는 다시 Publications 디렉터리 안에 있으며, 최종적으로 Documents 디렉터리 안에 있음을 알 수 있다. 이 정보를 바탕으로 info.txt 파일을 다음과 같이 열 수 있다,

```
open('C:\Users\dl288\Documents\Publications\Book\info.
txt')
```

경로와 파일 이름(info.txt)은 백슬래시로 연결되어 있다는 점에 유의해야 한다.

하지만 이 명령문은 오류를 일으킨다. 파이썬에서 백슬래시가 탈출 문자로 사용되기 때문이다. 백슬래시는 그 뒤에 오는 문자가 표준 문자가 아니라 특별한 의미를 가진 문자임을 나타낸다. 예를 들어 \n은 줄바꿈 문자를 뜻하며 문자 'n' 자체가 아니다. 따라서 백슬래시를 단순히 문자로 처리하려면 백슬래시를 하나 더 추가해야 한다. 올바른 명령문은 다음과 같다.

```
open('C:\\Users\\dl288\\Documents\\Publications\\
Book\\info.txt')
```

절대경로의 장점은 파일 이름만 사용하는 것과 달리 open 함수를 실행하

는 위치에 상관없이 해당 파일을 정확하게 지정할 수 있다는 점이다. 이 함수가 처음 소개될 때는 exercise.py(open 함수가 포함된 파일)와 info.txt가 동일한 디렉터리에 있어야 했지만, 절대경로를 사용하면 이러한 제한이 사라진다. 이제 exercise.py와 info.txt가 서로 다른 디렉터리에 있어도 아무 문제가 발생하지 않는다.

상대경로는 현재 작업 중인 디렉터리(또는 파일을 실행하는 파이썬 파일이 있는 디렉터리)를 기준으로 파일의 위치를 지정한다. info.txt 파일 이름만을 사용해 파일을 열 때, 상대경로를 제공하는 셈이다. 이는 info.txt가 exercise.py와 동일한 디렉터리에 있다고 가정하는 것이다. 그러나 exercise.py가 다른 디렉터리에 있을 경우, 예를 들어 그 절대경로가 다음과 같다면

```
C:\Users\dl288\Documents\Publications\Book\Python
```

이 말은 exercise.py가 Python 디렉터리에 있으며, 이 디렉터리가 Book 디렉터리 안에 있다는 뜻이다. 따라서 info.txt는 exercise.py의 '상위' 디렉터리에 위치한다고 말할 수 있다(info.txt는 Book 디렉터리에 있기 때문이다). exercise.py가 위치한 디렉터리에서 info.txt가 있는 디렉터리로 향하는 상대 경로는 다음과 같이 표현할 수 있다.

```
..\info.txt
```

이 기능은 다음과 같이 open 기능과 함께 사용할 수 있다.

```
open('..\\info.txt')
```

'..'은 현재 위치의 상위 디렉터리를 나타낸다. exercise.py가 Python 디렉터리에 있기 때문에, '..'은 Book 디렉터리를 뜻한다. '..'의 유용성은 실제 디렉터리 이름이 중요하지 않다는 점에 있다. 중요한 것은 현재 위치와 원하는 위치 간의 디렉터리 구조 내 관계이다.

여기에서 논의된 모든 내용은 MAC OS를 사용하는 사람들에게도 적용된다. 유일한 차이점은, 경로에서 디렉터리 이름을 구분할 때 사용하는 문자가 역슬래시가 아니라 슬래시라는 것이다. 따라서 다음과 같은 open 함수 사용이 가능하다.

```
open('C:/Users/dl288/Documents/Publications/Book/info.
txt')
```

라이브러리 설치하기

파이썬을 효과적으로 활용하는 데 있어 중요한 기술 중 하나는 라이브러리(모듈이라고도 함)를 설치하는 것이다. numpy 라이브러리는 2차원 리스트와 유사한 구조를 조작하는 라이브러리로, 표준 파이썬 배포판에는 포함되어 있지 않다. numpy 같은 라이브러리 설치는 파이썬의 표준 패키지 관리자 pip를 이용하면 비교적 간단하다.

운영체제에 따라 pip를 사용하는 방법은 조금씩 다를 수 있다. 윈도우를 사용하는 경우, '명령 프롬프트'에 접근해야 한다. 이를 '명령줄 창' 또는 '파워셸'이라고 부르기도 한다. 명령 프롬프트에 접근하는 방법은 여러 가지가 있다. 하나는 <Windows>+X를 눌러 메뉴에서 적절한 항목을 선택하는 것이며, 또 다른 방법은 시작 메뉴 검색 창에 관련 용어를 입력하는 것이다. 마지막으로, 시작 메뉴를 열어 애플리케이션 목록을 아래로 스크롤해 '윈도우 파우셸' 또는 '윈도우 시스템' 항목에서 찾을 수도 있다.

맥을 사용하는 경우 '터미널'에 접근해야 한다. 이 애플리케이션은 '유틸리티' 폴더에서 찾을 수 있으며, Command-Spacebar를 눌러 Spotlight를 통해 '터미널'을 검색해 접근할 수도 있다.

윈도우의 명령 프롬프트나 맥의 터미널에 접근한 후, 다음 명령을 입력해 numpy를 설치할 수 있다.

```
pip install numpy
```

이 명령이 성공적으로 실행되었다면, 이제 관련 코드를 불러와 배열 객체를 다룰 수 있게 된다. 설치가 정상적으로 완료되었는지 확인하려면, 파이썬 인터프리터에서 다음 명령을 입력하여 오류가 발생하지 않는지 확인하면 된다.

```
import numpy
```

리스트 내포

리스트 내포는 기존 시퀀스의 값을 기반으로 새로운 리스트를 만드는 방법이다. 그 문법은 다음과 같다.

```
new_list = [ expression for var in sequence ]
```

리스트 내포의 for 루프 부분은 일반적인 for 루프와 동일하다. 변수 이름과 시퀀스(예: 문자열, 리스트)가 제공되어야 하며, 이 루프가 반복될 때마다 표현식이 평가된다. 각 표현식의 평가 결과가 새로운 리스트의 요소가 된다. 다음 리스트 내포는 0이 10개 들어간 리스트를 생성한다.

```
[ 0 for i in range(10) ]
```

이 리스트 내포에서 시퀀스는 range(10)이고, 변수는 i이다. 따라서 이 for 루프는 10번 반복된다. 주의할 점은 i가 표현식에서 전혀 사용되지 않는다는 것이다. 반복해서 동일한 값을 사용하려면 이렇게 작성하는 것이 가능하다. 만약 0 대신 i를 사용하면 0부터 9까지의 정수로 이루어진 리스트가 생성된다.

```
[ i for i in range(10) ]
```

리스트 내포는 특정 종류의 리스트를 만들 때 매우 유용하며, 키 입력과 시간을 많이 절약할 수 있다.

randint 함수

공정한 주사위 굴리기를 모델링하고 싶다면 어떻게 할까? 공정한 주사위
를 굴리면, 1에서 6까지의 여섯 가지 숫자가 동일한 빈도로 나올 것으로 예
상된다. 1이 나올 확률은 1/6이고, 2도 마찬가지로 1/6의 확률로 나와야
한다. 주사위를 굴리는 상황을 random 함수를 사용해 모델링할 방법을 생
각할 수 있는가?

우리는 0과 1 사이의 숫자를 6등분 할 수 있다는 사실을 활용하여 다음
코드로 주사위 굴리기를 모델링할 수 있을 것이다.

```
num = random.random()
roll = 0
if num <= 1/6:
    roll = 1
elif num <= 2/6:
    roll = 2
elif num <= 3/6:
    roll = 3
elif num <= 4/6:
    roll = 4
elif num <= 5/6:
    roll = 5
```

```
else:
    roll = 6
print(roll)
```

여기에서 무슨 일이 일어나고 있는지 이해한 후에 다음으로 넘어가도록 하자. 하나의 조건문만 실행되도록 하기 위해 else 절이 포함된 여러 조건문이 사용되었음을 주목하라.

주사위 굴리기를 모델링하는 더 쉬운 방법은 randint 함수를 사용하는 것이다. 이 함수를 사용하려면, 임의로 선택할 정수 범위를 지정하는 2개의 정수 값을 제공해야 한다. 첫 번째 정수는 하한값을, 두 번째 정수는 상한값을 지정한다.

```
>>> random.randint(1,6)
2
```

이 코드는 1에서 6까지의 정수 중 하나를 무작위로 생성한다(포함). 만약 8면체 주사위나 20면체 주사위를 모델링하고 싶다면, 6을 8 또는 20으로 변경하면 된다.

참고문헌

1장_철학과 컴퓨터과학

AAAS. (2015). *Bachelor's Degrees in the Humanities*. American Academy of Arts and Sciences: https://www.amacad.org/humanities-indicators/higher-education/bachelors-degrees-humanities에서 검색함.

AAAS. (2021, June 14). *Humanities Degrees Declining Worldwide Except at Community Colleges*. American Academy of Arts and Sciences: https://www.amacad.org/news/humanities-degrees-declining-worldwide-exceptcommunity-colleges에서 검색함.

AACU. (2013). *It Takes More Than a Major*. Association of American Colleges & Universities: https://www.aacu.org/sites/default/files/files/LEAP/2013_EmployerSurvey.pdf에서 검색함.

BBC. (2019, April 2). *Why 'Worthless' Humanities Degrees May Set You Up for Life*. BBC: https://www.bbc.com/worklife/article/20190401-why-worthless-humanities-degrees-may-set-you-up-for-life에서 검색함.

Rapaport, W. (2021, August 30). *Philosophy of Computer Science*. UB CSE Department: William J. Rapaport: https://cse.buffalo.edu/~rapaport/Papers/phics.pdf에서 검색함.

Rosen, G., Byrne, A., Cohen, J., Harman, E., & Shiffrin, S. (2018). *The Norton Introduction to Philosophy*. New York: W.W. Norton & Company.

Turner, R. (2018). *Computational Artifacts: Towards a Philosophy of Computer Science*. Berlin: Springer.

Wing, J. (2006). *Computational Thinking. Communications of the ACM*, 49(3), 33 – 35.

Wing, J. (2014, January 10). *Computational Thinking Benefits Society*. Social Issues in Computing: http://socialissues.cs.toronto.edu/index.html%3Fp=279.html에서 검색함.

2장_파이썬

Fowler, M. (2019). *Refactoring: Improving the Design of Existing Code*. New York: Addison-Wesley.《리팩터링》(한빛미디어, 2020).

3장_알고리즘

Ferragina, P., & Luccio, F. (2018). *Computational Thinking: First Algorithms, Then Code*. Cham, Switzerland: Springer.

4장_논리

Hurley, P. (2017). *A Concise Introduction to Logic*. Boston, MA: Cengage.

Quine, W. V. (1982). *Methods of Logic*. Cambridge, MA: Harvard University Press.

7장_회의론

Descartes, R. (2003). *Discourse on Method and Meditations*. New York: Dover Publications.《방법서설》(문예출판사, 2022).

Gettier, E. (1963). Is Justified True Belief Knowledge? *Analysis, 23*(6), 121–123.

Hoffman, D. (2019). *The Case Against Reality: Why Evolution Hid the Truth from Our Eyes*. New York: W.W. Norton & Company.

Marr, D. (2010). *Vision: A Computational Investigation into the Human Representation and Processing of Visual Information*. Cambridge: MIT Press.

Plantinga, A. (1993). *Warrant and Proper Function*. Oxford: Oxford University Press.

Rosen, G., Byrne, A., Cohen, J., Harman, E., & Shiffrin, S. (2018). *The Norton Introduction to Philosophy*. New York: W.W. Norton & Company.

Trivers, R. (2011). *The Folly of Fools: The Logic of Deceit and Self-Deception in Human Life*. New York: Basic Books.《우리는 왜 자신을 속이도록 진화했을까》(살림, 2013).

9장_마음

Berkeley, G. (1982). *A Treatise Concerning the Principles of Human Knowledge*. Cambridge, MA: Hackett Publishing Company.

Descartes, R. (2003). *Discourse on Method and Meditations*. New York: Dover Publications.

Melnyk, A. (2003). *A Physicalist Manifesto: Thoroughly Modern Materialism*. Cambridge: Cambridge University Press.

Putnam, H. (1967). Psychological Predicates. In W. Capitan, & D. Merrill, *Art, Mind, and Religion* (pp. 37 – 48). Pittsburgh, PA: University of Pittsburgh Press.

Searle, J. (1984). *Minds, Brains, and Science*. Cambridge, MA: Harvard University Press.《정신, 언어, 사회》(해냄, 2000).

Smart, J. (1959). Sensations and Brain Processes. *The Philosophical Review, 68*(2), 141 – 156.

Turing, A. (1950). *Computing Machinery and Intelligence. Mind, 59*(236), 433 – 460.

10장_라이프 게임

Bialynicki-Birula, I., & Bialynicki-Birula, I. (2004). *Modeling Reality: How Computers Mirror Reality*. Oxford: Oxford University Press.

Gardner, M. (1970). Mathematical Games: The Fantastic Combinationvs of John Conway's New Solitaire Game "Life". *Scientific American*, 233, 120 – 123.

11장_자유의지

Cave, S. (2016, June). There's No Such Thing as Free Will. *Atlantic*. https://www.theatlantic.com/magazine/archive/2016/06/theres-no-such-thingas-free-will/480750/

Dennett, D. (2003). *Freedom Evolves*. New York: Viking.

Frankfurt, H. (1969). Alternate Possibilities and Moral Responsibility. *Journal of Philosophy, 66*, 829 – 839.

Ginet, C. (2003). Libertarianism. In M. Loux, & D. Zimmerman, *The Oxford Handbook of Metaphysics* (pp. 587 – 612). Oxford: Oxford University Press.

Laplace, P.-S. (1995). *Philosophical Essay on Probabilities*. New York: Springer.《확률에 대한 철학적 시론》(지식을만드는지식, 2012).

Moore, G. (2005). *Ethics*. Oxford: Oxford University Press.

Niemiec, M. (2010). Object Synthesis in Conway's Game of Life and Other Cellular Automata. In A. Adamatzky, *Game of Life Cellular Automata* (pp. 115–134). London: Springer.

Poundstone, W. (2013). *The Recursive Universe: Cosmic Complexity and the Limits of Scientific Knowledge*. New York: Dover.

Rendell, P. (2000, April 2). *Turing Machine Implemented in Conway's Game of Life*. Paul's Home Page on Rendell-Attic: http://rendell-attic.org/dptj에서 검색함. gol/tm.htm

Van Inwagen, P. (1983). *An Essay on Free Will*. Oxford: Oxford University Press.

13장_신

Anselm, S. (1965). *Proslogion*. Oxford: Oxford University Press. 《프로슬로기온》(한들출판사, 2005).

Aquinas, T. (2006). *The Five Ways. In L. Pojman, Philosophy: The Quest for Truth*. Oxford: Oxford University Press.

Craig, W. L. (1979). *The Kalam Cosmological Argument*. London: Macmillan Press.

Craig, W. L., & Sinclair, J. D. (2009). The Kalam Cosmological Argument. In W. L. Craig, & J. Moreland, *The Blackwell Companion to Natural Theology* (pp.101–201). London: Blackwell.

Edwards, P. (2006). A Critique of the Cosmological Argument. In L. Pojman, *Philosophy: The Quest for Truth* (pp. 72–81). Oxford: Oxford University Press.

Paley, W. (1963). *Natural Theology*. Indianapolis, IN: Bobbs-Merrill.

15장_기계 학습

Li, F. F. (2021, January 9). *ImageNet*. ImageNet: http://image-net.org에서 검색함.

McCarthy, J., Minsky, M., Rochester, N., & Shannon, C. (1955). *A Proposal for the Dartmouth Summer Research Project on Artificial Intelligence*. Stanford: http://www-formal.stanford.edu/jmc/history/dartmouth/dartmouth.html에서 검색함.

Turing, A. (1950). Computing Machinery and Intelligence. *Mind, 59*(236), pp.433–

460.

Varian, H. (2010). Computer Mediated Transactions. *American Economic Review*, *100*(2), pp.1 – 10.

16장_귀납

Broadbent, A. (2016). *Philosophy for Graduate Students: Metaphysics and Epistemology*. New York: Routledge.

Guttag, J. (2016). *Introduction to Computation and Programming Using Python*. Cambridge: MIT Press.《코딩 뇌를 깨우는 파이썬》(한빛미디어, 2023).

Hitchcock, C., & Sober, E. (2004). Prediction Versus Accommodation and the Risk of Overfitting. *British Journal for Philosophy of Science*, *55*(1), pp.1 – 34.

Hume, D. (2007). *An Enquiry Concerning Human Understanding*. Cambridge: Cambridge University Press.《인간의 이해력에 관한 탐구》(지식을만드는지식, 2012).

Korb, K. (2004). Machine Learning as Philosophy of Science. *Minds and Machines*, *14*(4), pp.433 – 440.

Lipton, P. (2004). *Inference to the Best Explanation* (2nd ed.). New York: Routledge.

Okasha, S. (2002). *Philosophy of Science: A Very Short Introduction*. Oxford: Oxford University Press.《과학철학》(교유서가, 2017).

Popper, K. (2002). *The Logic of Scientific Discovery*. New York: Routledge.《과학적 발견의 논리》(고려원, 1994).

Reichenbach, H. (1938). *Experience and Prediction: An Analysis of the Foundations and the Structure of Knolwedge*. Chicago, IL: Chicago University Press.

Thagard, P. (1990). *Philosophy and Machine Learning*. Canadian Journal of Philosophy, *20*(2), pp.261 – 276.

17장_AI 윤리

Amoroso, D., & Tamburrini, G. (2018). The Ethical and Legal Case Against Autonomy in Weapons Systems. *Global Jurist*, *18*(1), pp.1 – 12.

Arkin, R. (2009). *Governing Lethal Behavior in Autonomous Robots*. London: Chapman & Hall.

Asaro, P. (2012). On Banning Autonomous Weapon Systems: Human Rights, Automation, and the Dehumanization of Lethal Decision-Making. *International Review of the Red Cross, 94*(886), pp.687 – 709.

Bentham, J. (1961). *An Introduction to the Principles of Morals and Legislation.* Garden City, NY: Doubleday.《도덕과 입법의 원칙에 대한 서론》(아카넷, 2013).

Buolamwini, J., & Gebru, T. (2018). Gender Shades: Intersectional Accuracy Disparities in Commercial Gender Classification. In *1st Conference on Fairness, Accountability, and Transparency* (pp. 77 – 91).

Coeckelbergh, M. (2020). *AI Ethics.* Cambridge: MIT Press.《AI 윤리에 대한 모든 것》(그린비, 2023).

Floridi, L. (1999). Information Ethics: On the Philosophical Foundation of Computer Ethics. *Ethics and Information Technology, 1*(1), pp.33 – 52.

Kant, I. (2002). *Groundwork of the Metaphysics of Morals.* New Haven, CT: Yale University Press.《도덕 형이상학을 위한 기초 놓기》(책세상, 2019).

Kostka, G. (2018, July 23). China's Social Credit Systems and Public Opinion: Explaining High Levels of Approval. Berlin. http://dx.doi.org/10.2139/ssrn.3215138에서 검색함.

Moor, J. H. (2006). The Nature, Importance, and Difficulty of Machine Ethics. *IEEE Intelligent Systems, 21*(4), pp.18 – 21.

Nozick, R. (1974). *Anarchy, State, and Utopia.* New York: Basic Books.

Rachels, J., & Rachels, S. (2019). *The Elements of Moral Philosophy* (9th ed.). New York: McGraw Hill Education.《도덕철학의 기초》(나눔의집, 2006).

Sparrow, R. (2007). Killer Robots. *Journal of Applied Philosophy, 24*, pp.62 – 77.

Thaler, R., & Sunstein, C. (2008). *Nudge: Improving Decisions about Health, Wealth,and Happiness.* New Haven, CT: Yale University Press.《넛지》(리더스북, 2022).

Thomson, J. J. (1985). The Trolley Problem. *Yale Law Journal, 94*(6), pp.1395 – 1415.

Van den Boogaard, J. (2015). Proportionality and Autonomous Weapons Systems. *Journal of International Humanitarian Legal Studies, 6*(2), pp.247 – 283.

Zuboff, S. (2019). *The Age of Surveillance Capitalism: The Fight for a Human Future at the New Frontier of Power.* New York: Public Affairs.《감시 자본주의 시대》(문학사상, 2021).

컴퓨터로 철학하기
파이썬으로 철학을 코딩하다

초판 1쇄 발행   2025년 6월 10일

지은이   대니얼 림
옮긴이   변정수

펴낸곳   이상북스
펴낸이   김영미
출판등록   제313-2009-7호(2009년 1월 13일)
주소   10546 경기도 고양시 덕양구 향기로 30, 106-1004
전화번호   02-6082-2562
팩스   02-3144-2562
이메일   klaff@hanmail.net

ISBN 979-11-94144-08-3 03100